Rudolf Vierhaus

Deutschland im Zeitalter des Absolutismus

Deutsche Geschichte

Herausgegeben
von Joachim Leuschner (†)

Band 6

Rudolf Vierhaus
Deutschland im Zeitalter
des Absolutismus

VANDENHOECK & RUPRECHT IN GÖTTINGEN

RUDOLF VIERHAUS

Deutschland im Zeitalter des Absolutismus (1648–1763)

2., durchgesehene und bibliographisch ergänzte Auflage

VANDENHOECK & RUPRECHT IN GÖTTINGEN

Rudolf Vierhaus

geboren am 29. 10. 1922 in Wanne-Eickel, studierte – nach Wehrdienst, Gefangenschaft und Krankheit – Geschichte, Germanistik und Philosophie in Münster; 1955 Promotion, 1961 Habilitation; Lehrtätigkeit in Münster und München, ab 1964 o. Professor an der Ruhr-Universität Bochum, 1966/67 Gastprofessor am St. Antonys College in Oxford, seit 1968 Mitdirektor, seit 1971 Direktor des Max-Planck-Instituts für Geschichte in Göttingen und Honorarprofessor an den Universitäten Göttingen und Bochum, 1972–1976 Mitglied des Wissenschaftsrats.
Hauptarbeitsgebiete: Sozial- und Verfassungs-, Kultur-, Bildungs- und Wissenschaftsgeschichte speziell der frühen Neuzeit.
Veröffentlichungen u.a.: Ranke und die soziale Welt (1957); Über die Gegenwärtigkeit der Geschichte und die Geschichtlichkeit der Gegenwart (1978); Staaten und Stände. Vom Westfälischen zum Hubertusburger Frieden (1984); zahlreiche Aufsätze zur Geschichte der Geschichtsschreibung und zur Theorie der Geschichte, zur Geschichte des Ständewesens, der deutschen Aufklärung, des politischen Bewußtseins in Deutschland, zur Institutionsgeschichte des späten 19. und des 20. Jahrhunderts. Herausgeber von: Das Tagebuch der Baronin Spitzemberg (1960, 4. Aufl. 1976); Der Adel vor der Revolution (1971); Eigentum und Verfassung (1972); Herrschaftsverträge, Wahlkapitulationen, Fundamentalgesetze (1977); Deutsche patriotische und gemeinnützige Gesellschaften (1980); Bürger und Bürgerlichkeit im Zeitalter der Aufklärung (1981).

CIP-Kurztitelaufnahme der Deutschen Bibliothek

Deutsche Geschichte / hrsg. von Joachim Leuschner. – Göttingen : Vandenhoeck und Ruprecht. (Kleine Vandenhoeck-Reihe ; . . .)
NE : Leuschner, Joachim [Hrsg.]
Bd. 6. Vierhaus, Rudolf: Deutschland im Zeitalter des Absolutismus. – 2., durchges. u. bibliograph. erg. Aufl. – 1984

Vierhaus, Rudolf:
Deutschland im Zeitalter des Absolutismus : (1648–1763). 2., durchges. u. bibliograph. erg. Aufl. – Göttingen : Vandenhoeck und Ruprecht, 1984. (Deutsche Geschichte ; Bd. 6) (Kleine Vandenhoeck-Reihe ; 1439)

ISBN 3-525-33504-0

Kleine Vandenhoeck-Reihe 1439
2., durchgesehene und bibliographisch ergänzte Auflage

Gesamtherstellung: Hubert & Co., Göttingen

VORWORT DES HERAUSGEBERS

Eine Deutsche Geschichte scheint ein Anachronismus zu sein, unzeitgemäß in einer Zeit, in der die Nationen in neue historisch-politische Gebilde eingehen: wirtschaftliche, kulturelle, politische Einheiten, soziale und gewiß ideologische, in denen die älteren Staaten aufgehoben sind. Diese großräumigen Formen gewinnen bereits eigene Geschichte; es entsteht in ihnen ein Bewußtsein ihrer selbst. Mit den Nationalstaaten schwinden Nationen und nationales Bewußtsein. Was soll da eine Deutsche Geschichte?

Ist diese nicht auch methodisch zweifelhaft geworden? Selbst wenn man das Problem beiseiteschiebt, ob es jemals eine einheitliche Geschichte der Deutschen gegeben habe, ist die Frage aufgeworfen, ob nicht an die Stelle der älteren historischen Gegenstände sozioökonomische getreten seien, die eher sozialwissenschaftlich als historisch zu analysierende „Strukturen" wären. Es wird behauptet, daß dem Schwund des nationalen Bewußtseins ein Schwinden des historischen folge. Abermals also: was soll da eine Deutsche Geschichte?

Verfasser, Herausgeber und Verleger haben die hier nur skizzierten Probleme mehrfach bedacht; sie fühlten sich am Ende in dem einmal gefaßten Plane grundsätzlich ermutigt. Das historische Interesse ist nicht nur vorhanden, sondern ein neues Geschichtsbedürfnis offensichtlich im Wachsen begriffen.

Freilich kann Deutsche Geschichte nicht mehr als Nationalgeschichte geschrieben werden. Weder Historie der aufeinanderfolgenden Dynastien noch Entwicklung von Volk und Nation im älteren Sinne können die Grundgedanken des Ganzen sein; nicht Macht und Glanz der Herrscher, auch nicht Elend und Untergang des Volkes, weder Ruhm und Verklärung noch Klage und Selbstmitleid. Vielmehr versucht diese Deutsche Geschichte zu Belehrung und Diskussion allgemeine Erscheinungen am deutschen Beispiel zu zeigen. Diese Deutsche Geschichte setzt universalhistorisch ein und mündet in Weltgeschichte, deren Teil sie ist. In allen Perioden wird der Zusammenhang mit der europäischen Geschichte deutlich, soll dem allgemein-historischen Aspekt der Vorrang vor dem eng-„nationalen" gegeben werden.

Deutsche Geschichte als einen Teil der europäischen zu schreiben, wird hier also versucht. Aber noch in anderem Sinne ist deutsche Geschichte fast niemals im engen Begriff „Nationalgeschichte" gewesen: sie war und ist vielmehr Partikulargeschichte. Die Vielfalt ihrer Regionalgeschichten macht ihren Reichtum aus. Wer mit der Forderung ernst machen will, die historisch-politischen „Strukturen" und Grundfiguren, rechts-, verfassungs- und sozialgeschichtliche Phänomene stärker als herkömmlich zu berücksichtigen; wer die bleibenden und weiterwirkenden Erscheinungen hervorheben will, muß sich der Ergebnisse moderner landesgeschichtlicher Forschung bedienen. Nicht so sehr ob, sondern wie heute eine Deutsche Geschichte gewagt werden könne, ist Gegenstand unseres Nachdenkens gewesen.

Die politische Geschichte im weitesten Sinne hat den Vorrang; sie bestimmt die Periodisierung. Politik: das heißt nicht „Haupt- und Staatsaktionen", sondern umfaßt die gesellschaftlichen, wirtschaftlichen und rechtlichen Erscheinungen, ein Geflecht aus wechselseitigen Beziehungen. Daß der Historiker sich auch sozialwissenschaftlicher Methoden bedient, ist selbstverständlich. Dennoch bleibt Geschichte eine Erkenntnisweise eigener Art. Politische Geschichte in dem hier gemeinten Sinne integriert das alles und lehrt den Wandel der Dinge erkennen.

Diese Deutsche Geschichte ist von Verfassern der sogenannten mittleren Generation geschrieben worden, sowohl dem Alter wie der politischen Erfahrung und Auffassung nach. Selbstverständlich trägt jeder Einzelne Verantwortung für seinen Band, hat er für diesen Freiheit. Verfasser und Herausgeber, gebrannte Kinder durch Geschichte allesamt, haben ein kritisches Verhältnis zu ihrem Gegenstand. Darin stimmen sie ebenso überein wie in dem Vorhaben, Geschichte zu schreiben. Weder ein Bündel von Einzelstudien noch positivistische Sammlung, weder Kompilation noch bloße Problemanalysen oder Ereignisgeschichte werden geboten, sondern eine geformte Darstellung des heute und für uns historisch Wichtigen. Insofern verfolgt diese Deutsche Geschichte eine pädagogische Absicht. Indem sie sich an Studenten und Lehrer, ebenso an alle wendet, die etwas von deutscher Geschichte wissen und aus ihr lernen wollen, versucht sie, Probleme in Erzählung, Begriffe in Anschauung umzusetzen. Sie setzt nichts voraus als das Interesse ihrer Leser; sie breitet Stoff und Probleme aus, indem sie analysiert *und* erzählt. Wo immer möglich, wird der gegenwärtige Stand der Forschung erkennbar, ohne im einzelnen belegt zu sein.

Das Ziel also ist weit gesetzt: den Stoff zugleich ausbreitende, ordnende und durchdringende Geschichtsschreibung, und das heißt allemal auch: Reflexion, Urteil und Aufklärung.

Straßburg, 19. September 1973 Joachim Leuschner

INHALT

„Die Geschichtsschreibung verlangt Wahrheit,
oder doch wenigstens Wahrscheinlichkeit"
G. E. Lessing

Vorbemerkung

DIMENSIONEN UND CHARAKTER DES ZEITALTERS

Deutschland im Zeitalter des Absolutismus – dieser Titel erscheint fast in allen seinen Ausssagen problematisch. Was „Deutschland" im 17. und 18. Jahrhundert war, ist nur schwer bestimmbar. Für europäische Diplomaten, deutsche Reichsjuristen war es selbstverständlich das Reich, das noch immer das „römische" hieß, und viele andere Zeitgenossen dachten ebenso. Aber das Reich umfaßte, vor allem mit den Ländern des Hauses Habsburg, im Nordwesten, Süden und Südosten viele Nichtdeutsche, während es an anderen Stellen, so vor allem im Nordosten und Norden, Deutsche draußen ließ – zu schweigen von Gebieten, die ehemals zum Reich gehört hatten und schließlich auch völkerrechtlich selbständig oder abgetreten wurden wie die nördlichen Niederlande, die Schweiz, das Elsaß. Eine deutsche Hauptstadt gab es nicht, keine gemeinsame Politik, von der alle Deutschen betroffen wurden, und wenig gemeinsame Geschichte, wohl aber unübersehbar viel lokale, regionale und staatliche, konfessionelle und kulturelle Besonderheiten. So läßt sich denn nicht randscharf im politischen und geographischen Sinne benennen, was in der hier zu behandelnden Zeit zur deutschen Geschichte gehörte.

Dies einzusehen bedeutet aber nur, sich noch bewußter zu machen, daß die Geschichten der einzelnen europäischen Völker, Staaten und Nationen nicht isoliert betrachtet und verstanden werden können. Wenn dennoch deutsche Geschichte geschrieben werden soll, obwohl einerseits die europäische, andererseits die Regionalgeschichte in den letzten Jahrzehnten das Interesse der Historiker stärker auf sich gezogen hat, so muß dabei das, was in jenen beiden Richtungen an Erkenntnis gewonnen ist, in die Darstellung eingehen. Es sind indes die einzelnen Kultur- und Staatsnationen so wesentliche Faktoren der europäischen Entwicklung gewesen und

sind es bis heute, daß nicht darauf verzichtet werden kann, ihren geschichtlichen Weg erklärend nachzuzeichnen.
„Deutschland" meint hier das Reich und die deutschen Staaten, meint den kulturellen und politischen Raum, in dem sich das vollzog, was als zur deutschen Geschichte der damaligen Zeit gehörend verstanden werden muß.
Problematischer noch ist die Epochenbezeichnung „Absolutismus". Sie folgt einer Konvention nur deshalb, weil ein anderer Name von vergleichbarer Griffigkeit sich nicht anbietet. „Absolutismus" betont ein Regierungssystem und ein staatliches Organisationsprinzip, die nicht in allen deutschen Staaten angestrebt und nur in einem Teil von ihnen durchgesetzt werden konnten. Allerdings ist die Politik von Fürsten, die absolute Herrschergewalt in Anspruch nahmen, die dynamischste politische Kraft der Zeit gewesen. Daß Ansätze zur Ausübung solcher Gewalt schon vor der Mitte des 17. Jahrhunderts gemacht wurden, stellt die Epochenbegrenzung weniger in Frage als die andere Tatsache, daß nach 1763 der monarchische Absolutismus in Deutschland keineswegs am Ende war, sondern in manchen Staaten jetzt erst seine schärfste Ausprägung erfuhr. Nun allerdings in aufgeklärter Version; insofern erscheint es berechtigt, ihn nicht mehr als die Signatur der Zeit zu verstehen. Unter solchen Einschränkungen kann also der Epochenbezeichnung „Absolutismus" für die einhundertfünfzehn Jahre zwischen dem Ende des Dreißigjährigen und dem des Siebenjährigen Krieges eine begrenzte Berechtigung nicht abgesprochen werden.
Die beiden genannten Zeitgrenzen sollen nicht auf ein Verständnis der Geschichte als Folge von großen „politischen" Ereignissen verweisen, deren Ablauf erzählend vergegenwärtigt werden könnte, und auch nicht auf die Annahme, daß große Kriege in besonderer Weise Zäsuren der geschichtlichen Entwicklungen bedeuten. Im 17. und 18. Jahrhundert aber läßt sich am Ende der beiden großen Kriege jeweils eine veränderte historische Konstellation erkennen, die nur zum Teil durch die Kriege selber hervorgebracht wurde. Bestimmte Erscheinungen und Möglichkeiten waren zu Ende gegangen oder hatten entscheidend an Bedeutung verloren; für andere war der Weg frei geworden, und sie gelangten nun zu gestaltender Kraft. Wenn auch die Elemente der Dauer insgesamt stärker als die des Wandels gewesen sind, – wenn sie in den verschiedenen Staaten Deutschlands und von den verschiedenen Teilen der Bevölkerung unterschiedlich erfahren wurden, so weist doch das historische Gesamtbild Deutschlands nach 1648 und nach 1763 Züge auf, die sich von den vorhergehenden deutlich abheben. Mit dem Ende des Dreißigjährigen Krieges kam das kon-

fessionelle Zeitalter, die Epoche der Glaubensstreitigkeiten und -kriege zum Abschluß; innerhalb der Staaten wie in ihren Beziehungen untereinander rückten der Kampf um politische Macht, ihr Erwerb, ihre Anwendung und Durchsetzung in den Mittelpunkt. Und mit dem Ende des Siebenjährigen Krieges war nicht nur definitiv entschieden, daß Deutschland hinfort in Österreich und Preußen zwei politische Schwerpunkte und Rivalen haben werde, sondern auch, daß ökonomische, soziale und kulturelle Reformen das Thema der beginnenden Epoche sein mußten und nur solche politischen Systeme sich behaupten würden, die diese Aufgaben in Angriff nahmen.

Der Charakter eines Zeitalters läßt sich nicht von seinen Grenzen her bestimmen; es muß nach dem gefragt werden, was ihm seine besondere Prägung gegeben hat. Das ist nie eine einzelne Persönlichkeit, Institution oder Idee, nicht ein einzelnes Ereignis. Es ist die besondere Form des Zusammenwirkens vieler Kräfte, die eine Epoche kennzeichnet. Ihre hohe Komplexität und ihre relative Homogenität verständlich zu machen, ist die Absicht dieses Buches. Um beides zu erreichen – alles andere wäre unzulässige Vereinfachung –, erscheint eine Darstellung geeignet, die die großen Strukturen des geschichtlichen Lebens freilegt und dabei seine Kontinuität erkennbar macht.

Einleitung

DEUTSCHLAND NACH DEM DREISSIGJÄHRIGEN KRIEG

1. Sozioökonomische Folgen: Rückfall und Entwicklungsverspätung

„Ich habe nicht die Absicht, dem Leser dieser Geschichtserzählung ein Mosaik aus den zahllosen vorhandenen Einzelschilderungen vorzuführen, wie es oft unternommen worden und vielleicht doch mehr zur Erregung von Schrecken und Mitleid als zur Gewinnung einer erschöpfenden Gesamtansicht und eines inneren Verständnisses geeignet ist." So schrieb Bernhard Erdmannsdörffer 1882, als er in seiner bis heute wertvollen „Deutschen Geschichte vom Westfälischen Frieden bis zum Regierungsantritt Friedrichs des Großen" daran ging, die „materiellen und geistigen Zustände" nach dem Dreißigjährigen Krieges darzustellen. Eine solche „Gesamtansicht" sei auch noch gar nicht möglich, aber es sei zu hoffen, daß die „neuaufkommenden wirtschaftsgeschichtlichen Forschungen" sie eines Tages ermöglichen würden. Inzwischen wissen wir sehr viel mehr; ein im Detail vollständiges, im Ganzen hinreichend abgesichertes Bild der Kriegsauswirkungen können wir jedoch auch heute noch nicht geben.

Weder die zeitgenössischen Berichte über die Verheerungen, die der Krieg anrichtete, noch ihre literarische Verarbeitung beruhen immer auf unmittelbarer Erfahrung; geben manche das Ausmaß des Elends nicht wieder, so übertreiben es andere. Vor allem: die Zerstörungen verteilten sich nicht gleichmäßig über Deutschland. Große Gebiete hatte der Krieg weitgehend oder völlig verschont, während er über andere mehrere Male mit allen Folgen der Zerstörung, Ausplünderung und Aussaugung hinwegzog. Muß also eine Summierung der Schreckensnachrichten einen bei weitem zu negativen Gesamteindruck vermitteln, so vermögen Gesamtberechnungen für das Reichsgebiet die katastrophalen tatsächlichen Verluste einer einzelnen Stadt oder Region auch nicht annähernd deutlich zu machen. Allerdings sind die Schwierigkeiten, zu verläßlichen konkreten Angaben zu kommen, fast unüberwindbar. Daß ein Dorf

verlassen war, mußte nicht bedeuten, daß seine Bevölkerung vernichtet wurde; sie oder Teile von ihr konnten abgewandert sein. Städte erfuhren Zustrom wie Abzug von Flüchtlingen; die Zahl der im Lande Herumvagabundierenden war groß, ist aber, wie die der Getöteten, kaum abschätzbar. Desertionen waren an der Tagesordnung; ausländische Söldner strömten nach Deutschland, und manche blieben, andere verkamen; die Zahl der Geburten in Kriegsgebieten läßt sich über lange Jahre hinweg nicht ermitteln. Hier lagen Äcker unbebaut, während dort Saat und Ernte unbehindert blieben; Not und Verschwendung konnten dicht nebeneinander stehen; neben den vielen, die der Krieg arm machte, gab es andere, die an ihm verdienten. Selbst in den heimgesuchten Gebieten dauerte der Krieg nicht drei Jahrzehnte ununterbrochen an; es gab lange Zeiten des scheinbaren Friedens und des – manchmal allerdings vergeblichen – Wiederaufbaus.
Die Beurteilung der Wirkungen des Krieges hängt indes noch von einer anderen, bis heute nicht voll beantwortbaren Frage ab. Hat wirtschaftlicher Rückgang in Deutschland bereits *vor* dem Kriege, also schon im späten 16. Jahrhundert eingesetzt und ist er durch den Krieg nur beschleunigt und verschärft worden? Welche gesamtwirtschaftliche Bedeutung muß den unbestreitbaren früheren Veränderungen beigelegt werden? Von dem zwar schwankenden, aber stetigen Anstieg der Preise und Löhne seit dem späten 15. Jahrhundert, der sich bis in den Anfang des Dreißigjährigen Krieges hinzog und in der Forschung übertreibend als „Preisrevolution" bezeichnet wird, waren die einzelnen Gruppen der Bevölkerung unterschiedlich betroffen worden. Grundherren und Bauern hatten davon profitiert, die einen durch die Steigerung der Feudallasten, die anderen durch höhere Verkaufserlöse; soweit sie für den bloßen Eigenbedarf produzierten, blieben sie von der Preisentwicklung weithin unberührt. Dagegen erlitten die gewerblichen Produzenten, vor allem die Handwerker, einen erheblichen Rückgang ihres realen Einkommens, weil die Löhne langsamer als die Agrarpreise stiegen. Unbestreitbar ist das Sozialprodukt noch bis etwa 1620 gestiegen; aber die in die überlieferte Agrarverfassung eingebundene landwirtschaftliche Produktion hielt mit dem Bevölkerungsanstieg nicht Schritt, so daß vor allem in den Städten Überbevölkerung mit überproportional wachsenden untersten, verarmten Schichten und zunehmendem Bettel entstand. Gewerbe und Handel lassen am Vorabend des Krieges kein einheitliches Bild erkennen. Die für den Frühkapitalismus repräsentativen großen oberdeutschen Handelshäuser hatten z. T. erhebliche Verluste erlitten; der Kapitalmarkt insgesamt aber war leistungsfähig geblieben, und die Kapitalver-

flechtung hatte zugenommen. Während einige Städte stagnierten oder zurückfielen, strebten andere auf. Frankfurt erlebte um 1600 eine Blüte, ähnlich Leipzig; Gewerbeexportstädte am Rhein und in Westfalen schoben sich vor ältere Handelsstädte; das verlagsmäßig organisierte sächsisch-schlesische Textilgewerbe florierte, und der Anteil deutscher gewerblicher Produkte am Kolonialhandel war beträchtlich. Da aber die Produktivitätssteigerung dem Wachstum der Bevölkerung und dem Anstieg der Agrarpreise nicht nachkam, das gesamtwirtschaftliche System sich nicht änderte und eine aktive Wirtschaftspolitik in den Territorialstaaten, die durch ihre Abschließungstendenzen den Fernhandel zunehmend behinderten, noch kaum praktiziert wurde, entstanden zunehmende Verzerrungen.

Wies also die wirtschaftliche Situation Deutschlands am Vorabend des Krieges eine Reihe von krisenhaften Zügen auf, so war damit doch kein allgemeiner Niedergang angezeigt. Sie resultierten aus einem wachsenden Mißverhältnis zwischen Bevölkerung, Preis- und Lohnentwicklung, Wirtschaftsverfassung und Produktionstechniken. Muß Deutschland nach dem Krieg als ein ökonomisch rückständiges Land bezeichnet werden, so im wesentlichen doch *infolge* des Krieges. Er bewirkte schwere Verluste und verzögerte den zu Beginn des 17. Jahrhunderts anstehenden ökonomischen Entwicklungsschub für rund ein Jahrhundert.

Hatte die Bevölkerungskatastrophe des „Schwarzen Todes" im späten 14. Jahrhundert zu einem starken Rückgang der Produktion wie des Konsums geführt, so trat zu den Menschenverlusten durch den langen Krieg in der ersten Hälfte des 17. Jahrhunderts die Vernichtung von Produktionsmitteln und -stätten und von Wohnraum. Am stärksten betroffen waren Mecklenburg, Pommern Brandenburg, das Gebiet zwischen Magdeburg und Leipzig, Niederschlesien, ferner die südwestdeutschen Gebiete bis zur Pfalz und bis Augsburg. Sachsen, Nordhessen, Teile Westfalens und des Rheinlandes, Oberschlesien, Bayern und Böhmen hatten weniger gelitten; an Schleswig-Holstein, großen Teilen Niedersachsens – allerdings nicht dem Harzrand und dem Leinetal –, am westlichen Westfalen, Rheinland und den Alpenländern war der Krieg vorbeigegangen. Aber nicht allein durch Kampfhandlungen sind die Bevölkerungsverluste und Sachzerstörungen entstanden, sondern viel mehr – vor allem, als in der letzten Phase des Krieges unbesoldete Soldaten plündernd durchs Land zogen – durch Mord und Hungersnot, weil die Armeen das Land kahl fraßen und die Äcker unbestellt blieben, und durch Epidemien. 1636–40 kehrte die Pest zurück und überfiel große Teile West- und Süddeutschlands. Insgesamt wird ein Rückgang der deutschen Bevölkerung um 45–50 % der ländlichen, 25–30 % der städtischen Bevölkerung angenommen, in absoluten Zahlen: von 15–16 Millionen Menschen um 1620 auf 10 Millionen um 1650! Zum ersten Mal fiel die Bevölkerungszahl Deutschlands hinter diejenige Frankreichs zurück; qualitativ bedeutete das eine erhebliche Veränderung in der geographischen Verteilung und im Altersaufbau der Bevölkerung. Blieb in den vom Kriege kaum mitgenommenen Gebieten die Bevölkerungszahl im wesentlichen konstant, so sank sie in den am schwersten betroffenen um 60–70 %. Von den rund 400000 Einwohnern des Herzogtums Württemberg im Jahre 1619 lebten am Ende des Krieges dort noch etwa 50000, von den 6500 Einwohnern der Stadt Löwenberg in Schlesien nur noch 40! Abgesehen von belagerten, eingenommenen und geplünderten Städten wurde die ungeschützte Bevölkerung des offenen Landes am stärksten dezimiert. Oft verließen die Übriggebliebenen den Boden, ohne daß die gleicherweise betroffenen Grundherren sie daran zu hindern vermochten; viele drängten in die mauerumgebenen Städte, wo es doch keine Arbeit für sie gab. Auch für diejenigen, die auf dem Lande blieben, lohnte sich die Bestellung des Bodens kaum noch. So verringerte sich die Anbaufläche, und neue Wüstungen entstanden. Der Viehbestand ging rapide zurück, in manchen Gegenden bis auf 10 %; Gebäude wurden zerstört oder verfielen, weil sie verlassen oder nur alte Leute und Kinder übriggeblieben waren. Städtisches und ländliches Gewerbe gingen auch in den wenig heimgesuchten Gebieten zurück, weil der Absatz stockte und der Fernhandel wie die Versorgung mit Rohstoffen infolge der Unsicherheit der Verkehrswege weithin zum Erliegen kamen. Schwere, von wechselnden Eroberern oder Verbündeten erpreßte Kontributionen führten zur oft langfristigen Verschuldung mancher Städte und zu Besitzumschichtungen auf dem Lande.

Dieses düstere Bild bedarf im einzelnen mancher Korrektur. Von der Soldateska eingetriebenes Geld und Gut flossen zum Teil in das Land zurück, Heereslieferanten machten Geschäfte, in befriedeten Gebieten erwarben Offiziere billigen Grundbesitz und begannen Neubauten, unzerstörte Gebiete profitierten vom Nahrungsmittelbedarf in anderen Gebieten. Während der Niederlausitzer Adel verarmte, gediehen in Schleswig-Holstein die großen Bauern. Mit dem Bevölkerungsrückgang waren die Überbevölkerungserscheinungen der Vorkriegszeit verschwunden; nun aber machte sich bald ein Mangel an landwirtschaftlichen Arbeitskräften bemerkbar. Wegen des Nachfragerückgangs sanken die Getreidepreise erheblich, ebenso fielen die Güterpreise. Und als die agrarische wie – noch mehr – die gewerbliche Produktion wieder anzog, zeigte sich, daß die internationalen Handelsbeziehungen nicht nur vorübergehend zum Stillstand gekommen, sondern weithin abgebrochen waren. Es mangelte an umlaufendem Geld und an Kapital für den Wiederaufbau, so daß Kriegsgewinnler, Münzentrepeneurs und jüdische Hoffaktoren, also Leute, die über Bargeld verfügten und es gegen Zinsgewinn ausleihen konnten, eine vorher nicht gekannte Bedeutung erhielten.

Obwohl die Landwirtschaft schwerer betroffen war als Handel und Gewerbe, bewirkte der Krieg doch eine Verstärkung des agrarischen Charakters der deutschen Wirtschaft, weil der gesamtwirtschaftliche Anteil von Handel und Gewerbe zurückfiel. Deutschland wurde von der ökonomischen Entwicklung Westeuropas noch weiter abgehängt. Dies zeigte sich in der geringen Bedeutung des Außenhandels, im vergleichsweise bescheidenen Zuschnitt der Lebenshaltung des größten Teils der Bevölkerung, jedenfalls in den ausgepowerten Gebieten, in der gesunkenen Leistungsfähigkeit großer Teile des Handwerks, das nur noch in geringem Maße für den gehobenen Bedarf produzierte. So fehlten oft die äußeren Anreize und Mittel für durchgreifenden Wiederaufbau und nicht selten auch lange Zeit der Wille und die Energie der Einzelnen und Korporationen. Dazu trug auch bei, daß der Westfälische Friede keineswegs sofortige Befriedung im ganzen Land brachte. Die Auflösung und Rückführung der Armeen nahm noch Jahre in Anspruch, und an neuen, auf deutschem Boden sich abspielenden Kriegen hat es in den folgenden Jahrzehnten nicht gefehlt. Aus allen diesen Gründen hat die dem Krieg folgende wirtschaftliche Depressionsphase außerordentlich lange gedauert.

In dieser Situation ist es von großer und folgenreicher Bedeutung gewesen, daß die Landesherren und ihre Regierungen wirtschaftspolitisch aktiv wurden. Es setzte eine Phase des Merkantilismus und Kameralismus ein, einer politischen Praxis, die mit der Förderung der Wirtschaft vor allem die Stärkung der Staatsmacht anstrebte.

2. Soziokulturelle Folgen: Erschöpfung, Stagnation, Provinzialisierung

Jede allgemeine Aussage über die sozialen und kulturellen Folgen des Krieges vergröbert und ist ungenau. Was für Lebensstandard, Erziehungswesen, kirchliches Leben, Kunst und Literatur der einen

Residenz- oder Handelsstadt zutreffen mag, gilt für die andere nicht in gleicher Weise, zu schweigen von dem Leben im Dorf und auf den Gutshöfen in zerstörten oder in verschonten Landschaften. Überlieferte schriftliche Zeugnisse geben immer nur den Blick auf enge Ausschnitte der Wirklichkeit frei und sind notwendig subjektiv gefärbt.

Wieder ist ein kurzer Rückblick auf die Zustände am Vorabend des Krieges unerläßlich. Das 16. Jahrhundert hatte – aufs Ganze gesehen – steigenden Wohlstand gebracht, vor allem in den Städten. Ihr Reichtum und der in ihnen getriebene Aufwand hatten sich bis in die Anfänge der Kriegszeit erhalten; in vielen Fällen dürfte er sogar noch gewachsen sein, obwohl ihr politisches Gewicht im emporkommenden Territorialstaat bereits deutlich geringer wurde. Die Nachfrage reicher Bürgerfamilien und des Landadels nach Luxuswaren und kunstgewerblichem Gerät forderten das Handwerk zu hohen Leistungen heraus; ländlicher Adel und Landesherren entfalteten eine rege Bautätigkeit. 1602 begann Elias Holl mit dem Bau des Zeughauses, 1615 mit dem des Rathauses in Augsburg, 1605 Georg Riedinger mit dem Schloß in Aschaffenburg; 1600 wurde mit dem Danziger Zeughaus, 1609 mit dem Bremer Rathaus angefangen. Sie alle, wie auch die Bauten der sog. „Weserrenaissance", sind Ausdruck eines profanen Gestaltungswillens, für den die Kultur der italienischen Renaissance Beispiel war. Zugleich blühte der katholische Kirchenbau, zögernd begann auch der protestantische mit der Marienkirche (1607/08) Paul Frankes in Wolfenbüttel. Während das lateinische frühbarocke Jesuitendrama mit Jakob Bidermann einen Höhepunkt erreichte – sein „Cenodoxus" wurde 1602 zuerst aufgeführt –, kam die protestantische Kirchenmusik mit Michael Praetorius, der seit 1612 in Wolfenbüttel wirkte, zu ihrer ersten Blüte. Die Reihe der territorialstaatlich-konfessionellen Universitätsgründungen reicht bis in den Krieg hinein: auf Gießen (1607) und Paderborn (1614) folgten Rinteln (1621) und Salzburg (1622); hinzu kamen die reichsstädtischen Universitäten Straßburg (1611) und Altdorf (1622 auf Nürnberger Gebiet). Obwohl an ihnen ein späthumanistischer Gelehrtenstil gepflegt wurde, wies die juristisch-politische Lehre deutlich aktuelle Tendenzen auf. Gegenüber den nach Deutschland dringenden Lehren der spanischen Spätscholastik trug Althusius die westeuropäisch-kalvinistische Auffassung vom Staatsvertrag, Arnisaeus die lutherische Auffassung vom patriarchalischen Gottesgnadentum vor. Daß die ältesten erhaltenen Zeitungen aus dem Jahre 1609 stammen und in Augsburg und Straßburg erschienen, läßt auf ein noch immer reges öffentliches Leben in den Städten schließen.

Die religiöse Inbrunst und die auf Glaubensfragen gerichtete intellektuelle Energie der Reformationszeit waren jedoch weithin verebbt. Konfessionelle Prägung des Denkens und des sozialen Lebens waren selbstverständlich geworden. Auf der Grundlage der nach langen Verhandlungen zustande gekommmenen Konkordienformel von 1580 entfaltete sich die lutherische Orthodoxie, während von der Lehrbasis der Beschlüsse des Trienter Konzils aus, die allerdings in den deutschen Territorien nur zögernd angenommen worden waren, die Gegenreformation erstarkte – beide in ihrer zunehmenden Verhärtung Demonstrationen der noch immer zentralen Rolle der Religion und der Kirche im gesellschaftlichen und politischen Leben. Allerdings verstärkten sich gleichzeitig in Theorie und Praxis die Bestrebungen der Landesherren und ihrer juristisch geschulten Räte, unter Nutzung staatskirchlicher Mittel fürstliche Herrschaft und das institutionelle Gefüge ihrer Territorien auszubauen, sie also zu „verstaatlichen".

Es ist der Krieg gewesen, der in großen Teilen Deutschlands die materiellen Grundlagen eines im Vergleich zum frühen 16. Jahrhundert zwar weniger dynamischen, aber durchaus lebendigen und wohlständigen kulturellen Lebens schwer erschüttert hat. Selbst in den großen Städten kam die Bautätigkeit zum Erliegen; handwerkliches Können und künstlerisches Schaffen fanden keine Nachfrage. Als diese nach dem Kriege langsam wieder anstieg, ging sie unvergleichlich weniger vom städtischen Bürgertum und vom weithin verarmten und verschuldeten Landadel als, in katholischen Gebieten, von der Kirche und vom regierenden Adel aus und wurde oft im Ausland befriedigt. Von den kulturellen Ansprüchen der Landbevölkerung in den kriegsverheerten Gebieten kann man sich kaum eine zu geringe Vorstellung machen.

Waren die Fronten zu Beginn noch stark konfessionell abgesteckt gewesen und die Auseinandersetzungen auch als ein Kampf um den rechten Glauben verstanden worden, so hatte sich diese Sinngebung des Kriegs bald ad absurdum geführt. Zwar waren konfessionelle Gegensätze nicht verschwunden, aber sie hatten gegenüber den politischen Forderungen nach Sicherung der Besitzstände, nach Stabilisierung und Ausdehnung der landesherrlichen Gewalt an Gewicht verloren. Der Konfessionsstand nach dem im Westfälischen Frieden festgesetzten Stichjahr von 1624 blieb im wesentlichen erhalten, das Verhältnis von Kirche und Staat wurde von nun an durch die Regierungen bestimmt. Im deutschen Katholizismus begann mit dem Auslaufen der Gegenreformation eine Phase der Selbstgenügsamkeit, die übrigens dem Bedeutungsrückgang des Papsttums entsprach; im Protestantismus dagegen ist –

etwas später – die herrschende Orthodoxie, nicht ohne englisch-niederländischen Einfluß, durch den christlichen Stoizismus und den Pietismus aufgelockert worden.

Die Verinnerlichung des religiösen Lebens, die sich darin anmeldete, war durch den Eindruck des „großen Krieges" vorbereitet. Denn für die geistliche und weltliche Dichtung hat er keinen Abbruch, keine Zerstörung bedeutet, vielmehr Herausforderung und Vertiefung. Er hatte die Menschen durch Hoffnung und Verzweiflung getrieben, hatte zu Jubel und Klage, Sinngebungsbemühungen und Sinnlosigkeitsängsten, Erlösungshoffnung, Sündenfurcht und weltlicher Genußsucht Anlaß gegeben. „Simplizissimus" – Grimmelshausens großer Roman erschien 1669 als Zeit- und Sittenschilderung der Kriegszeit wie als moralisch-satirische Allegorie des Lebens der Menschen – lernt die Welt als unbeständig, das Glück als launisch, das Handeln des Menschen als Wahn erkennen, aus dem nur die Abkehr, das Vertrauen auf Erlösung im Jenseits befreit.

Nach dem Kriege wirkte es sich aus, daß es in Deutschland keine breiteren bürgerlichen Schichten mehr gab, die selbstbewußt, materiell potent und gesellschaftlich tonangebend eine lebendige, die Nation als Ganze erreichende Literatur hätten tragen können. Abgesehen von wenigen verschonten oder bald wieder aufstrebenden Handelsstädten wie Hamburg oder Leipzig blieben allein die Höfe, an denen der Dichter zum Hofmann, sein Werk zur höfischen Dichtung wurde. Es verstärkte sich auch der gelehrte Charakter, der schon das „Buch von der Deutschen Poeterey" (1624) des Martin Opitz und die Bemühungen der 1617 in Weimar von Fürst Ludwig von Anhalt-Köthen gegründeten „Fruchtbringenden Gesellschaft" um die deutsche Sprache und Dichtung gekennzeichnet hatte. Volkstümlich wurde nichts von den Werken der Beamten, Pfarrer und Adeligen. Es fehlte der Resonanzboden einer selbstbewußten und dynamischen Gesellschaft.

Materieller Niedergang und reduziertes Selbstwertgefühl begünstigten die in der 2. Hälfte des 17. Jahrhunderts um sich greifende Anpassung an Mode und Geschmack Frankreichs, die Übernahme französischer Redewendungen und Begriffe. Mit der vollendeten Territorialisierung des Reiches konnte sich noch weniger als zuvor ein Mittelpunkt der politischen Macht, des Geldes, der Kultur und des Geschmacks in Deutschland ausbilden. Nach solchem Rückfall suchten die herrschenden Schichten und die Gebildeten durch die Rezeption französischer Zivilisationsstandards an der fortgeschrittenen europäischen Entwicklung zu partizipieren. Diesem Zwecke

dienten auch die Übernahme der italienischen Oper, das Anwerben ausländischer Künstler und Architekten, die west- und südeuropäischen Bildungsreisen des Adels.
In Deutschland selbst war am Ende des Dreißigjährigen Krieges der Zuschnitt des gesellschaftlichen und kulturellen Lebens enger, lokaler geworden. Soziale Unterschiede verkrusteten; der Abstand zwischen den Höfen, so armselig sie im europäischen Vergleich sein mochten, und dem Leben des Volkes in Stadt und Land vergrößerte sich, zumal sich an den Höfen ein Verhaltensstil entwikkelte, der von der Lebenspraxis der großen Masse der Untertanen weit entfernt war. Es begann – verschieden stark in den einzelnen deutschen Staaten – das Heranziehen des Adels an die Höfe, an die er auch selber drängte. Im fürstlichen Dienst suchten aber auch die gebildeten Bürgerlichen zunehmend nach Beschäftigung, Einkommen und Ansehen. Bei geringen Möglichkeiten im Bereich von Gewerbe, Handel und „Dienstleistungen", aber zunehmendem Bedarf des aufsteigenden Absolutismus an Menschen für seine wachsenden Hofhaltungen und Beamtenapparate mußte der fürstliche Dienst attraktiv werden.
War Deutschland im 16. Jahrhundert das Land einer dynamischen und entfalteten Stadtkultur gewesen – und zwar um so mehr, als es eine Vielzahl von regional und eine ganze Reihe von überregional bedeutsamen Städten besaß –, so wurde es seit der Mitte des 17. Jahrhunderts ein Land der Höfe, von denen es – anders als in anderen Teilen Europas (außer Italien) – eine Unzahl, jedoch wenige von europäischer Bedeutung gab. Während viele Städte lange nicht wieder den Bevölkerungsstand der Vorkriegszeit erreichten und ihre frühere Bedeutung nie wiedererlangten, während das Leben in ihnen stagnierte, Bürgergeist und Bürgerbewußtsein sich oft nur noch schwach regten und kommunale Selbständigkeit mehr und mehr an die fürstliche Verwaltung verlorenging, entwickelten sich alte und neue Residenzstädte. Die Höfe mit ihrem zunehmenden Repräsentationsbestreben wurden zu neuen Auftraggebern; Heer und Verwaltung wirkten auf vielfältige Weise direkt und indirekt in die Gesellschaft hinein. Die Sozialdisziplinierung durch patriarchalisches landesherrliches Regiment und Kirchenobrigkeit, die schon früher eingesetzt hatte, kam nun verstärkt zur Geltung, weil sie geringeren Widerstand fand, und hat dem sozialen und politischen Bewußtsein der Deutschen bleibendes Gepräge gegeben. Es formte sich jene Haltung der Servilität, der Obrigkeitsorientierung, des Mangels an öffentlichem Sinn aus, welche ausländischen Reisenden wie deutschen Kritikern im 18. Jahrhundert auffiel. Das gilt weitgehend auch für solche Staaten,

in denen sich die fürstliche Gewalt gegen den Widerstand der Stände nicht durchzusetzen vermochte.
Gewiß: im 17. Jahrhundert stieg auch in Frankreich – früher und erfolgreicher – die absolute Monarchie auf, wurde der Adel zum Hofadel depraviert und die ständische Opposition im Lande niedergeworfen. Auch England ist vom Bürger- und Konfessionskrieg erschüttert worden, in dessen Verlauf die politische Ordnung zerfiel und Thomas Hobbes die Gesellschaft auf den Naturzustand eines Kampfes aller gegen alle zurückfallen sah. In der Tat traten in allen Ländern krisenhafte Spannungen auf, so daß man von einer „general crisis of the seventeenth century" gesprochen hat. Kein Land aber ist durch Kriege so sehr erschöpft, in seiner biologischen und ökonomischen Substanz so schwer getroffen worden wie Deutschland; keines wurde in seiner sozialen und kulturellen Entwicklung so zurückgeworfen und so sehr der Überfremdung oder dem Rückzug in Enge und Innerlichkeit überlassen – vergleichbar nur Italien im 16. und Spanien im 18. Jahrhundert.

3. Politische Folgen: Partikularisierung des öffentlichen Lebens. Die Stunde der Regierungen

Gewiß ist die politische Entwicklung Deutschlands seit der Mitte des 17. Jahrhunderts nicht allein durch den Dreißigjährigen Krieg oder gar den Westfälischen Frieden vorgezeichnet oder festgelegt worden. Die Friedensschlüsse von Osnabrück und Münster besiegelten nicht nur die Ergebnisse dieses Krieges, sondern sind im weiteren historischen Zusammenhang des Prozesses deutscher Dezentralisierung, des konfessionellen Pluralismus und der Schwergewichtsverlagerung im europäischen Staatensystem nach Westen zu sehen. Dieser Prozeß war lange vor dem Kriegsbeginn im Gange und mit dem Kriegsbeginn nicht abgeschlossen.
Mit der Unterzeichnung der Friedensinstrumente wurde ein völkerrechtlicher – noch kein praktischer – Schlußpunkt hinter einen offenen Konflikt gesetzt, der aus einem Kampf um Böhmen zu einem europäischen Krieg geworden war. Ursprüngliche Anlässe spielten an seinem Ende nur noch eine untergeordnete Rolle; Herrscher und Feldherren hatten gewechselt, und die meisten Menschen hatten den Kriegsausbruch nicht mehr miterlebt oder erinnerten sich nicht mehr an die Zeit, in der Friede herrschte. So viele Mächte waren involviert, so viele Interessen im Spiel, so viele Probleme zu regeln, daß die langen, wiederholt vom Scheitern

bedrohten Verhandlungen, an denen Gesandte fast aller europäischen Mächte teilnahmen, nur mühsam zu Lösungen gelangten, die doch den immerwährenden Frieden nicht brachten, den man von ihnen erhoffte. Denn weder konnte die Dynamik des europäischen Staatensystems stillgestellt, noch der Ehrgeiz deutscher Dynastien befriedigt werden. Gleichwohl haben die verfassungsrechtlichen Bestimmungen des Friedens für das Reich bis zu seinem Ende Geltung behalten. Als „ewiges Gesetz und Sanctio pragmatica, gleich anderen des Heil. Reiches Fundamental-, Satz- und Ordnungen", und als „immerwährende Richtschnur und ewige norma iudicandi" wurden die Instrumenta Pacis Osnabrugense et Monasteriense am 17. Mai 1654 in den „Jüngsten Reichsabschied" aufgenommen.

Ein Teil der territorialen Regelungen von 1648 bestätigte nur längst bestehende Tatsachen: das Ausscheiden der Niederlande und der Schweiz aus dem Reichsverband und die definitive Abtretung der lothringischen Bistümer Metz, Toul und Verdun an Frankreich. Im Ober- und Unterelsaß, wo Frankreich erstmals den Rhein erreichte und in den nächsten Jahrzehnten aus unklar gebliebenen Bestimmungen Ansprüche auf weitere Eroberungen und Interventionen herleitete, kam es zu dauernden Verlusten, während das Schicksal Lothringens zunächst noch unentschieden blieb. Den größten Gebietsgewinn strich Schweden ein: Vorpommern, Rügen, Wismar ergänzten die schwedische Herrschaft über die Ostseeufer, und mit den Herzogtümern Bremen und Verden bekam es auch die Nordseeküste zwischen den Mündungen von Weser und Elbe in die Hand. Daß Brandenburg für seinen Verzicht auf Vorpommern und Rügen mit den Bistümern Halberstadt, Minden, Cammin und der Anwartschaft auf Magdeburg entschädigt wurde, bedeutete einen wichtigen Schritt dieses für den weiteren Verlauf der deutschen Geschichte so wichtigen Staates nach Westen.

Die reichsrechtliche Anerkennung der reformierten neben der lutherischen („Augsburgischen") Konfession und die Fixierung der Konfessionsverteilung auf den Stand vom 1. Januar 1624 schufen kirchliche Verhältnisse, die, von einigen später rekatholisierten Gebieten abgesehen, in den Grundzügen bis an die Gegenwart heran Bestand behalten haben. Solange das Reich existierte, blieb es bei solchen Merkwürdigkeiten wie dem Alternat zwischen einem katholischen Bischof und einem protestantischen hannoverschen Prinzen im Bistum Osnabrück oder den paritätischen Magistraten in einzelnen Reichsstädten wie Augsburg, Biberach, Dinkelsbühl. Die Reichsstände erhielten die Anerkennung ihrer Rechte und Privilegien und ihres Stimmrechts bei allen Beratungen über Angelegen-

heiten des Reiches und darüber hinaus nun auch offiziell das Recht, untereinander und mit auswärtigen Mächten Bündnisse zu schließen, sofern sich diese nicht gegen Kaiser und Reich richteten.
In der Geschichte des europäischen Staatensystems markiert das Jahr 1648 einen Erfolg Frankreichs in der großen Auseinandersetzung mit dem Hause Habsburg. Als dank Wallensteins Erfolgen das Reich 1630 dem Kaiser zu Füßen zu liegen schien, hatte Richelieu Schweden unterstützt; wenige Jahre später, als Gustav Adolf gefallen und zwischen dem Kaiser und Sachsen Frieden geschlossen war, griff er selber in den Krieg ein und fand unter protestantischen wie katholischen Reichsfürsten Parteigänger, die eine habsburgische Hegemonie fürchteten. Als durch den Pyrenäenfrieden (1659) auch die spanische Gefahr beseitigt war, hatte Frankreich die Ausgangsposition erreicht, von der aus es in wenigen Jahrzehnten zur Vormacht aufsteigen konnte. Obwohl das Haus Habsburg die Kaiserkrone – mit der Unterbrechung von nur wenigen Jahren nach dem Tode Karls VI. – bis zum Ende des Reiches behalten hat, gelangte es doch nicht wieder zu jener Stellung im Reich, die es unter Ferdinand II. für kurze Zeit erreicht hatte. Seine Interessen lagen in der Folgezeit weithin außerhalb des Reiches, schlossen den Besitz der Kaiserkrone aber als notwendige Voraussetzung für den Bestand des vielgestaltigen Länderbesitzes der Casa d'Austria ein. Ging diese Entwicklung sozusagen auf Kosten des Reiches, so hat doch auch die französische und schwedische Politik dieses ehrwürdige Gebilde nicht zu Fall bringen wollen. Europäische Diplomaten konnten darüber streiten, ob nicht eine noch stärkere Dezentralisierung des Reiches im Interesse ihrer eigenen Staaten wünschenswert sei; sie wußten jedoch, daß seine Auflösung das europäische Mächtesystem völlig aus den Fugen bringen würde. Auch die auf ihre „Libertät" bedachten, die habsburgische Politik mit tiefem Mißtrauen beobachtenden evangelischen und katholischen deutschen Reichsfürsten konnten die Auflösung nicht wünschen. Daß sie auch nach 1648 für ihre dem Reich zugehörenden Gebiete Lehnsträger des Kaisers blieben und deshalb reichsrechtlich keine volle Souveränität besaßen, behinderte sie wenig, waren sie doch mit ihrem kaum noch beschränkten Bündnisrecht völkerrechtliche Subjekte geworden! Wichtiger jedoch, daß die allermeisten von ihnen zu schwach waren, eine eigene politische Rolle zu spielen und deshalb am Reich Rückhalt und Schutz besaßen. Selbst diejenigen, die dessen immer weniger bedurften – Sachsen, Hannover, Brandenburg, Preußen –, haben den Rechtsverband des Reiches nicht verlassen. Eine politische Macht ist es nach 1648 nur noch im passiven Sinne gewesen; aber gerade deshalb blieb es der

lockere Rahmen für die deutsche Staatenvielfalt und wesentlicher Bestandteil des europäischen Staatensystems. Dieser passiven Funktion entsprach der weitgehend verfassungspolitische Stillstand des Reiches bis zu seinem Ende 1803/06.

Je weniger politische Energien vom Reich ausgingen, desto mehr verlagerte sich das Gewicht auf die Einzelstaaten. Suchten vor allem die kleineren Reichsstände in Gebieten starker Zersplitterung wiederholt in Assoziationsbestrebungen ihr Heil, ohne daß sich aus ihnen ein tragfähiges und weiterführendes politisches Instrument entwickelte, so operierten die größeren mit Allianzen, dem Aufbau eigener militärischer Macht und weitgehender administrativer Mobilisierung der Kräfte des eigenen Landes. Diese Entwicklung unter den Gesichtspunkten nationaler Machtstaatsbildung, die erst im 19. Jahrhundert dominant geworden sind, zu bedauern, ist anachronistisch und abwegig. Ihre Chancen und Defizite müssen nach dem Maße der tatsächlichen Gegebenheiten des deutschen Lebens und der sich aus ihnen ergebenden Möglichkeiten beurteilt werden. Denn einen „normalen“ Weg geschichtlicher Entwicklung von Staaten und Nationen gibt es nicht. In Europa sind überdies ihre Wege stets in struktureller Analogie und individueller Eigenart miteinander verbunden gewesen. Man muß sie vergleichend betrachten, weil sie selber sich im Vergleich gesehen und orientiert, aus ihm Antriebe erfahren, Anpassungen vollzogen und Abwehr entwickelt haben.

Im 17. Jahrhundert ist das Entwicklungsgefälle von Westen nach Osten, das z. B. in der Form und der Geschwindigkeit der Auflösung des Feudalsystems oder im Umfang der Teilnahme an Seehandel und Kolonisation schon länger bestand, nun auch zwischen West- und Mitteleuropa noch vergrößert worden. Durch die tief in die Politik hineinreichende Konfessionalisierung, durch die überragende Rolle, die der Staat für die gesellschaftliche Entwicklung gewann, und durch das Ausmaß der Kleinstaaterei ist der Unterschied noch weiter verschärft worden. Deutschland geriet gegenüber Westeuropa in einen Entwicklungsrückstand, der, wo er den Menschen bewußt wurde, einen politisch-psychologischen Faktor der Zeit ausmachte.

Zweifellos hat die Vielfalt an Staaten und staatenähnlichen Gebilden innerhalb des Reichsverbandes, hat das Nebeneinander von großen, kleinen und kleinsten, weltlichen und geistlichen Staaten, von Reichsstädten und reichsritterschaftlichen Zwergterritorien, von katholischen, lutherischen und reformierten Gebieten zur kulturellen Farbigkeit und zum Reichtum an lokalen und regionalen Besonderheiten in Deutschland beigetragen, der bis heute Realität

ist. Nach dem Dreißigjährigen Krieg allerdings äußerten sich in dieser Vielgestaltigkeit nicht überschießende wirtschaftliche Kraft, kein stolzes lokales und regionales Selbständigkeitsbewußtsein. So wirkte sich die deutsche Kleinstaaterei, in der dynastischer Wille und ständischer Widerstand gegen ihn die einzigen dynamischen Kräfte waren, lähmend für das öffentliche Leben aus. Das gilt nicht zuletzt für die städtische Bevölkerung und den ärmeren Teil des Landadels. Und die zu absoluter Gewalt strebenden Landesherren und ihre Regierungen taten das Ihre, die Entpolitisierung der Regierten voranzutreiben.
Der Entwicklungsrückstand durch den Krieg und die Stagnation der Nachkriegsära haben aber auch die Regierungen in besonderem Maße zum Handeln herausgefordert. Als andere Kräfte erschöpft waren, kam ihre geschichtliche Stunde. Will man die Wirkungen und den Erfolg ihres Handelns beurteilen, so muß man bedenken, unter welchen Bedingungen es erfolgte, wie bescheiden das Erreichte oft blieb, wie vieles über Absicht und Versuch nicht hinauskam. Ebenso müssen die sozialen Kosten dieser Entwicklung bedacht werden. Dafür ist das Beispiel Brandenburg-Preußen ein Testfall historischer Urteilsfähigkeit. Wer den einzigartigen Aufstieg dieses Staates verfolgt, der gewiß nicht „notwendig", aber konsequent gewesen ist, darf die unerhörten Kosten dieser gewaltigen, einseitigen Überanstrengung und deren problematische Folgen nicht außer acht lassen!

I.

WIRTSCHAFTLICHE ENTWICKLUNG

Vorbemerkung: Stagnation und Retablissement

Die dem Dreißigjährigen Krieg folgende wirtschaftliche Depression hat in den verschiedenen Teilen Deutschlands und in den einzelnen Wirtschaftszweigen nicht gleich lange, insgesamt aber doch mehr als ein halbes Jahrhundert angehalten. Die vielfältigen Maßnahmen des Wiederaufbaus schlugen gesamtwirtschaftlich lange nicht durch. Hindernd wirkte sich aus, daß Stagnation in dieser Zeit auch in anderen europäischen Ländern herrschte. Die Preise der wichtigsten Agrarprodukte, vor allem des Getreides, sanken vom zweiten Viertel des 17. bis zum zweiten Viertel des 18. Jahrhunderts und bewegten sich auf niedrigem Niveau; wenn sie sich in Deutschland am ehesten stabilisierten, so erreichten sie doch nicht annähernd den Stand vom Beginn des Jahrhunderts. Das bedeutete eine Verbilligung der Lebenshaltung in den Städten, aber auch vermindertes Einkommen der Landwirtschaft; hinzu kam, daß die Agrarlöhne diese fallende Tendenz nur zögernd mitmachten. Mit dem Stocken der Bevölkerungszunahme in großen Teilen Europas, vor allem in Spanien und Oberitalien, in den Niederlanden und in Polen, sank die Nachfrage nach landwirtschaftlichen Produkten. Ein durchgreifender Wandel trat erst um 1750 ein, als rasches und allgemeines Wachstum einsetzte. (Die geschätzte Bevölkerung in Europa, einschließlich Rußlands, belief sich um 1500 auf 80–85 Millionen, um 1600 auf 100–110 Millionen, um 1700 auf 110–125 Millionen, um 1750 auf 120–140 Millionen, um 1800 aber auf 180–190 Millionen Menschen. Das bedeutet eine Verdoppelung der Wachstumsrate in diesem letzten halben Jahrhundert!)
Vor dem Hintergrund der europäischen Stagnation, die sich im einzelnen unterschiedlich bemerkbar machte, wird erkennbar, daß die deutsche Misere keine singuläre Erscheinung war. Sie ist aber durch die europäische Flaute noch vertieft worden, da dem Wiederaufbau, der in den von besonders hohen personellen und materiellen Verlusten betroffenen Gebieten sehr tief unten an-

setzen mußte, nur geringe Exportanreize und Kapitalangebote entgegenkamen. Da er überdies ohne überlokale bzw. überstaatliche Koordination erfolgte, konnte die wirtschaftliche Stockung lange nicht überwunden werden.

Oft hat man Verantwortung und Verdienst für den Wiederaufbau überwiegend der territorialstaatlichen Wirtschaftspolitik zugeschrieben und darin ein charakteristisches Element der deutschen Entwicklung gesehen, das auch dem langfristigen Übergang von der Agrar- zur Industriegesellschaft seine Form gegeben habe. Es muß indes, auch im Hinblick auf den Landesausbau – in der Sprache der Zeit: das Retablissement – betont werden, daß es wirtschaftspolitische Aktivität der Regierungen nicht nur in deutschen Territorialstaaten gegeben hat. Vielmehr ist der enge Zusammenhang von Wirtschaft und Politik ein Kennzeichen des Zeitalters. Das Bestreben der Regierungen, gegebene Geldquellen auszuschöpfen und neue zu erschließen, ihre Gewalt nach innen und die Macht des Staates nach außen zu stärken, fand in politisch-ökonomischen Lehren ihre Rechtfertigung, nach denen die Staatsmacht in der Zahl und dem Wohlstand der Bevölkerung begründet ist. Lag das Schwergewicht der „merkantilistischen" Politik auf dem Handel, vor allem auf dem Geld ins Land bringenden Außenhandel, in dessen Interesse gewerbliche und frühindustrielle Produktion gefördert wurden, so hat es in England und Preußen auch einen Agrarmerkantilismus gegeben, also die Förderung der Landwirtschaft durch staatliche Maßnahmen. Stil und Effektivität solcher Politik reichten, grob gesagt, vom militärisch geführten Handelskrieg über Handelsverträge, Zollvereinheitlichungen und Subventionen bis zu Anreizen für Unternehmer durch Monopol- und Privilegienerteilung und zu eigener Unternehmertätigkeit der Regierungen. Unterschiedlich akzentuiert waren auch die Ziele, die z.B. durch Cromwells Navigationsakte 1651, Colberts Finanz- und Gewerbepolitik oder den „Kameralismus" deutscher Kleinstaaten verfolgt wurden.

Im engen Zuschnitt deutscher Verhältnisse ist die landesherrlich gelenkte Retablissements- und Gewerbeförderungspolitik zu einer nachhaltigen Praxis der Bevormundung geworden. Ganz am Staatszweck orientiert, der ausschließlich durch die Regierung definiert wurde, setzte sie das Wohl der Untertanen mit dem Staatswohl gleich und nahm sie dafür völlig in Anspruch. Es muß aber sogleich auch gesagt werden, daß es, von einigen großen Städten abgesehen, für den wirtschaftlichen Aufbau keine wirkliche Alternative gab.

1. Bevölkerungsentwicklung

Von der modernen sozialgeschichtlichen Forschung wird nachdrücklich die fundamentale Bedeutung der Bevölkerungsentwicklung für das Verständnis des allgemeinen wirtschaftlichen, sozialen, politischen und auch kulturellen Prozesses betont. Bevölkerungszu- oder -abnahmen hängen direkt mit Nahrungsspielraum und Erwerbsmöglichkeiten zusammen; Bevölkerungswachstum drückt auf das soziale Gefüge, während Bevölkerungskatastrophen Besitzveränderungen bewirken können.

Obwohl die deutsche Gesamtbevölkerung zwischen 1720 und 1750 mit 15 bis 17 Millionen wieder den Stand vom Beginn des 17. Jahrhunderts erreichte, darf für diese Zeit nicht etwa ein stetiges Wachstum angenommen werden. Epidemien und Hungerkrisen unterbrachen den ohnehin nur langsamen Anstieg. In manchen Teilen Deutschlands füllte sich das verwüstete Land nur ganz allmählich wieder auf; dasselbe gilt für viele Städte. David Sabean hat den Prozeß in einem für Württemberg idealtypischen Dorf beschrieben: Nachdem der Krieg die Einwohnerzahl von 1000 auf 400 reduziert hatte, die Herden dezimiert, viele Felder unbebaut, die Häuser oft zerstört waren und Saatgut fehlte, die Höfe hoch verschuldet waren und die Steuern hoch blieben, erholte sich das Dorf nur sehr zögernd und erreichte erst 1720 wieder das Vorkriegsniveau. Inzwischen aber hatte sich vieles geändert. Manche Bauern hatten sich unter dem Eindruck der Depression geweigert, ein Erbe anzutreten, weil die Bewirtschaftung eines großen Hofes schwierig war; bis dahin hatten Landlose Besitz erhalten; vorwiegend kleinere neue Hofstellen waren entstanden. Mit dem langsamen Anwachsen der Bevölkerung war durch die Realteilung eine ganz neue Besitzverteilung zustande gekommen.

Die Gründe für die langsame Bevölkerungszunahme waren vielschichtig. Ein Absinken der Sterblichkeit, also eine höhere Lebenserwartung, trat noch nicht ein; es blieb bei hoher Kinder- und Erwachsenensterblichkeit, so daß die durchschnittliche Lebensdauer kaum mehr als 30 Jahre betrug. Wenn es trotz einer hohen Zahl von Fehl- und Totgeburten und vieler unverheiratet Bleibender in normalen Jahren auf dem Lande einen leichten Bevölkerungsüberschuß gegeben hat, der auch die defizitäre Entwicklung in den Städten auszugleichen vermochte, so war das die Folge einer relativ hohen Geburtenzahl. Nach dem Kriege pendelte sie sich bei etwa 30 pro Tausend der Bevölkerung ein. Außergewöhnlich hoch ist die Kinderzahl der einzelnen Familien gleichwohl nicht anzusetzen. Nicht die Geburt, sondern das Aufziehen und die

Erhaltung der Kinder war das Problem. Da, wie man – allerdings aus nicht-deutschen Quellen – errechnet hat, eine Ehe, die im Alter der Frau von 25 Jahren geschlossen wurde und 15 Jahre bestand, mit 4–5 Kindern rechnen konnte, von denen die Hälfte überlebte, mußte die Wachstumsrate niedrig bleiben. Im einzelnen sind noch andere Faktoren wirksam gewesen, z.B. das vorübergehende Sinken des Heiratsalters nach dem Kriege und die vermehrten Eheschließungen nach Neuverteilung des Besitzes; andererseits hat die lange wirtschaftliche Stagnation die Ehefreudigkeit nicht erhöht.

Wo die Regierungen eine aktive Bevölkerungspolitik betrieben, da versuchten sie, die „Peuplierung" sowohl durch Einwanderung als auch durch Verbesserung der agrarischen und gewerblichen Produktion zu fördern. Der Einwanderungspolitik ist von der Forschung ein etwas einseitiges, jedoch nicht unberechtigtes Interesse geschenkt worden. Es waren vor allem Glaubensflüchtlinge, die aufgenommen, manchmal auch als hochmotiviert und in bestimmten Gewerben besonders geschickt geltende „Facharbeiter" herbeigeholt wurden. Von 1699 bis 1707 wanderte eine kleine Gruppe von französischen Waldensern nach Württemberg ein; bedeutsamer war die Ansiedlung von rund 150000 bayerischen, österreichischen und pfälzischen Emigranten in Franken. In der Lausitz und in Sachsen fanden aus Böhmen vertriebene deutsche und tschechische Protestanten Aufnahme, während französische Réfugiés, die nach der Aufhebung des Edikts von Nantes 1685 ihres Glaubens wegen das Land verließen, und Salzburger Exulanten in großer Zahl in die Mark Brandenburg und in Ostpreußen einströmten. 1725 soll ein Fünftel der Bevölkerung der Kurmark aus Umsiedlern bestanden haben! „Hugenotten" wanderten auch – z.T. auf dem Wege über die Schweiz – in das nördliche Hessen ein. Für Dänen und Schweden, die sich in Norddeutschland, Mecklenburger und Schleswig-Holsteiner, die sich in der nördlichen Mark Brandenburg, Schweizer, die sich in der Pfalz niederließen, waren wirtschaftliche Gründe ausschlaggebend; die in der Altmark und im Havelland angesiedelten Holländer wurden wegen ihrer Kenntnisse im Wasserbau und in der Trockenlegung von Sümpfen herbeigeholt. Berlin erlebte Ende des 17. Jahrhunderts durch den Zustrom von rund 6000 Hugenotten eine beträchtliche Veränderung.

Neben der Zuwanderung gab es aber auch eine Abwanderung in den Osten und Südosten sowie nach Übersee. Seit 1689 rief die Wiener Regierung zur Siedlung in Ungarn und in den Karpaten auf und fand vor allem im katholischen Südwest- und Süddeutschland Resonanz; seit 1743 folgten umgesiedelte österreichische

Protestanten. Aus Südwestdeutschland kamen die ersten deutschen Auswanderer nach Nordamerika. Materielle Not als Folge der Kriege Ludwigs XIV. und religiöse Unterdrückung bildeten den Hintergrund für die Massenemigration der Pfälzer, die sich im Jahre 1709 auf 13000 Personen belief. Von 1727–1754 nahmen in jedem Jahr durchschnittlich 2000 Personen ihren Weg über England nach Nordamerika; man hat die Zahl der deutschen Siedler in den dortigen englischen Kolonien um 1750 auf rund 100000 geschätzt.

Um diese Zeit nahm die Bevölkerung in Deutschland bereits in schnellerem Tempo zu; gleichzeitig wuchs die geographische Mobilität. 1748 hatte Brandenburg-Preußen 3,5 Millionen Einwohner, 1770 bereits 4,2 Millionen, wobei der Anstieg sich – ungleichmäßig – auf alle Provinzen verteilte. In den Realteilungsgebieten Württembergs, in Baden und der Pfalz kam es auf dem Lande zu Überbevölkerung, die zur Abwanderung zwang. Siedler und Handwerker aus der Pfalz zogen in die preußischen Ostgebiete und in die Kurmark, wo überhaupt eine stärkere gewerbliche Einwanderung in die Städte stattfand. Die sog. „Schwabenzüge" vor allem aus Südwestdeutschland in das Donau- und Schwarzmeergebiet verstärkten sich: rund 100000 Personen sollen in die habsburgischen Länder, rund 25000 nach Südrußland eingewandert sein. Ebenso schnellte die Zahl der Auswanderer nach Nordamerika in die Höhe. 1754 waren unter ihnen 22000 Südwestdeutsche!

Die Bevölkerungsbilanz der Städte blieb auch im 17. und 18. Jahrhundert leicht negativ. Um so wichtiger war der Zuzug vom Lande, der aus steuerpolitischem Interesse von den Regierungen begünstigt wurde, vor allem bei Städtegründungen oder bei der Neuanlage bzw. beim Ausbau von Residenzstädten. An die großen europäischen Städte reichte allerdings keine der deutschen zahlenmäßig heran. Am Ende des 17. Jahrhunderts war Wien die einzige deutsche Stadt mit über 100000 Einwohnern; Hamburg und Berlin hatten über 60000, Straßburg, Danzig, Breslau über 40000. Erst ein Jahrhundert später erreichte Hamburg 100000, Berlin 150000 Einwohner, während Köln, im 15. Jahrhundert die größte deutsche Stadt, um 1800 nur 40000 Einwohner zählte. Gegen Ende der hier behandelten Zeit zeichneten sich bei weiterem Bevölkerungswachstum bereits die Grenzen der Nahrungsmittelversorgung ab. Damit ergab sich die Notwendigkeit, zu neuen agrarischen Produktionsverhältnissen zu kommen. Es war der kritische Punkt erreicht, an dem die vorherige Nahrungsbasis nicht mehr ausreichte.

2. Landwirtschaft

Fallende Agrarpreise bei zunächst noch kaum nachgebenden Preisen für gewerbliche Güter und Löhne sowie steigende steuerliche Belastung hatten nach dem Dreißigjährigen Krieg niedrige Grundstücks- und Pachtzinspreise zur Folge. Noch am Ende des 17. Jahrhunderts sollen in Bayern die adeligen Güter kaum die Hälfte, manchmal nur ein Drittel oder Viertel des Wertes der Vorkriegszeit gehabt haben. Wüstes Land blieb lange unbebaut: im Amt Stargard in Mecklenburg war 1708 erst ein Viertel der verlassenen Bauerhöfe wieder besetzt. Arbeitskraft mußte teuer bezahlt werden; adelige Besitzer wie Bauern klagten über hohe Löhne und Schwierigkeiten, Knechte und Mägde zu bekommen oder zu halten. Landesherrliche Verordnungen nützten nicht viel, zumal sie, aufs Ganze gesehen, zu wenig durchgriffen und zu konservativ blieben. In der Regel kamen sie, wie z. B. das zeitweilige Verbot von Zwangsvollstreckungen bei fälligen Schuldforderungen oder die verschärfte Verhinderung der Abwanderung schollengebundener Bauern, den Herren zugute; die bäuerlichen Lasten wurden dagegen nirgendwo gesetzlich gemindert. So blieb die überlieferte Agrarverfassung im wesentlichen erhalten. Auch Wanderungen und planmäßige Kolonisierungen rührten kaum an der Struktur der ländlichen Bevölkerung. Unter solchen sozialen und institutionellen Bedingungen waren wohl gewisse Verbesserungen der agrarischen Arbeitsorganisation und -technik möglich, aber keine durchgreifenden Veränderungen in der landwirtschaftlichen Produktion.

Hier sind einige allgemeine Bemerkungen über die Agrarverfassung unerläßlich. Bei weitgehender struktureller Gleichheit war sie doch in den verschiedenen Teilen Deutschlands zu unterschiedlicher Ausprägung gekommen. In den Neusiedlungsgebieten des Ostens einschließlich Pommerns und Mecklenburgs hatte sich als eine Sonderform der Grundherrschaft die sog. Gutsherrschaft ausgebildet. Waren die Bauern im Zuge der Kolonisationsbewegung zunächst mit besseren Besitzrechten ausgestattet worden als sie im Altsiedlungsgebiet vorherrschten, so hatte sich ihre Lage seither erheblich verändert. Zuerst im späten 14. Jahrhundert, als die bäuerliche Bevölkerung, aber auch die Zahl der grundherrlichen Familien zurückging, die Grundherren ihren Besitz und ihre Rechtstitel zusammenfaßten, wüstliegendes Bauernland einzogen und damit relativ große Besitzflächen entstanden. Durch Einschränkung der bäuerlichen Freizügigkeit und – in der ersten Hälfte des 15. Jahrhunderts – durch das Herbeiholen neuer Siedler

sicherten sich die Herren die Arbeitskräfte, die sie benötigten, als sie infolge der bei schnellem Bevölkerungswachstum steigenden Nachfrage nach Lebensmitteln zur Eigenwirtschaft und zur expansiven Produktion für den Export übergingen. Dabei kam es seit dem 16. Jahrhundert zu der berüchtigten Praxis des Bauernlegens, also zur direkten Einziehung des Bauernlandes in die gutsherrliche Wirtschaft. Allerdings wurde den Bauern das von ihnen bewirtschaftete Land als Entlohnung für ihre Dienstleistungen zur Nutzung überlassen. Ein weiterer Schub im Ausbau dieser Gutswirtschaft erfolgte im 17. Jahrhundert.
Im Mittelpunkt der Gutswirtschaft stand in den meisten Fällen ein adeliges Rittergut oder auch ein Vorwerk einer Domänenverwaltung. Bei völlig dominierendem Ackerbau blieb die Viehhaltung gering; nur auf schlechteren Böden wurden große Schafherden gehalten. Bemerkenswert ist, daß bei der Berechnung des Güterwertes die Dienste und Gefälle der Bauern den Wert des Bodens und des Viehbestandes, der Jagd und Fischerei etc. übertrafen. Das System der Gutswirtschaft in Ostdeutschland basierte also ökonomisch wesentlich auf den pflichtmäßig zu erbringenden Leistungen der Gutsuntertanen. Höhe und Form solcher Leistungen differierten im einzelnen, waren jedoch sehr beträchtlich. Zu unterscheiden sind Ackerdienste der Bauern und Zwangsdienste der Bauernkinder. In Ostpreußen besaßen die Gutsherren ein Vormieterecht für jede Person im Bereich ihrer Gutsherrschaft, die sich verdingen wollte. Je geringer die Zahl der gutsherrlichen Bauern und die Größe der Bauernhöfe, um so stärker ihre Belastung! In günstigen Jahren und bei großer Zahl der Bauernfamilien mochte die personale Dienstpflicht als wenig drückend empfunden werden; anders in Krisen- und Notjahren, wenn sie von einem energischen Gutsherrn strikt in Anspruch genommen wurde. Zu den Diensten kamen die Abgaben der Bauern von ihren Erträgen. Sie bestanden in bestimmten Getreidemengen, Abgaben aus der Viehhaltung, aus Geldzinsen und Steuern. W. Abel schätzt die Gesamtbelastung der Bauernhöfe im Gutsverband – ohne Anrechnung der Dienste – auf mindestens ein Drittel ihrer Gesamtroherträge. Und F. W. Henning hat festgestellt, daß im ostpreußischen Küstengebiet die Belastung des Bodens der Gutsbauern erheblich höher lag als die anderer Bauern, selbst als die der Pächter auf den königlichen Vorwerken.
Nach der durchschnittlichen Qualität der Böden, dem Stande der Agrartechnik und der Arbeitsorganisation, die die reine Lohnarbeit noch nicht kannte, ermöglichte die so betriebene Landwirtschaft eine zwar stark schwankende, aber insgesamt gewinnbrin-

gende Marktproduktion. Es sind jedoch nicht nur ökonomische, sondern auch soziale Gründe gewesen, aus denen so lange an ihr festgehalten worden ist. Sie war die als selbstverständlich empfundene Grundlage für eine spezifische aristokratische Lebensform und für konkrete lokale Herrschaft. Zwar bedeutete sie für die Gutsuntertanen Schutz in Krisenjahren, ihr ökonomischer Charakter aber war durch die Aneignung von bäuerlicher Arbeitsleistung und eines Teils der erwirtschafteten bäuerlichen Erträge durch die Gutsherren bestimmt. Zu eigenem Wohlstand konnten Gutsbauern dabei nicht gelangen. Neben ihnen gab es zwar auch andere, in ihren personalen und dinglichen Rechten besser gestellte Bauern, vor allem in Ost- und Westpreußen die sog. „Köllmer", die persönliche Freiheit und vererbbares Eigentum besaßen. Wirtschaftlich aber spielten sie keine erhebliche Rolle, weil die Größe ihrer Güter geringer war. Von intensiverer Bewirtschaftung ihrer Höfe kann nicht gesprochen werden; überdies konnten die von ihnen zu entrichtenden Geld- und Naturalzinsen beträchtlich sein. Im übrigen wurden die Gutsbesitzer, als sie während der Stagnation nach dem Dreißigjährigen Krieg die Schollenbindung und Erbuntertänigkeit der Gutsuntertanen verschärften und die Leistungen und Abgaben erhöhten, von der Landesherrschaft nicht behindert, die ihnen im Interesse des Ausbaus ihrer monarchischen Gewalt die lokale Herrschaft überließ. Erst 1740 ist in Preußen aus fiskalischen Gründen das Bauernlegen verboten worden.
In den Altsiedlungsgebieten Deutschlands, wo die Grundherren nicht selber wirtschafteten, sondern von den Renten und Abgaben lebten, verfügten die Bauern über bessere Besitzrechte. Im Gebiet des sog. nordwestdeutschen „Meierrechts" hatten die Landesherren die Erhöhung der Zinsen und das Heraussetzen der Meier seit dem späten 16. Jahrhundert verboten; im siebzehnten wurde die Unteilbarkeit der Höfe festgestellt. Das sicherte eine gewisse Hofgröße, bedeutete aber auch für die Nichterbenden, daß sie als Kleinstelleninhaber (Kossäten, Einlieger etc.) auf großen Bauernhöfen Arbeit suchen oder in die Stadt abwandern, zu ländlichem Gewerbe übergehen oder als saisonale „Hollandgänger" ihren Unterhalt verdienen mußten. Die höhere soziale Stabilität in Nordwestdeutschland läßt allerdings nicht auf eine wesentlich bessere ökonomische Situation der Landwirtschaft schließen. Nach dem Dreißigjährigen Krieg mußten die Grundzinsen zwar herabgesetzt werden, da jedoch die Abgaben an die Landesherren stiegen, sank die Belastung der Höfe nicht. Gewinne aus dem Verkauf von Überschüssen wurden von Betriebsausgaben und Abgaben an Grund- und Landesherren weitgehend aufgezehrt; hinzu traten Dienste und

Naturalabgaben in einer heute nur noch schwer zu durchschauenden Vielfalt, überdies Leistungen, die aus Monopolen der Grundherren resultierten, also aus den Mühlen-, Brau-, Brennrechten usw. Oft besaßen Grund- und Landesherren auch ein Vorkaufsrecht für bäuerliche Erzeugnisse.
Zu jeweils besonderen Ausprägungen war die Grundherrschaft auch in Westdeutschland, Südwestdeutschland, Mitteldeutschland und Bayern gekommen. Gemeinsam war ihnen, daß sich schon im späten Mittelalter die personalen Bindungen der bäuerlichen Bevölkerung an die Herren mehr und mehr gelockert und in reale Abgaben verwandelt hatten. Bei im einzelnen unterschiedlichen Besitzrechten waren die Höfe in der Regel praktisch erblich geworden. Sie galten als Familiengut, das meist sehr lange in der Hand einer Familie blieb. Die Reallasten waren durchweg hoch, jedoch fixiert und konnten nicht willkürlich heraufgesetzt werden. Wenn sie jedoch nach einer Zeit relativ laxer Inanspruchnahme schärfer gefordert wurden, wirkte dies wie eine objektive Verschlechterung.
Natürlich spielten für die wirtschaftliche Lage der Bauern auch Besitzgrößen, Bodenqualität, Erträge, Anbaugewohnheiten und Bearbeitungsmethoden eine erhebliche Rolle. In großen Teilen Deutschlands herrschte noch immer – im einzelnen oft modifiziert – die Dreifelderwirtschaft vor, wobei abgelegenen und schlechttragenden Feldern wenig Sorgfalt gewidmet wurde. Im Laufe des 18. Jahrhunderts nahm die Vielfalt der Früchte zu; vor allem in Stadtnähe wurden mehr Gemüse-, Hülsen-, und Futterfrüchte, Ölfrüchte und Faserpflanzen angebaut. Daneben gab es in einigen Gebieten Mehrfelderfolge, in anderen Einfelderwirtschaft (bei intensiver Düngung), in wieder anderen herrschten Feldgras- oder die besonders intensive Koppelwirtschaft vor. Insgesamt ergibt sich ein differenziertes Bild: sehr intensive Nutzung im Rhein-Main-Gebiet, am Niederrhein, in Teilen Thüringens, Sachsens und Schlesiens mit besonders guten Böden; abnehmende Intensität nach Osten wie in den Mittelgebirgen. Daß dort die Getreidepreise niedrig waren, war auch eine Folge der längeren Verkehrswege. Die ländliche Viehhaltung hielt sich durchweg auf relativ niedrigem Entwicklungsstand; dementsprechend niedrig lagen die Milch-, Woll- und Fleischerträge. Bessere Verhältnisse bestanden nur in guten Weidegebieten und in der Nähe größerer Städte, in denen gute Preise erzielt werden konnten. Im übrigen wiesen vor allem kleine Städte oft einen starken Tierbestand innerhalb der Mauern auf. Die im 18. Jahrhundert zu beobachtenden Verbesserungen in der Viehhaltung griffen noch nicht durch und beseitigten die Viehseuchen noch nicht.

Zu den wichtigsten, der Landwirtschaft zugute kommenden Maßnahmen des Landesaubaus gehörten die Gewinnung neuer Nutzflächen durch Melioration und Trockenlegung, Moorkultivierung und Eindeichung. Die bedeutendsten wurden von der brandenburgisch-preußischen Regierung im Havel-Oder-Priegnitzgebiet und von der bayerischen im Donaumoor durchgeführt. Daneben gab es aber auch private, von einzelnen Höfen ausgehende und manchmal landesherrlich begünstigte Rodungen und Trockenlegungen: wüstliegende Felder wurden unter den Pflug genommen, Torfstich und Holznutzung geregelt. Der besseren Nutzung des Bodens diente auch die Aufgliederung der vorher gemeinsam genutzten Teile der Dorfgemarkung. Die ersten Schritte dieser „Gemeinheitsteilung" und in Verbindung damit auch der Zusammenlegung von Feldern sind nicht von den Landesherren, sondern von Bauern ausgegangen. Sie bewiesen dabei die Fähigkeit zu kooperativem Handeln auf dörflicher Grundlage, ehe landesherrliche Verordnungen einsetzten. Auch in Brandenburg-Preußen ging man dabei nur zögernd vor, fand dann allerdings im 18. Jahrhundert zunehmend die Unterstützung kameralistischer und agrarwissenschaftlicher Schriftsteller.

Nur als landesherrliche Unternehmung war die planmäßige Ansiedlung von Kolonisten in schon bestehenden oder in neuen Dörfern möglich. Diente sie der Ausweitung der landwirtschaftlichen Produktion durch Besetzung wüstliegenden oder neugewonnenen Bodens, so vermehrte sie zugleich die Zahl steuerzahlender Landbewohner, denn die als Anreiz gewährte Steuerbefreiung lief nach einigen Jahren aus. Im Osten ist es im 18. Jahrhundert aber auch zur weiteren Ansiedlung von agrarischen Großbetrieben gekommen. Hier ging man vereinzelt schon dazu über, Dienste durch Geldzahlungen abzulösen und Tagelöhner zu beschäftigen, weil sich dies als rentabler erwies. Landesherrlicher Druck, gutsherrliches und bäuerliches Interesse in jeweils verschiedener Mischung führten auch zu Verbesserungen im Fruchtwechsel und in der Anbautechnik. Man begann Teile der Brache mit Klee zu bestellen, um Viehaltung und Düngung zu steigern; der Anbau von Rüben und anderen Futterpflanzen wurde ausgedehnt und die Kartoffel eingeführt, die sich jedoch erst in der 2. Hälfte des 18. Jahrhunderts stärker durchzusetzen vermochte. Bessere Fütterung und Zucht verstärkten den Viehbestand, vor allem den der für die Wollerzeugung so wichtigen Schafe. Von einer Verbesserung des landwirtschaftlichen Arbeitsgeräts kann allerdings noch kaum gesprochen werden.

Diese Entwicklung wurde durch die im 18. Jahrhundert merklich ansteigende Bevölkerung ermöglicht und erzwungen. Die bebaute Fläche wuchs von 1648 bis 1800 um 60 %, der Ertrag je Flächeneinheit um rund 20 %, wobei diese Steigerung wesentlich durch Veränderungen im Anbau erreicht wurde. Dennoch verbesserte sich insgesamt die Ernährung der Bevölkerung nicht; sie verschlechterte sich sogar, weil die Nahrungsmittelproduktion mit der Bevölkerungsvermehrung im späteren 18. Jahrhundert nicht Schritt hielt und mit dem Preisanstieg für landwirtschaftliche Produkte bei zurückbleibenden Löhnen die Preis- und Lohnschere sich wieder öffnete. Diese Tatsache macht auf Grenzen der Verbesserungen aufmerksam; trotz mancher Anstöße und Anreize von seiten der Administration und mancher Anregungen von seiten der Kameralistik und der Pädagogik wurden sie nicht überwunden. Das im letzten Drittel des Jahrhunderts in der Aktivität „ökonomischer" und „patriotischer" Gesellschaften sich manifestierende, geradezu modische Interesse von Pfarrern, Beamten, Gelehrten und Fürsten an der Landwirtschaft war nicht Indiz für die Überwindung dieser Grenzen, sondern für deren volles Bewußtwerden. Man erkannte, daß eine Gesellschaft, die ganz überwiegend auf agrarischer Grundlage lebte, nur durch die Verbesserung der Landwirtschaft, durch die Modernisierung der Agrarverfassung und die materielle und kulturelle Hebung der ländlichen Bevölkerung zu mobilisieren sei. Solange jedoch das Feudalsystem bestand, das durch absolutistische Politik allenfalls aufgelockert, aber nicht beseitigt wurde, konnte ein wesentlicher Wandel nicht einsetzen.

3. Gewerbliche Wirtschaft und Handel

Während des Dreißigjährigen Krieges war die Zahl der gewerblichen Arbeitskräfte stark gesunken, zugleich aber auch die Nachfrage nach gewerblichen Erzeugnissen. Nach dem Kriege behinderten die Zerstörung von Produktionsmitteln, der Mangel an flüssigem Kapital und an Bereitschaft zur Kapitalanlage, der Verfall der Handelsbeziehungen und Verkehrswege den Wiederaufstieg. Dennoch haben Gewerbe und Handel die Depressions- und Stockungsphase früher als die Landwirtschaft überwunden: um 1700, in manchen Städten schon beträchtlich früher. Die Organisationsform des städtischen Gewerbes, das Zunftwesen, war erhalten geblieben; dasselbe gilt für die Grundlagen der Kredit-

organisation. Sie boten dem Wiederanstieg Rückhalt, der mit langsam wachsender Nachfrage einsetzte. Auch hier griffen die Regierungen ein. Im Zusammenhang mit ihren bevölkerungspolitischen Zielen bemühten sie sich um die Schaffung neuer Arbeitsplätze und im Interesse ihrer Einkünfte um Produktionssteigerung und Exporterweiterung. Bevorzugt wurden Produktionen gefördert, die auf Grund der Inlandnachfrage wie der Exportchancen besonders gewinnträchtig erschienen, also vor allem von Luxusgütern. Für sie suchte man Einwanderer zu gewinnen, die besonders qualifiziert waren; sie wurden nur zum Teil in den alten Städten, zum anderen Teil in neuen Städten und Dörfern angesiedelt. In nicht wenigen Fällen erhielten die zunftfreien ländlichen Gewerbegebiete sogar Zuzug von Arbeitskräften aus den Städten.
Die staatliche Gewerbepolitik galt nicht in erster Linie dem alten Handwerk, sondern neuen Gewerben, die für neue Bedürfnisse – u.a. der stehenden Heere und der Höfe – sowie für überregionale und überseeische Märkte produzierten. Diese Produktion erfolgte weitgehend außerhalb der Zunftorganisation; die hohen Gewinn erbringenden Luxusgüter (Porzellan, Tapeten, Seide etc.) wurden oft in Residenzstädten oder neuangelegten Orten, z.T. in Manufakturen, hergestellt. Zu den Förderungsmaßnahmen gehörten Starthilfen beim Häuserbau, Steuerbefreiung in den ersten Jahren und Absatzprivilegien.

Die zünftische Organisation des älteren städtischen Handwerks blieb durchweg bestehen. Dieses tendierte unter dem Eindruck der wirtschaftlichen Stagnation und der personellen Überbesetzung verstärkt zu prohibitivem Verhalten: zur Begrenzung der Zahl der Meister, zur Ausschaltung von Konkurrenz und zur Verhinderung von unternehmerischen und technischen Neuerungen. Meisterstellen wurden praktisch erblich, die Zünfte zu geschlossenen Korporationen. Gesellenstreiks und -aufstände an einigen Orten führten zu der sog. Reichshandwerksordnung von 1731, einem der letzten Reichsgesetze, in der derartige Streiks, die Bildung besonderer Gesellenverbände und Lohnforderungen verboten wurden; gleichzeitig sollte aber der Zugang zu den Zünften erleichtert werden. Eine einheitliche Handwerkerpolitik resultierte daraus nicht. Gelegentlich wurde der Zunftzwang gemildert, öfter durch die Begünstigung ländlicher Gewerbe, des Verlagswesens und der Anlage von Manufakturen umgangen. Im übrigen aber galten auch für absolutistische Regierungen die Zünfte als nützliches Instrument „policeylicher“ Aufsicht. Wie sehr sie immer noch „die“ gewerbliche Organisationsform darstellten, zeigt sich darin, daß gelegentlich auch das ländliche Gewerbe zunftmäßig organisiert oder, z. B. in Pforzheim (1729), für die Tuchweberei eine „Fabrikzunft" eingeführt wurde. Die Beseitigung der Zünfte und der Übergang zur freien Konkurrenz lag bei den begrenzten ökonomischen Möglichkeiten der Zeit noch lange außerhalb ernsthafter Betrachtung. In Brandenburg-Preußen haben fiskalische Gründe die Mobilität des Handwerks zusätzlich eingeschränkt; um der unterschiedlichen Besteuerung von Stadt und Land willen wurde das unzünftige ländliche Gewerbe dort bis auf wenige Handwerke unterdrückt. Dennoch nahm das Landhandwerk im 18. Jahrhundert allgemein zu. Grund dafür war nicht so sehr der steigende Bedarf einer wachsenden ländlichen Bevölkerung, der bei dem niedrigen Einkommensniveau ohnehin gering blieb, als vielmehr die Notwendigkeit einer wachsenden Zahl von Menschen, ihren Unterhalt durch Nebenerwerb oder den Übergang zu heimgewerblicher Produktion zu verdienen.

Noch immer wurde der Eigenbedarf der ländlichen und selbst eines Teils der städtischen Bevölkerung durch häusliches Spinnen und Weben gedeckt. Daneben aber verdichtete sich im 17. und 18. Jahrhundert in Gebieten mit überschüssiger Bevölkerung und minderen Böden ländliches, zunftfreies und für den Markt produzierendes Gewerbe. In ihm wird neuerdings ein besonderer Typ gewerblicher Produktion gesehen, für den die Forschung den Begriff der „Proto-Industrie" gefunden hat. Noch handelte es sich bei dieser vor allem der Textilherstellung dienenden, durch Heimarbeit und Familienwirtschaft gekennzeichneten Produktion nicht um eine „industrielle" im modernen Sinne, und nicht immer hat Proto-Industrie den Anschluß an die Industrialisierung gefunden; vielmehr hat es zahlreiche Vorgänge der De-Industrialisierung gegeben. Dennoch unterschied sich das ökonomische, soziale, ja schon das generative Verhalten proto-industrieller Bevölkerung deutlich von demjenigen der sie umgebenden Agrarbevölkerung. Mehr als diese hing sie von den Bewegungen auf dem Markt, ja dem Weltmarkt ab, entwickelte andere Formen der Kooperation, kam zu anderen Bewertungen der Arbeit und Arbeitskraft. „Verleger", also Unternehmer, die Rohstoff anlieferten und fertige Ware abnahmen, haben nicht überall dieselbe Rolle gespielt. Groß war sie vor allem für verkehrsmäßig abgelegene Gebiete, in denen die Kleinproduzenten selber den Markt nicht erreichten.

Für die verlagsmäßige Organisation der Spinnerei haben die Garnbleichereien besondere Bedeutung gehabt; sie bezogen ihr Material oft über erhebliche Entfernungen, so die Bleicher in Elberfeld und Barmen im frühen 18. Jahrhundert vor allem aus Schlesien. Wich-

tiger war die Weberei, vor allem die Leinwandweberei, deren Hauptproduktionsgebiete in Ostmitteldeutschland, insbesondere im schlesischen Bergland, aber auch in Ost- und Nordwestfalen (vor allem Minden-Ravensberg), in Hessen und am Niederrhein, ferner in Schwaben lagen. In Bielefeld und Osnabrück, im späten 18. Jahrhundert auch in Schlesien, sicherte die pflichtmäßige Zurschaustellung der Produkte („Legge") den Qualitätsstandard.
Verbreiteter noch als in der Spinnerei und der Leinwandweberei war das Verlagssystem in der Baumwoll-, Woll- und Seidenweberei. Im 18. Jahrhundert verlagerte sich das Schwergewicht der Baumwollverarbeitung von Schwaben nach Sachsen. Das Rohmaterial wurde vom Balkan, aus der Levante und aus Westindien bezogen. Woll- und Seidenweberei wurde in Ost- und Mitteldeutschland vor allem in den Städten betrieben, im Rheinland auch auf dem Lande, allerdings – wie in Aachen und Monschau – in Stadtnähe. Die Strumpfwirkerei hatte ihre Zentren in Thüringen, die Seidenwirkerei in Krefeld, in Berlin und Wien. In der letzteren ist es am frühesten auch zu räumlicher Zusammenfassung der Produktion oder von Teilen der Produktion in sog. „Manufakturen" gekommen. Das Verlagssystem war auch die Organisationsform anderer Gewerbe, die für den Export arbeiteten: des Kleineisengewerbes im Bergischen und Sauerland, der Handwaffenerzeugung in Thüringen, der Glaserzeugung. Daneben gab es besondere Erscheinungen wie z. B. die Zwischenmeister in Nürnberg oder die Übertragung der Uniformherstellung in Garnisonsstädten Brandenburg-Preußens an die Schneiderzünfte, die das gelieferte Tuch gemeinsam kauften und die bestellte Ware gemeinsam verkauften.
Das Verlagssystem war eine frühe Form kapitalistisch organisierter Heimproduktion. Kaufleute traten mit kleinen gewerblichen Produzenten in Verbindung; die Produktion blieb dezentralisiert, während der Absatz, oft auch die Beschaffung der Rohmaterialien sowie die Weiterverarbeitung (Bleichen, Färben) zentralisiert und zum Ausgangspunkt von Unternehmungen der Kapitalbesitzer wurden. Diese Entwicklung ergab sich aus der Notwendigkeit, wachsende und entfernte Märkte zu versorgen. Schon seit dem späten Mittelalter reichte die vorwiegend ortsbezogene Produktion des städtischen Handwerks dazu nicht mehr aus; Bedarfsentwicklungen in größeren Räumen mußten beobachtet, Probleme des Ferntransports größerer Warenmengen bewältigt werden. Hier traten kapitalkräftige Verlegerkaufleute in Aktion. Sie gewährten Darlehen gegen die Verpflichtung, ihnen die produzierte Ware zum Absatz zu überlassen und einen Teil als Naturalrückzahlung abzu-

geben. In manchen Fällen setzten sie selber Handwerker ein, stellten Material, gelegentlich auch Produktionsgeräte (Webstühle) und nahmen die Ware zum festgesetzten Preis ab, in anderen Fällen hielten sie sich aus der Produktion heraus, übernahmen nur die fertige Ware zum weiteren Vertrieb und ließen sich dafür eine Gebühr in Geld oder Ware zahlen. Nur selten haben die Verleger auch Wohnhäuser gebaut; normalerweise arbeiteten die Produzenten in eigenen Häusern mit eigenen Geräten. Auch der sog. „Zunftkauf" gehört in das Verlagssystem, der sich vor allem für die Leinwandproduktion ausbildete. Die Verleger schlossen mit den Zünften Lieferverträge ab, die den Produzenten relativ große Freiheit ließen, jedoch die Warenabnahme garantierten und eine Preisüberwachung durch Zunft und Magistrat ermöglichten.

Dieses System war nicht schon an sich ausbeuterisch, konnte es jedoch werden, vor allem wenn die Preise sanken und die gefertigten Waren nicht mehr abzusetzen waren. Wichtig ist, daß es die Produktion in abgelegenen Gebieten für ferne Märkte erst ermöglichte und in manchen Fällen Handwerkergruppen für längere Zeit vor dem Ruin bewahrte. Auf seiten der Verleger ließ es kaufmännische und gewerbliche Unternehmergewinne entstehen, die, wenn sie erhalten werden konnten, für die beginnende Industrialisierung wichtig geworden sind. Wie groß der Anteil der verlagsmäßig organisierten Produktion an der gewerblichen Gesamtproduktion gewesen ist, zeigt eine aus vielen Einzelangaben gewonnene Berechnung für das Ende des 18. Jahrhunderts: er betrug 43,1% und lag damit nur wenig hinter der handwerklichen Produktion (46,9%) zurück. 41% davon machte das Textilgewerbe aus; Metallgewinnung und -verarbeitung, Holz- und Papiergewerbe spielten daneben eine geringe Rolle. Das Bau- und Nahrungsmittelgewerbe wurde ausschließlich handwerklich betrieben. Mit nur 7% der Gesamtproduktion war der Anteil der Manufaktur erstaunlich niedrig; auch diese Arbeitsorganisation fand sich hauptsächlich im Textil- und Bekleidungsgewerbe.

Manufakturen, die vereinzelt im 17. Jahrhundert in Deutschland auftraten und im achtzehnten zunahmen, waren zentralisierte gewerbliche Produktionsstätten auf der Grundlage noch nicht mechanisierter, sondern handwerklicher Arbeit. Sie entstanden insbesondere beim Aufbau neuartiger Produktionen wie z. B. der Seidenherstellung. In der von der Leyen'schen Manufaktur in Krefeld sind 1763 etwa 2800 Menschen beschäftigt gewesen. Auch für die Herstellung von Luxusgütern (Porzellan, Teppiche) oder größerer Mengen von Tuchen wurden Manufakturen errichtet. In ihnen sind bald auch die Produktionsgänge aufgeteilt worden, wodurch un- und angelernte Arbeitskräfte, auch Frauen und Kinder eingesetzt werden konnten. Nicht selten sind in den Manufakturen auch Insassen von Waisen-, Arbeits-, Zucht- und Irrenhäusern, Bettler und Vagabunden als billige, allerdings auch besonders schlechte Arbeitskräfte beschäftigt worden. Kein Wunder, daß die Erzeugnisse oft minderwertig waren. Andere Gründe für die Schwierigkeiten und die Kurzlebigkeit vieler Manufakturen waren Fehleinschätzung der Absatzmöglichkeiten, mangelhafte finanzielle Ausstattung, mangelnde kaufmännische und technische Kenntnisse der Unternehmer, unter denen es nicht wenige Scharlatane gab.

Manche Manufakturen wurden von den Landesherren, in der Mehrzahl wurden sie jedoch von privaten Unternehmern mit landesherrlicher Unterstützung angelegt. Die erhofften schnellen Gewinne blieben indes oft aus. Erfolgreicher waren Textilmanufakturen, die mit verlagsmäßig organisierter Produktion verbunden waren („dezentralisierte Manufaktur"), wie z. B. die von der Leyen'sche Seidenmanufaktur. Auch die 1650 begründete berühmte „Calwer Zeughandlungskompagnie" war ein dezentralisiertes Unternehmen: eine Gesellschaft von Färbern und Kaufleuten, die 1787 933 Wollzeugproduzenten und 3–4000 Spinnerinnen und Garnkämmer beschäftigte, von denen aber nur 168 in Manufakturgebäuden arbeiteten. Die bedeutende Augsburger Textilherstellung kannte die manufakturelle Bearbeitung nur für bestimmte Arbeitsgänge (Bleichen, Färben, Druck, Appretieren), während andere in den Häusern der Arbeiter stattfanden.

Das größte Manufakturunternehmen in der zweiten Hälfte des 18. Jahrhunderts dürfte die Linzer Wollzeugmanufaktur gewesen sein, die 1786 über 1000 Webmeister, fast 4000 Gesellen, Jungen und Gehilfen in der Weberei, weiter rd. 30000 Spinner, Wollverarbeiter, Kämmer, auch 100 Färber und Appreteure beschäftigt haben soll; die meisten der Spinner lebten in Böhmen. Dieses Unternehmen war privat in Gang gebracht, dann aber 1754 zum staatlichen Eigenbetrieb geworden. Ein Schwerpunkt der Textilmanufaktur war auch Berlin, wo staatliche und private Unternehmen nebeneinander bestanden. Das sog. Berliner Lagerhaus (1713 gegründet für die Herstellung von Uniformtuchen) oder die Berliner Manufaktur für Gold- und Silbertextilien wurden nach ihrer Verstaatlichung wieder verpachtet. Der Name ist bis heute haftengeblieben an den Porzellanmanufakturen, deren erste (auch in Europa) 1710 in Meißen als staatliche Gründung errichtet wurde; es folgten Wien, Höchst, Nymphenburg, Fürstenberg, Frankenthal, Berlin. Manufakturell organisiert waren auch die

Tabakverarbeitung, die Zuckerherstellung, z.T. die Bierbrauereien, wenn sie in größerem Stil betrieben wurden wie z.B. in Donaueschingen.
Generelle Aussagen über Erfolg und Rentabilität der Manufakturen lassen sich nicht machen. Einige private Unternehmen wie das Schüle'sche in Augsburg, das v.d. Leyen'sche in Krefeld, auch die Tabakmanufaktur Bolangro in Frankfurt waren offenbar sehr erfolgreich, andere ausgesprochene Fehlgründungen. Die Gewinnspannen waren geringer als im Großhandel und im Verlag. Das benötigte Kapital stammte nur zu einem Teil aus staatlichen Mitteln; unter den privaten Anlegern befanden sich schon Bankhäuser. Aktiengesellschaften sind in Deutschland erst im letzten Drittel des 18. Jahrhunderts aufgekommen. Wenn die Manufakturen trotz ihres geringen Anteils an der Gesamtproduktion als besonders interessante Erscheinungen gelten können, so wegen der Neuartigkeit der Arbeitsorganisation und der Erwartungen, die an sie geknüpft wurden. Sie waren Vorläufer fabrikmäßiger industrieller Produktion und zwar auch insofern, als sie den Arbeitsvorgang aus dem Zusammenhang des Hauses lösten und den Arbeiter zum Lohnempfänger ohne Besitz an Produktionsmitteln machten, der in keiner zünftischen oder grundherrlichen oder häuslichen Bindung mehr stand. Auf die industrielle Fabrikproduktion voraus wies auch die Lohnstruktur der Manufakturen. Neben hochbezahlten Fachkräften gab es eine relativ kleine Mittelgruppe und eine große Zahl von schlecht entlohnten ungelernten Arbeitern. Noch niedriger lagen die Löhne von Frauen und Kindern, erst recht die von Anstaltsangehörigen.
Manufakturen und verdichtetes ländliches Gewerbe produzierten für den Handel. Nach dem Dreißigjährigen Krieg hat sich der Außenhandel zunächst nur zögernd erholt, im 18. Jahrhundert aber kräftig entwickelt, obwohl die merkantilistische Wirtschaftspolitik mit ihrem Territorialismus und ihren Autarkiebestrebungen ein Hindernis bedeutete. Einerseits nötigten Bevölkerungszunahme, Rohstoff- und Materialbedarf zum Weg auf die internationalen Märkte, andererseits machten niedrige Getreidepreise und Löhne das deutsche Textilgewerbe durchaus konkurrenzfähig. Wichtigster Handelsort für Osteuropa war Leipzig mit seinen Messen, für den Überseehandel Hamburg, das über die Elbe und das brandenburgische Kanalsystem auch mit der Oder in Verbindung stand. Seine Beziehungen reichten vor allem nach England, Spanien, Frankreich; außerdem pflegte es Walfang und Fischerei. Auch Bremen und die niederländischen Häfen spielten für den Export von Fertigwaren eine beträchtliche Rolle; sie führ-

ten Leinwand und Agrarerzeugnisse aus und importierten Tabak, Zucker etc. Fischfang und Asienhandel gingen in der Mitte des 18. Jahrhunderts von Emden aus. Im Ostseehandel nahm das Getreide einen erheblichen Platz ein. In den 1720/30er Jahren führte die Russische Handlungskompagnie preußischer Kaufleute über Stettin Tuch aus. Lübeck erreichte seine alte Hansegröße nicht wieder, pflegte aber noch immer den Transithandel mit den Ostseeländern. Rostock, das schwedische Stralsund, Pillau, Königsberg, Memel besaßen nur begrenzte Bedeutung. Sie führten Getreide, Holz und Flachs aus, ihr Import aber lag wertmäßig höher.
Der Seehandel wurde vor allem von Kaufmannsgenossenschaften betrieben; sein Gesamtvolumen blieb allerdings im Vergleich etwa mit dem holländischen niedrig. Und der Versuch des brandenburgischen Kurfürsten Friedrich Wilhelm, die Anlage überseeischer Stützpunkte zu befördern, blieb eine Episode. Die unter der Leitung eines holländischen Reeders 1682/83 in Pillau gegründete und 1684 nach Emden verlegte Brandenburgisch-Afrikanische Handelskompagnie errichtete an der westafrikanischen Goldküste das Fort Großfriedrichsburg, das jedoch 1720 an die Holländer verkauft werden mußte. Und auch die 1723 gegründete Kaiserlich-Königliche Indienkompagnie von Ostende mußte ihre Faktoreien an der Gangesmündung, bei Madras und in Kanton schon nach wenigen Jahren unter englischem und holländischem Druck wieder aufgeben. Weder ökonomisch noch politisch gelang es den Deutschen, in die Kolonialherrschaftsgebiete der Mächte einzudringen oder neben ihnen Raum zu gewinnen. Deutschland blieb ein wirtschaftlich vorwiegend binnenorientiertes Land, das am Überseehandel fast nur indirekt teilnahm.
Der regionale Binnenhandel, soweit es um die Versorgung der Städte mit Nahrungmitteln und den gewerblichen Produkten des ortsansässigen Handwerks ging, erfolgte ohne Händler. Allerdings hat die Zahl der kleinen Händler („Höker", „Materialisten") in dem Maße zugenommen, wie der Bedarf nach besonderen Nahrungs- und Genußmitteln, nach Kram- und Kleineisenwaren usw. stieg und der Selbstversorgungsanteil sank. Auch die Zahl der über Land ziehenden Händler wuchs. Nicht für sie, aber für den Fernhandel und den Reiseverkehr mußte die Verkehrsentwicklung von großer Bedeutung sein. Für den Transport von Massengütern boten allein Flüsse und Kanäle kostengünstige Bedingungen. Viele Flüsse, auf denen heute längst kein Verkehr mehr stattfindet, sind im 17. und 18. Jahrhundert, allerdings oft nur bei hohem Wasserstand, von kleinen Schiffen befahren worden. Im späten 17. Jahrhundert setzte überdies nach französischem Vorbild ein verstärkter

Kanalbau ein. Vor allem in der Mark Brandenburg hat die planmäßige Anlage von Kanälen die gewerbliche Entwicklung erheblich gefördert, Berlin zu einer wichtigen Gewerbe- und Handelsstadt gemacht, die Versorgung dieser entstehenden Großstadt gesichert, Elbe, Oder und auch Weichsel miteinander und Böhmen und Schlesien mit den Küsten verbunden. Dagegen ist der Ausbau des Straßennetzes lange vernachlässigt worden. Eine Ausnahme machten in bescheidenem Umfange die Gewerbebetriebe in West- und Süddeutschland, wo ein etwas intensiverer Chausseebau begann.

Der insgesamt schlechte Zustand des Verkehrsnetzes behinderte die Entstehung eines einheitlichen Marktes in Deutschland ebenso wie die Unzahl von Zollgrenzen, die bei Spannungen zwischen einzelnen Staaten als ökonomisches Kampfmittel genutzt wurden, und die Uneinheitlichkeit im Münzwesen. So blieb der Ausgleich zwischen den verschiedenen Wirtschaftsräumen und unterschiedlichen Lohn- und Preisniveaus unzureichend. Daß Konjunkturen und Krisen manchmal nur regional auftraten, bedeutete doch nur bedingt einen Vorteil. Mit der Zunahme des Handels gewannen Stapel-, Kontor- und Messeplätze an Bedeutung. Neben Leipzig ist Frankfurt am Main zu nennen. Für den Schiffsverkehr auf dem Rhein war Mainz der wichtigste Stapel- und Speditionsplatz; Frankfurt an der Oder besaß ein Stapelrecht für die Oder, Hannoversch-Münden für die Weser. Der wachsende Landfrachtverkehr machte das Fuhrmannswesen zum einträglichen Beruf. Einige Kaufmannsfamilien griffen in verschiedene deutsche Territorien aus und verzweigten sich, so daß ein – noch ganz personales – Netz von Interessenverbindungen entstand.

Im Geldwesen, wo sich seit dem Beginn des 18. Jahrhunderts das Gewicht Englands, vornehmlich Londons, stark bemerkbar machte, ist auch in Deutschland ein wachsendes Interesse an Banken als geeigneten Instrumenten zur Deckung des Kapitalbedarfs der Staaten wie der privaten Unternehmen zu erkennen. Das Notenbanksystem allerdings kam wegen des abschreckenden Beispiels der „Banque Générale“ des Schotten John Law in Frankreich zunächst nicht über erste Ansätze hinaus. Erst im letzten Jahrhundertdrittel sind nebeneinander Notenbanken, Kreditanstalten für die Landwirtschaft und Hilfskassen (Leihhäuser) für die unteren Schichten entstanden. Gleichzeitig begann das Versicherungswesen in Deutschland; öffentliche Giro- und Depositenbanken und Privatbanken gab es dagegen schon früher. Unter den deutschen Bankplätzen stand Frankfurt obenan, für Süddeutschland spielte Augsburg auch in der ersten Hälfte des 18. Jahrhunderts noch eine bedeutende Rolle, daneben stieg Wien auf. Im Norden sind Berlin,

Hamburg, Köln, Leipzig, Breslau, Kassel zu nennen. Die Bankhäuser beteiligten sich nicht nur an Handel und Gewerbe, sie liehen auch an Regierungen oder vermittelten Anleihen und verdienten an Kriegen. Eine besondere Erscheinung bildeten die jüdischen Hoffaktoren: eine kleine Gruppe von Familien unter besonderem landesherrlichen Schutz, die für die Finanzen der kleinen und größeren Dynastien und Höfe im Zeitalter des Absolutismus unentbehrlich waren. Samuel Oppenheimer und Samson Wertheimer in Wien, Süß Oppenheimer in Württemberg, Veitel Heine Ephraim und Daniel Itzig in Berlin, die Rothschilds in Frankfurt machten exorbitante Gewinne bei allerdings hohen Risiken. Das Schicksal des „Jud Süß" darf jedoch nicht als charakteristisch, allenfalls als symptomatisch angesehen werden. Einen Eindruck von der Finanzkraft der Hoffaktoren mag die Berechnung der Leistungen der preußischen Münzjuden im Siebenjährigen Krieg geben: sie beliefen sich auf 29 Millionen Taler!
Eine verläßliche und brauchbare Gesamtberechnung der wirtschaftlichen Entwicklung für das Ancien Régime in Deutschland aufzustellen, ist vorerst nicht möglich. Allgemein läßt sich sagen, daß es im 18. Jahrhundert nicht mehr an Arbeitskräften gefehlt hat; auch Kapital stand zunehmend zur Verfügung oder konnte – vor allem in den Niederlanden – zugänglich gemacht werden, wobei hohe Zinsenlasten entstanden. Dennoch blieb das Einkommensniveau und somit auch die Warennachfrage vergleichsweise sehr niedrig. Ein privates Unternehmertum von größerer Bedeutung entstand nur langsam und machte sich erst gegen Ende des Jahrhunderts bemerkbar; ein dynamisches Element der sozialen Entwicklung stellte es noch nicht dar.

4. Merkantilismus

Für die wirtschaftliche Entwicklung der zweiten Hälfte des 17. und des 18. Jahrhunderts in Deutschland haben lenkende und fördernde Maßnahmen der Regierungen eine Bedeutung gehabt, die zwar in manchen Darstellungen und Handbüchern übertrieben hoch veranschlagt wird, aber doch beträchtlich gewesen ist. Bei ihrer Beurteilung müssen neben den ökonomischen auch die politischen und psychologischen Folgen einer Politik berücksichtigt werden, die planend und manchmal selber unternehmerisch, stets bevormundend und an Staatszwecken orientiert in den ökonomischen Bereich eingriff und die Menschen daran gewöhnte, daß Regierungen aus fiskalischen Gründen in wirtschaftlichen Dingen Vorgaben machten und Kontrolle übten. Die Frage drängt sich auf, ob dadurch private und genossenschaftliche Initiative behindert worden ist. Jedenfalls hat sich in Gebieten, die keinen oder nur schwachen „merkantilistischen" Zugriff erfuhren, früher ein kräftiges Unternehmertum entwickelt als in anderen, so im Herzogtum Berg, z. T. auch in Sachsen, am deutlichsten in großen Hafenstädten und in einigen weitgehend sich selber verwaltenden Handelsstädten.

Der Merkantilismus war nicht nur Staatswirtschaftspolitik, sondern auch eine Lehre der staatlichen Wirtschaftsverwaltung. Ihr Gegenstand war die Verbesserung der Wirtschaftsstruktur zum Zwecke der Erhöhung der staatlichen Einkünfte. Als wirksamste Mittel dazu galten die Steigerung der Bevölkerungszahl, der gewerblichen Produktion und der Ausfuhr. Geld sollte im Land gehalten bzw. durch Ausfuhrüberschuß ins Land gezogen und so eine aktive Handelsbilanz erreicht werden. Eine solche Politik für das ganze Reichsgebiet durchzusetzen, woran vor allem die Reichsstädte interessiert sein mußten, war unmöglich; die Versuche des Reichstags, innerdeutsche Zollschranken abzubauen und insbesondere die französische Einfuhr zu drosseln, blieben insgesamt erfolglos. Merkantilistische Politik konnte sich erfolgreich nur in den Territorialstaaten entfalten. Sie wies in Deutschland bestimmte Züge auf, die die Forschung veranlaßt haben, von einer deutschen Variante des Merkantilismus zu sprechen: dem „Kameralismus".

Er stellte die fürstliche Vermögensverwaltung ins Zentrum. Die Einnahmen der „Rechenkammer" aus dem Besitz und den Rechten des Landesherren sollten erhöht werden. Dafür wurde eine umfassende Verwaltungslehre entwickelt. Zur Ausbildung höherer Staatsdiener ließ Friedrich Wilhelm I. von Preußen 1727 die beiden ersten kameralistischen Lehrstühle an den Universitäten Halle und Frankfurt/Oder einrichten. Umfangreiche Lehr- und Handbücher behandelten systematisch die einschlägigen Bereiche, wobei sie mehr und mehr den Staat als ganzen einbezogen; im letzten Drittel des 18. Jahrhunderts ist eine beträchtliche Anzahl von kameralistischen Zeitschriften hinzugekommen.

Die Anfänge des Kameralismus reichen jedoch weiter zurück. Johann Joachim Becher, Philipp Wilhelm von Hörnigk und Wilhelm von Schröder haben bereits im späten 17. Jahrhundert im habsburgischen Dienst ihre Auffassung vom Staat als Wirtschaftsgenossenschaft einer ständisch gegliederten Gesellschaft, von der Notwendigkeit der Bevölkerungssteigerung und Gewerbeförderung entwickelt und dem Staat die Aufgabe zugewiesen, für das allgemeine Wohl und die Glückseligkeit der Bevölkerung zu sorgen. Bedeutendster Vertreter des Kameralismus war Johann Heinrich Gottlob Justi, ein thüringischer Pastorensohn, der 1750 als Professor der deutschen Beredsamkeit und der Kameralistik an die Ritterakademie „Theresianum" nach Wien, 1755 als Dozent für Staatsökonomie nach Göttingen, 1757 als Kolonialinspektor nach Kopenhagen, 1762 als Oberaufseher aller Bergwerke nach Preußen berufen wurde. Sein 1755 erschienenes Werk „Staatswissenschaft oder systematische Abhandlung aller ökonomischen und Kameralwissenschaften" und die ein Jahr später folgenden „Grundsätze der Policeywissenschaft" behandeln die gesamte innere Staatsverwaltung. In der Verbindung lutherischer und aufgeklärter Leitvorstellungen wird der Zweck des Staates in der allgemeinen Glückseligkeit gesehen, für die sowohl der Herrscher als auch jeder Einzelne arbeiten soll. Die Verwaltung, in der Sprache der Zeit: die „Policey", hat die Aufgabe, die Wohlfahrt des einzelnen mit der des Ganzen in Übereinstimmung zu bringen, indem sie die wirtschaftliche Tätigkeit aller befördert und lenkt. Insbesondere sollen die Bevölkerungszahl gesteigert und Manufakturen angelegt werden; der Handel jedoch soll sich möglichst frei von staatlicher Kontrolle entfalten.

Wenn der Kameralismus der Bevölkerungsvermehrung größeres Gewicht beilegte als der westeuropäische Merkantilismus, so trugen dazu zweifellos die Verluste des Krieges bei. Es war aber auch die Folge seiner im wesentlichen binnenländischen und fiskalischen Orientierung, die ihn die Vermehrung des Wohlstandes nur durch vermehrte Arbeit des einzelnen und expandierende Staatstätigkeit für möglich und die Bedeutung des Außenhandels für relativ gering ansehen ließ. Dementsprechend legte er großes Gewicht auch auf die Verbesserung der Landwirtschaft und der Anbautechnik wie auf den Bauernschutz. Denn ohne die Steigerung der Steuer- und Wehrkraft der ländlichen Bevölkerung waren Agrarstaaten nicht voranzubringen. Gerade in der Agrarpolitik aber ist der Einfluß des Kameralismus über die fürstlichen Domanialbesitze nicht wesentlich hinausgelangt. Im Bereich des Gewerbes bewirkte kameralistische Politik in manchen Fällen die Aufhebung von zünftischen Produktionsbeschränkungen, die Ausweitung der Verlagsorganisation und die Förderung von Manufakturen. In seinem politischen Testament von 1722 instruierte Friedrich Wilhelm I. von Preußen seinen „lieben Successor": „Ergo Manufacturen im lande ein recht Bergwerck geheißen werden kan und ein rechtes gerum gerendehrum ist und die Wohlfahrt unsere(r) lender, den(n) ein landt sonder Manufactuhren ist ein

Menschlicher Körper sonder lehben ergo totes landt das bestendigst Power und elendig ist und nicht zum flohr sein dage nicht gellangen kahn." Deshalb sollen die Manufakturen erhalten und vermehrt und soll daran festgehalten werden, daß keine Wollwaren importiert, sondern von allen Einwohnern nur einheimische Waren getragen werden dürfen. Andere protektionistische Maßnahmen waren: Einfuhrverbote, Schutzzölle, Rohstoffausfuhrverbote, Qualitätskontrollen, Arbeitszwang und Arbeitserziehung.

Absicht und Erfolg, Aufwand und Leistung dieser Politik haben indes oft in hartem Widerspruch gestanden, und das Bild, das aus den hinterlassenen Akten der Administration wie aus den Schriften der Kameralisten hervorgeht, bedarf der kritischen Überprüfung an den praktischen Ergebnissen. Die ökonomischen und sozialen Kosten dieser Politik sind beträchtlich gewesen. Die angestrebte einheitliche und umfassende Staatswirtschaft ist nirgendwo erreicht worden, weder in geographischer noch in sozialer Hinsicht. Noch konnte die Ständegesellschaft nicht zur Wirtschaftsgesellschaft umgeformt werden; aber einen Impuls zur Modernisierung des wirtschaftlichen Lebens hat diese Staatswirtschaftspolitik doch gegeben, freilich mit erheblichen regionalen Unterschieden. Am stärksten ist merkantilistisch-kameralistische Politik in Brandenburg-Preußen zur Wirkung gekommen, wo die wirtschaftliche Entfaltung in den Dienst der staatlichen Machtsteigerung, der Rüstung und der Sozialdisziplinierung gestellt worden ist, aber auch den Übergang zur Industrialisierung mit vorbereitet hat.

II.

STRUKTUR DER GESELLSCHAFT

Vorbemerkung: Verkrustung und dynamische Elemente

Der Wiederanstieg der Bevölkerung, die Erholung der Landwirtschaft und des Gewerbes, der Wiederaufbau zerstörter Städte, die Wieder- oder Neuanknüpfung von Handelsbeziehungen nach dem Ende des Dreißigjährigen Krieges machen, so zögernd und ungleichmäßig sie erfolgten, insgesamt eine beachtliche Leistung der Bauern und Grundherren, der Handwerker und Unternehmer, der Magistrate und Regierungen aus. Und das um so mehr, als sie keineswegs in einer Zeit anhaltenden Friedens erbracht wurde! Die europäischen Kriege des Jahrhunderts nach 1648 reichten, obwohl sie sich nicht mehr vorwiegend auf deutschem Boden abspielten, an mehreren Stellen tief ins Reichsgebiet hinein, vor allem die Auseinandersetzungen zwischen Frankreich und Habsburg. Die Pfalz ist dabei in den 1690er Jahren systematisch verwüstet worden. Andere Hindernisse eines zügigen Wiederaufbaus und einer langfristigen wirtschaftlichen und sozialen Entfaltung ergaben sich aus der verstärkten Territorialisierung des Reiches. Wirtschaftspolitik und Retablissement endeten strikt an den Grenzen des jeweiligen Staates und waren beherrschend an fiskalischen Zielen orientiert. Gerade aktive Regierungen erstrebten eine Disziplinierung ihrer Untertanen, die zwar benevolent gemeint und oft von der religiösen Überzeugung getragen war, daß die Menschen in strenger Ordnung gehalten und vor allem zur Arbeitsamkeit erzogen werden müßten, die auf die Dauer aber individuelle, korporative und lokale Selbständigkeit erstickte und an administrative Lenkung gewöhnte. Wichtiger noch war es, daß, nachdem der Krieg in einem kaum abschätzbarem Maße Veränderungen in der Bevölkerungs- und Besitzstruktur gebracht hatte, in der Folgezeit die sozialen Verhältnisse sich mehr denn je verfestigten, wozu sowohl die noch lange vorherrschende materielle Dürftigkeit des Lebens als auch eine Politik beitrug, deren Intention es war, bei der Erweiterung des Handlungsspielraums der Regierungen das bestehende soziale

System zu zementieren und aus ihm soviel wie möglich herauszuholen.

Verkrustung der sozialen Verhältnisse war im 17. und 18. Jahrhundert keine spezifisch deutsche Erscheinung; aber sie fiel infolge der politischen Enge und der ökonomischen Schwäche in Deutschland schwerer ins Gewicht. Diese Verhältnisse waren alles andere als idyllisch. Die eifersüchtige Beachtung von sozialen Unterschieden, die Betonung von Vorrechten und Distanzen, das dichte System sozialer Kontrolle, das in Stadt und Dorf bestand, begünstigten einen harten, unsentimentalen Verhaltensrealismus und erzeugten einen hohen Anpassungsdruck. Bei schmaler Nahrungsbasis und begrenzten wirtschaftlichen Chancen mußte jeder darauf bedacht sein, sich in seinem „Stande" zu erhalten, andere von gleichen Ansprüchen und Rechten auszuschalten, Konkurrenz und Veränderung möglichst zu verhindern. Jeder war gezwungen, seinen Stand und seine Reputation zu wahren, ja sie ständig im Auftreten, in der Kleidung, im Umgang zu betonen. Dieser für die gesamte Gesellschaft charakteristische Zug hat dem Leben eine stark konventionelle Prägung gegeben und soziale Dynamik kaum aufkommen lassen. Servilität, tatsächliche oder scheinbare Demut des Tieferstehenden gegenüber dem „Höheren", Betonung des sozialen Abstands gegenüber Unterlegenen haben sich dem allgemeinen Denken und Verhalten der Menschen tief eingeprägt. Hinzu kam vor allem in den bürgerlichen Gruppen die Sorge vor dem Statusverlust durch falsches Verhalten. Konnexionen und Gunst galten viel; Ämter in der Stadt, Sitze in der Kirche wurden als Familienbesitz festgehalten; auf dem Lande wie in der Stadt achteten Amtsinhaber penibel auf Anerkennung ihrer Funktionen. Schwerer als der Unterschied zwischen arm und reich – auch die Landjunker lebten oft ärmlich – wog der Abstand zwischen Herren und Abhängigen, zwischen Adel und Nicht-Adeligen, zwischen Magistratsfamilien und solchen, die nicht ratsfähig waren. Handwerksmeister hielten auch dann, wenn sie keine Gesellen und Lehrlinge mehr hatten, entschieden an ihren Rechten fest und hinderten andere daran, sie zu erwerben. Standes- und Zunftmentalität herrschte auch bei Juristen, Gelehrten und Pfarrern.

Solche Erscheinungen fielen ausländischen Beobachtern ebenso auf wie die Unzahl von Zollgrenzen, von kleinen und großen Höfen, deren Aufwand oft in krassem Mißverhältnis zur Größe der jeweiligen Länder stand. Oft stellten Reisende alte und neue Spuren des Verfalls fest, einen miserablen Zustand der Straßen und Gasthäuser, geringen Bebauungsstand der Felder, Winkeligkeit der Städte, Dürftigkeit der Adelssitze, Uneleganz und niedrigen Bildungsstand in allen Schichten. Gewiß müssen Reiseberichte mit kritischer Reserve gelesen werden, weil in ihnen nicht selten vorgefaßte Meinungen zum Ausdruck kommen; aber sie werden zum Teil durch andere Quellen bestätigt.

Fragt man demgegenüber nach dynamischen Kräften im sozialen Gefüge, die die weitere Entwicklung vorangetrieben haben, so muß zuerst die Annahme eines aufsteigenden „Bürgertums" zurückgewiesen werden. Es ist weder sinnvoll von „dem" Bürgertum als Stand oder Klasse, also als deutlich definierbarem Teil des sozialen Gefüges zu sprechen, noch läßt sich behaupten, daß es als Ganzes aufgestiegen, also seine soziale Bedeutung vermehrt habe. Vielmehr geht es darum, diejenigen Gruppen in den mittleren Schichten zu benennen, deren Bedeutung und Rolle innerhalb des sozialen Rahmens zunahm.

Das ökonomisch und kulturell potente Bürgertum deutscher Handels- und Gewerbestädte des 16. Jahrunderts gab es in der zweiten Hälfte des siebzehnten nur noch in Resten. François Dreyfus hat in der „quasidisparition ... d'une véritable bourgeoisie" ein folgenschwereres Ergebnis des Krieges gesehen als in den Leiden der unteren Bevölkerungsschichten. Eine „Bourgeoisie", ein Wirtschaftsbürgertum von überlokaler und politischer Bedeutung, ist in Deutschland bis ins 19. Jahrhundert hinein nicht wieder in Erscheinung getreten. Das mittlere und kleinere Bürgertum der kleinen Kaufleute und Handwerker ist in vielen Städten beherrschendes und lange ein charakteristisches Element der deutschen Sozialstruktur geblieben, auch in seiner konservativen und lokal geprägten Mentalität. Anders die aus den mittleren sozialen Schichten kommenden Bediensteten und Beamten der Landesherren, der Kirche und des großen Grundbesitzes, vor allem ihre gebildete Oberschicht! In ihnen ist die wichtigste Aufstiegsgruppe zu sehen. Zu dynamischen Elementen der Gesellschaft entwickelten sich auch die Unternehmer, allerdings noch als einzelne, nicht als Gruppe. Als nicht selber sozial dynamische, aber doch mobilisierende Kräfte müssen die regierende und Teile der landsässigen Aristokratie angesehen werden. Die lange erhaltene dominierende Rolle des Adels in Deutschland ist sicher nicht zu verstehen, wenn man in ihm nur einen besitzenden, genießenden und verzehrenden Stand erblicken will. Hat er doch auf vielfältigste Weise Herrschaft ausgeübt; viele Adelige sind als Offiziere, Beamte, Räte und Minister in den Dienst der Landesherren getreten. Wenn sie damit ihrem eigenen Interesse, der Erhaltung ihrer privilegierten Stellung dienten, so hat sie diese Aktivität doch auch vor zunehmender Funktionslosigkeit bewahrt.

1. Fürsten und Höfe

Der „Absolutismus", genauer gesagt: die absolute Monarchie war nicht nur ein Herrschaftssystem, sie prägte auch das soziale Gefüge, orientierte es auf den regierenden Fürsten, die Dynastie und den Hof, indem sie von oben her eine höfische Geltungsordnung mehr oder weniger durchsetzte. Deshalb erscheint es geboten, die Analyse der sozialen Struktur „von oben" zu beginnen. Überdies: ein soziales Gefüge ist nicht bloß eine quantitative Größe, sondern ein qualitativ strukturiertes System, ein Funktions- und Wirkungszusammenhang, der durch ökonomische und kulturelle Faktoren, durch Besitz, Recht, politische Aufgaben, Bildung und Ansehen, Lebensweise und Macht bestimmt ist. Das soziale System, von dem hier zu reden ist, war hierarchisch gegliedert und bis in seine Tiefen hinein obrigkeitlich geprägt; ökonomische, politische und kulturelle Macht war so in ihm verteilt, daß eine bei den Regierenden beginnende Betrachtung eine größere Chance hat, die Realität zu fassen, als eine „unten" ansetzende.

Nach dem Westfälischen Frieden bestand das Deutsche Reich aus über 250 fürstlichen Territorien, die auf dem Reichstag vertreten waren, darunter die nur curialiter repräsentierten Reichsgrafschaften und Reichsabteien. Daneben gab es zahlreiche reichsritterschaftliche Territorien, deren Besitzer, wenn sie die Mittel dazu aufbringen konnten, auch ohne fürstlichen Rang einen Hof en miniature zu führen versuchten. Soweit es sich um geistliche Staaten handelte, deren Fürsten von den Domkapiteln gewählt, also nicht erblich waren, fehlte ihnen zwar im rechtlichen Sinne das Element der regierenden Dynastie; es gab keine erbberechtigten Familienmitglieder und Nebenlinien und keinen weiblichen Hofstaat. Tatsächlich aber war die Besetzung von Bischofs- und Abtstühlen oft zum Gegenstand dynastischer Politik geworden. Und sofern Angehörige reichsgräflicher und reichsritterschaftlicher Familien Bischöfe wurden, entwickelten sie durchweg dynastischen Ehrgeiz und bemühten sich, Familienmitglieder zu ihren Nachfolgern zu machen oder sie mit einträglichen geistlichen Pfründen auszustatten. Zu den in dieser Hinsicht erfolgreichsten Familien gehörten die fränkischen Schönborns, die zu wiederholten Malen in den Bischofslisten von Würzburg, Bamberg, Mainz und Speyer auftauchen. Auch an geistlichen Höfen fehlte das familiäre Element also durchaus nicht; selbst das weibliche Element war dort anzutreffen, und sein Einfluß mochte oft nicht geringer sein als an weltlichen. Nicht in allen Reichsfürstentümern bestand allerdings wirklich ein Hof, da oft mehrere in der Hand einer Dynastie zusammengekommen waren. Auch die Kumulation mehrerer Bistümer, die kirchenrechtlich nicht statthaft, aber mit päpstlichem Dispens möglich war, kam vor. Andererseits gab es auch in größeren Staaten oft mehrere Höfe – sei es, daß Mitglieder der regierenden Familie mit eigenen Hofhaltungen ausgestattet wurden, sei es, daß sie – wie z.B. der österreichische Statthalter in den südlichen Niederlanden nach 1714 – ein Amt ausübten, das Hofhaltung erforderlich machte. Wo der Landesherr in Personalunion Herrscher eines anderen Landes war und hauptsächlich dort residierte – so die Kurfürsten von Sachsen in Warschau und die von Hannover in London – blieb der Hof in der Residenz seines Stammlandes nominell erhalten.

Sehr unterschiedlich war die regionale Verteilung der Höfe: Im Osten, Nordosten und Südosten große Flächenstaaten, im Südwesten, Westen und Teilen Mitteldeutschlands territoriale Zersplitterung. In Schwaben, Franken, den Gebieten am Ober- und Mittelrhein, in Teilen Hessens und in Thüringen drängten sich die weltlichen und geistlichen Höfe. Welch ein gewaltiger Abstand der politischen Bedeutung, des Glanzes und der Weltläufigkeit zwischen dem Kaiserhof zu Wien und dem Hof von Dessau, zwischen dem Hof des Erzbischofs und Kurerzkanzlers in Mainz und dem des Fürstprobsts zu Ellwangen! Dem Hofstaat Kaiser Karls VI. (1711–1740) gehörten – einschließlich der zentralen Behörden – 2175 Personen an; dem Hof des Kurfürsten Max' III. Josef von Bayern (1745–1777) im Jahre 1747 1429 Personen, dem des Fürstbischofs von Würzburg im gleichen Jahre nur 260; der kurfürstliche Hof in Mannheim zählte 1723 rund 700 Personen.

Größe und Aufwand der Hofe hingen nicht in erster Linie von den Herrschern ab; stellten die Höfe doch politische Instrumente, Gradmesser der Geltung und Reputation der jeweiligen Staaten dar. Aufwand war deshalb Pflicht, die freilich sehr verschieden wahrgenommen wurde. Der Gegensatz zwischen dem Hof des ersten preußischen Königs Friedrich I. (1701–1712), seines geizigen Sohns Friedrich Wilhelm I. (1712–1740) und seines Enkels Friedrich II. (1740–1786), erst recht in seinen misanthropischen späten Jahren, ist frappant; in ihm spiegelt sich zugleich eine Entwicklung, in der die Integrationsfunktion des Hofes zunehmend durch das persönliche Prestige des Monarchen wie durch Armee und Administration wahrgenommen wurde.

Für Gliederung und Zusammensetzung des Hofstaats gab es ein Grundmuster, das im Einzelfall reduziert oder erweitert war. Obenan rangierten die obersten Hofämter, die auf die alten Erbämter zurückgingen, hinzu kamen an evangelischen Höfen die

Hofprediger, an katholischen die Hofbeichtväter; ferner gab es die Leibärzte, Hofkapellmeister, Hoftheaterintendanten, die Hofkämmerer, Hofstall-, Hofjäger-, Hofgartenmeister mit den jeweils untergeordneten Amtsträgern, schließlich die Offiziere der Leibwache und Schloßgarde, die Hofkünstler, -architekten, -historiographen, die Hofjunker und Pagen. Die regierenden Fürsten, ihre Gattinnen, die Prinzen und Prinzessinnen hatten jeweils ihren kleinen Hof mit Hofdamen, Erziehern, Instrukteuren und Hauslehrern. Hinzu kam eine oft ansehnliche Zahl von Personen, die sich mit Ehrentiteln und -ämtern am Hofe aufhielten: Kämmerer, Junker, Offiziere, Ehrendamen, ferner die zumindest regelmäßig am Hofe weilenden Inhaber zentraler Staatsämter und militärischer Kommandos; schließlich das zur Bedienung, zur Besorgung des Haushalts, zur Bewachung nötige Personal. Sie alle – abgesehen von den bloßen Titelträgern, die allerdings für materielle Gunsterweise durchaus empfänglich waren, – erhielten Bezüge und wurden weitgehend an den Höfen versorgt; umgekehrt sahen sich die höheren Chargen zu erheblichem eigenen Aufwand verpflichtet. So stellten die Höfe im Hinblick auf ihren Geldbedarf wie auf ihre Ausgaben, von denen Handel und Gewerbe vor allem der Residenzstädte profitierten, bedeutende ökonomische Faktoren dar. Dies wurde von merkantilistischen Schriftstellern ebenso bezeugt wie durch die im Ergebnis oft enttäuschenden Anlagen von Manufakturen für Luxusgüter demonstriert. Im übrigen bewirkten die Höfe, daß der landsässige Adel, der an die Höfe herangezogen wurde, aber auch selber zunehmend in die Zentren der Macht, des Ansehens und der Mode drängte, sich häufig in den Residenzen aufhielt und Stadthäuser baute.
Der allgemeine soziale Trend, eifersüchtig auf Rang und Stand zu achten, verstärkte sich an den Höfen durch das Streben nach Ämtern und Würden, das Bemühen, die Aufmerksamkeit des Fürsten auf sich zu lenken, aber auch durch die Abhängigkeit von Laune und Wohlwollen, die Neigung zur Intrige und die Gewöhnung an serviles Verhalten vor allem der Aufsteiger. Am Hofe konnten Landfremde, Künstler, Projektenmacher, Mätressen und Günstlinge reüssieren, in den Adel erhoben werden, aber auch in Ungnade fallen und stürzen; adelige Familien konnten sich hier wirtschaftlich ruinieren und bürgerliche korrumpiert werden. Das bürgerliche Trauerspiel des späten 18. Jahrhunderts überzeichnet zweifellos, darf aber dennoch als ein Reflex nicht nur der Meinungen über das Hofleben, sondern auch der Erfahrungen gesehen werden, die von Bürgerlichen an Höfen gemacht worden sind, vor allem der Erfahrung der Abhängigkeit und der Geringschätzung.

Der Hof muß als spezielles soziales System, als Machtinstrument und Lebenswelt verstanden werden. In seinem Zentrum stand der regierende Fürst; reiste er oder hielt er sich in einem seiner Jagd- und Lustschlösser auf, so folgte ihm der Hof zumindest in Teilen. Das Hofzeremoniell diente zugleich der Repräsentation und der Disziplinierung; es wies Platz und Funktion zu, regulierte das Verhalten, bedeutete Zwang und Beschäftigung. Das schwere, steife spanische Zeremoniell des Wiener Hofes während der Regierungszeit Karls VI. sollte zugleich kaiserliche Würde, Universalität und Katholizität repräsentieren, prägender aber wirkte auch in Deutschland der ausgeklügelte Versailler Stil Ludwigs XIV., für desssen Nachahmung freilich die materiellen Voraussetzungen wie auch meist das zeremoniöse Talent und die Energie des „roi soleil" fehlten.

Das höfische Zeremoniell vertiefte noch den sozialen Abstand zur Bevölkerung. Lebensweise, Verhaltensstil, kultureller Anspruch, Sprache des Hofes gehörten einer anderen Welt an als derjenigen, in der die Untertanen lebten. Das gilt noch mehr für den höfischen Repräsentationsdienst, für Jagden, militärische Revuen, Feste, Konzerte, Theater etc. Allerdings darf nicht unterstellt werden, daß die Bevölkerung daran schon soviel Anstoß nahm wie später. In der deutschen Barockliteratur, die die Frage nach dem Wesen des menschlichen Lebens mit der Vorstellung des theatrum mundi beantwortete, war der Hof die vollkommenste Bestätigung dieser Vorstellung. Er wurde als herausgehobener Schauplatz verstanden, auf dem es nur wenigen Menschen mit dem Vorzug der Welthaftigkeit und dem Risiko des Strauchelns zu agieren vergönnt ist. Regieren Fürsten von Gottes Gnaden, repräsentieren sie sozusagen göttliche Gewalt und Ordnung, dann ist der Hof ein Abbild solcher Ordnung. Als diese Vorstellung verblaßte, blieb das Herausgehobensein des Hofes als „große Welt"; der Hofmann galt zugleich als „Weltmann", der als solcher, wie Johann Rist 1663 schrieb, voller Mensch ist, während die Masse der anderen dies nie werden kann. Unter deutschen Verhältnissen aber bedeutete „Welt" zugleich soziale Exklusivität und kulturelle Distanz zum Volksleben. An den Höfen florierte die italienische Oper, und mit ihr kamen italienische Musiker und Sänger; man sprach zunehmend französisch und kleidete sich à la mode. Ausländische oder im Ausland geschulte Architekten und Künstler wurden für Schloßbauten und die Ausgestaltung der Residenzen herangezogen. Italienische und französische Einflüsse kamen beim Bau Dresdens, einer der künstlerisch bedeutendsten deutschen Residenzstädte des frühen 18. Jahrhunderts, zur Geltung; das Beispiel von Versailles wirkte in Potsdam; der hochstilisierte, geometrisch angelegte französische Garten wurde als künstlich geschaffener, von der umgebenden Welt abgetrennter Raum des höfisch-aristokratischen Freiluftlebens vielfältig nachgeahmt.

Diese höfische Welt hat gewaltige Summen verschlungen, die nur im Hinblick auf die Gesamteinnahmen und -ausgaben der Staaten berechnet werden können, wobei zu bedenken ist, daß es ordentliche Etats noch nicht gab. Neben den Militär- und Verwaltungsausgaben und dem oft erheblichen Schuldendienst machten die Aus gaben für die Unterhaltung des Hofes in der Regel die größten Posten aus – allerdings mit erheblichen Unterschieden. Daß in Brandenburg-Preußen 1740/41 80 % aller ordentlichen Einnahmen für militärische Zwecke verwendet wurden, stellt eine Ausnahme dar, in der eine für diesen Staat charakteristische Priorität zum Ausdruck kommt. Der kurpfälzische Hof schluckte 1719 rund die Hälfte aller Einnahmen; der hannoversche Hof unter Kurfürst Ernst August verbrauchte denselben Anteil der Kammereinnahmen. In jedem Falle wurde also ein erheblicher Teil des ökonomischen Mehrprodukts für die Aufwandsbedürfnisse einer ständischen Gesellschaft mit höfischer Spitze abgeschöpft. Sie als Verschwendung zu bezeichnen, wäre im Rahmen des sozialen und politischen Systems, in dem dieser Konsum stattfand, unangemessen. Über individuelle Laune und gruppenspezifisches Interesse hinaus diente er politischen Zwecken, nämlich der Repräsentation von Macht. „Wenn die Unterthanen die Majestät des Königs erkennen sollen," schrieb Christian Wolff 1740, „so müssen sie erkennen, daß bey ihm die höchste Gewalt und Macht sey. Und demnach ist nöthig, daß ein König und Landesherr seine Hoff-Staat dergestalt einrichte, damit man daraus seine Macht und Gewalt zu erkennen Anlass nehmen kan ... z. E. ... da jedermann seinem Stande gemäss essen und trincken, derselben gemäss sich kleiden und wohnen soll; so muß auch ein König und Landes-Herr seiner Majestät gemäss essen und trincken, derselben gemäss sich kleiden und wohnen. Und solchergestalt muss die königliche Tafel an der Zahl und Kostbarkeit der Gerichte, die Kleider an der Pracht, und das Schloss, so er bewohnet, an Grösse und Schönheit alle andere Taffeln, Kleider und Gebäude übertreffen. Zu dem Ende muß auch nicht verstattet werden, daß jemand anders in einigem von diesen Stücken es dem Landes-Herrn gleichthue." Ganz in diesem Sinne wurde das fürstliche Schloß zum Nukleus monarchischer Machtdarstellung. Im Schloßbau, der in Deutschland von etwa 1710 bis 1730 seinen quantitativen Höhepunkt erreichte, manifestierte sich, wie in Wien nach den Türkenkriegen, gesteigertes monarchisches

Selbstbewußtsein oder, wie im Berlin des Großen Kurfürsten, wo Andreas Schlüter baute, der Anspruch auf politische Bedeutung.
Reichsrechtlich war den regierenden Fürsten gemeinsam, daß sie die Landesherrschaft und die Reichsstandschaft besaßen. Zwar bestand zwischen ihnen prinzipiell Ebenbürtigkeit, jedoch keine soziale Gleichheit. Der Abstand im Range wie im Reichtum zwischen den Habsburgern und den Fürsten von Oettingen-Wallerstein waren eben doch riesengroß! Aber er konnte durch vorteilhafte Verwandtschaftsbeziehungen verringert werden. Überhaupt mußte diesen, mußte den Eheschließungen im System der Erbmonarchie überragende politische Bedeutung zukommen. Kein Wunder, daß illegitime und Nebenverbindungen eingegangen und am Hofe akzeptiert wurden, die nicht selten zu Standeserhebungen der Mätressen und ihrer Kinder führten. Was aus den Schicksalen und Zufällen der Erbfolge hervorgehen konnte, dafür bietet neben anderen Fällen die Sukzession des Hauses Braunschweig-Lüneburg auf den englischen Thron (1714) ein Beispiel. Habsburger und Wittelsbacher machten Ansprüche auf das spanische Erbe geltend; das wittelsbachische Haus Pfalz-Zweibrücken stellte von 1654–1718 schwedische Könige, und ihnen folgte ein Prinz aus dem Hause Hessen-Kassel. 1762 gelangte das Haus Holstein-Gottorp auf den Zarenthron. Deutsche Prinzessinnen wurden in ausländische regierende Häuser verheiratet, am erfolgreichsten habsburgische Erzherzoginnen. Mit seinen zahlreichen regierenden hochadeligen Häusern stellte Deutschland ein fast unerschöpfliches Reservoir für dynastische Verbindungen dar. Selbst konfessionelle Unterschiede konnten dabei überwunden werden; nationale spielten ohnehin keine Rolle, denn wie die Adelsgesellschaft als Ganze, so war speziell der regierende Hochadel in Europa übernational.
Von einem dominanten Typus des Fürsten kann nicht gesprochen werden, wohl aber lassen sich einige Typen und dafür charakteristische Vertreter nennen. In der zweiten Hälfte des 17. und zu Anfang des 18. Jahrhunderts stand der barocke Herrscher, wie er durch die Habsburger Leopold I. (1657–1705) oder Karl VI., den Wittelsbacher Max Emanuel (1679–1726), den Hohenzollern Friedrich Wilhelm (1640–1688), den Wettiner August den Starken (1694–1733) oder die Fürstbischöfe aus dem Hause Schönborn verkörpert wurde, neben dem protestantischen „Betefürsten", den Ernst der Fromme von Sachsen-Gotha (1635–1675), und dem patriarchalisch-pedantischen Verwalter, den Friedrich Wilhelm I. von Preußen repräsentierte. Es gab unter ihnen wohlwollende, fleißige Hausväter, aber auch ehrgeizig-hochfahrende und unstete Verschwender, die an der Kleinheit ihrer Länder und ihren be-

schränkten Mitteln kein Genüge fanden; es gab kriegerisch gesinnte Fürstbischöfe wie Christoph Bernhard von Galen (1650–1678) in Münster, und hochgebildete, kunstliebende Fürsten wie Anton Ulrich von Braunschweig-Wolfenbüttel (1704–1714). Im Laufe des 18. Jahrhunderts vollzog sich dann ein bedeutsamer Wandel, der mit dem Schlagwort „Aufklärung" nur unzureichend gekennzeichnet wäre, nämlich die zunehmende Unterscheidung zwischen der Person des Herrschers und dem Staat, die Versachlichung der Politik. Auf der einen Seite Maria Theresia (1740–1780), die Erbin der habsburgischen Länder, noch dem süddeutschen katholischen Barock angehörend, dynastisch und mütterlich denkend, volkstümlich und reformoffen, unnachahmlich praktisch und fromm; auf der anderen Seite Friedrich II. von Preußen, der Aufklärung französischer Prägung angehörend, roi philosophe und Feldherr, absoluter Herrscher und Reformpolitiker, harter Arbeiter und zunehmend ein solitärer Mensch, dennoch Vorbild für den Herrscherstil des aufgeklärten Monarchen. Den in seinem Lande nach bloßer Willkür und Laune waltenden Fürsten, einen „totalitären" Diktator hat es nicht wirklich gegeben. Auch der preußische „Soldatenkönig", der den letzten politischen Widerstand der Landstände brach, war viel zu sehr ein pietistischer Pflichtenmensch, um über den Zuchtmeister hinaus ein brutaler Despot zu sein; und die in manchen Kleinstaaten anzutreffenden Miniaturausgaben und Karikaturen des absoluten Monarchen waren meist nicht mehr als anspruchsvoll-lästige Patriarchen.

Schon quantitativ machten die regierenden Fürsten, ihre Familien und ihre Höfe ein wesentliches soziales Element aus. Als Spitze sozialer Hierarchien und mit ihrer ökonomischen und politischen Macht besaßen sie in kleinen und sehr kleinen Staaten im Prinzip einen konkurrenzlosen Einfluß. Nur selten aber nutzten sie ihn zu gestaltenden oder gar verändernden Eingriffen, und häufig überließen sie ihren Räten das Geschäft der Regierung, manchmal auch ihren Günstlingen. Waren sie ehrgeizig und ruhmsüchtig, so konnten sie ihre Staaten in den Strudel der großen Politik hineinziehen. Waren sie indolent und unfähig, so konnten notwendige Maßnahmen ungeschehen bleiben. Wo sie jedoch über längere Zeit eine stetige und zielbewußte Energie entfalteten und sich eine leistungsfähige Beamtenschaft als Instrument schufen, da ging von ihnen eine prägende Kraft für die soziale Physiognomie ihrer Länder aus, zugleich aber auch eine wachsende Attraktion für adelige und bürgerliche Kräfte, die nach Wirkungsmöglichkeiten suchten. „Ist nicht die Menge der fürstlichen Höfe ein herrliches

Mittel, dadurch sich so viel Leute hervortun können, die sonst im Staube liegen müßten?" fragte Leibniz 1679.

2. Alter und neuer Adel

Auch der nicht-regierende Adel war weit davon entfernt, ein homogener Stand zu sein. Er besaß wenig gemeinsame soziale Merkmale und Interessen, abgesehen von dem Interesse, sich als besonders privilegierte Gruppe zu behaupten und Aufsteiger fernzuhalten. Rechtlich gesehen war er noch immer „Feudaladel", stand also im Lehnsverband. Das galt auch für die Reichsfürsten! Auch der Kurfürst von Brandenburg war Lehnsmann des Kaisers, nicht allerdings als Herzog von und als König in Preußen, denn Preußen gehörte nicht dem Reiche an. In derselben Rechtsverbindung standen der König von Dänemark als Herzog von Holstein, der König von Schweden als Herzog von Vorpommern und Bremen-Verden, seit 1714 der König von England als hannoverscher Kurfürst. Jeder Reichsfürst wiederum war Lehnsherr seines landsässigen Adels.
Der rechtlich bedeutsame Unterschied zwischen Reichsunmittelbarkeit und Landsässigkeit sagt allerdings nichts über Besitz und Macht aus. Reichsunmittelbar waren auch die Mitglieder der Reichsritterschaft und der Ritterorden, die an Besitz oft weit hinter einzelnen landadeligen Familien zurückstanden. Seit 1577 gliederte sich die Reichsritterschaft in den schwäbischen, den fränkischen und den rheinischen Kreis und diese wieder in insgesamt 14 Kantone. Jeder Kreis besaß eine eigene Kanzlei, jeder Kanton einen gewählten Ritterhauptmann und Ritterräte. Seit 1654 führten die Reichsritter den Titel „Edel- und Wohlgeboren". Ihre geographische Verteilung zeigen die Namen der Kreise an; in Nord- und Ostdeuschland, in Sachsen und Bayern gab es keine Reichsritter. Im fränkischen Reichskreis lagen die reichsritterschaftlichen Gebiete so dicht beieinander, daß territorial geschlossene Fürstentümer nicht entstehen konnten. Reichsritter besaßen oft neben ihren reichsritterschaftlichen auch landsässige Güter und waren dafür dem jeweiligen Landesherrn lehnspflichtig. Gegenüber dem Bestreben der Landesherren, sie landsässig zu machen, fanden die Reichsritter beim Kaiser Hilfe, der seinerseits aus ihrer Mitte immer wieder Zustrom für den Reichs- und den habsburgischen Militär- und Verwaltungsdienst erhielt. Aber auch in landesherrliche Dienste traten Reichsritter und Söhne von Reichsrittern ein, um Einkünfte, Ansehen und Wirkungsmöglichkeiten zu finden.

Besonders stark war das Interesse katholischer Familien an den Pfründen der Reichskirche und des Deutschen Ritterordens, vor allem natürlich an Fürstbischofs- und Fürstabtsstühlen. Oft behaupteten sie über lange Zeit Sitze in Domkapitelpfründen wie ein Eigentum, was sie nötigte, immer wieder jüngere Söhne für die geistliche Laufbahn zu bestimmen.

Wer vom Kaiser in den Reichsfreiherrnstand erhoben wurde, wie z.B. die bürgerlichen Juristen, die dem Reichshofrat angehörten, trat damit nicht in die Reichsritterschaft ein. Diese war eine geschlossene Korporation des niederen Adels, deren Angehörige auf Grund der ihnen zukommenden Landeshoheit ein besonderes Unabhängigkeitsbewußtsein kultivierten. Rangmäßig konnten ihnen jedoch durchaus Teile des landsässigen Adels überlegen sein. So gab es in manchen Ländern gräfliche Familien, und dementsprechend wiesen hier die landständischen Vertretungen zwei Adelskurien auf: in Österreich den Herrenstand einschließlich der Freiherren, die Herrschaften besaßen, und den Ritterstand, wobei im ersteren zwischen altem und jungem Herrenstand unterschieden wurde; in Preußen den Herrenstand der Grafen und die Ritterschaft. Auch auf dem Landtag des Kurerzbistums Köln bildeten Herren und Ritter eigene Stände; in Schlesien und Böhmen hoben sich die Magnaten von den anderen Adeligen ab. Die Erhebung aus dem niederen und auch aus dem jungen Adel in den Hochadel kam in Österreich relativ oft vor.

Verläßliche quantitative Angaben über Nobilitierung liegen nicht vor; sie ist jedoch eine häufig geübte Praxis der Belohnung, der Befriedigung des sozialen Ehrgeizes und des sozialen Ausgleichs gewesen; in manchen Fällen erfolgte sie, weil für die Wahrnehmung bestimmter Ämter der Adelsrang als notwendig erachtet wurde. Vorgenommen wurde sie durch den Kaiser und diejenigen Fürsten, die zugleich Herren souveräner, also nicht dem Reiche angehörender Staaten waren. Der Kaiser verlieh den Adel für Böhmen und die österreichischen Erblande, und die Wittelsbacher taten es seit dem Dreißigjährigen Krieg für ihre Länder. Die übrigen Reichsfürsten, die kein Nobilitierungsrecht besaßen, konnten die Erhebung von Untertanen in den Adelsstand durch den Kaiser betreiben. Geschah sie ohne solchen Vorschlag, machten manche Fürsten die Anerkennung der neuen Würde von besonderen Bedingungen abhängig oder sie verbanden sie mit Einschränkungen. Die Ritterschaften der einzelnen Länder haben ihrerseits auf Unterscheidung größten Wert gelegt und Nobilitierte nicht oder noch nicht oder nur in Ausnahmefällen als dem alten Adel gleichgestellt angesehen. Auch

die rückwirkende Adelsverleihung durch den Kaiser glich für die Ritterschaften das Defizit nichtadeliger Geburt nicht aus.
Einen einheitlichen Adel hat es also nicht gegeben. Gerade in seinen Reihen kultivierte man Unterschiede, wobei als entscheidende Kriterien das Alter des Adels bzw. der Nobilitierung durch Adelspatent oder Adelsbrief galten. Wie sehr dies nicht nur eine Frage des Prestiges, sondern auch handfester Vorrechte und Interessen war, zeigt die durch Ahnennachweis institutionalisierte Exklusivität der landständischen Ritterschaften und des katholischen Stiftsadels. Dem Ritterstand, also der Gruppe der landtagsberechtigten adeligen Familien, gehörte nur an, wer ein in der Landtagsmatrikel verzeichnetes Rittergut besaß und mindestens acht adelige Ahnen aufweisen konnte. Nichtadelige oder kürzlich erst nobilitierte Besitzer von Rittergütern waren also nicht landtagsberechtigt. Ebenso setzten adelige Domkapitelstellen den Ahnennachweis voraus, um den Kreis der Anwärter und Berechtigten geschlossen zu halten. Die Grundtendenz der älteren Gesellschaft – Differenzierung, Festschreibung von Rechten und Vorrechten, Sanktionierung und Institutionalisierung von Positionen und Funktionen – hat sich infolge der begrenzten Möglichkeiten und in der Reaktion auf die Erschütterungen des sozialen Gefüges und auf partielle soziale Mobilitäten, die durch den Aufstieg der monarchischen Gewalt der Landesherren ausgelöst oder erleichtert wurden, sogar noch verstärkt.
Trotz des Widerstandes des älteren Adels erfolgte die Nobilitierung von Beamten, Offizieren, Kaufleuten, Kriegslieferanten, Unternehmern und Gelehrten nicht selten, und dabei wurde durchaus nicht immer vorausgesetzt, daß sie über Landbesitz verfügten und eine adelige Lebensweise führten. Es gab allerdings auch reichgewordene Beamte, Kriegs- und Hoflieferanten, die verschuldete landtagsfähige Güter kauften und den Adelstitel anstrebten. Wenn in Bayern seit 1672 dafür die Zustimmung des Landesherrn verlangt wurde und in anderen Staaten ähnliche Maßnahmen ergriffen wurden, so kann der Übergang ritterschaftlicher Güter in die Hand von Bürgerlichen und Neugeadelten nicht selten vorgekommen sein.
Die soziale Differenziertheit des Adels wird aus einer Polizeiordnung Leopolds I. von 1671 deutlich. Die Nobilitierten mit Besitz von Landgütern sind hier der 1. Rangklasse der vom ständischen Adel abgesetzten übrigen Untertanen zugeordnet, einer Gruppe, der sonst die Beamten der „Hofstellen", die Doktoren der Medizin und der Rechte angehören. Die Nobilitierten ohne Güterbesitz rangieren nur in der 2. Klasse neben den Verwaltern von Grundherrschaften.

Wer also als Nobilitierter das Leben eines „Herren" führen wollte, mußte nach ländlichem Grundbesitz trachten. Denn der ältere nordeuropäische Adel war Landadel; auf dem ländlichen Güterbesitz beruhte die Landstandschaft, die Zugehörigkeit zur Ritterschaft. Wohl gab es einen älteren reichsstädtischen Adel: das durch den Kaiser kollektiv in den Adelsstand erhobene Patriziat einiger großer oberdeutscher Reichsstädte, das seinen Wohlstand durch Handel erworben hatte. Mit der Nobilitierung schied er oft aus dem Handel aus, in einigen Städten auch aus dem Rat. In Nürnberg und Frankfurt konnten die Patrizier das Recht durchsetzen, neue Mitglieder nur auf dem Wege der Kooptation aufzunehmen, also keine Neuerhobenen vom Kaiser aufgedrängt zu bekommen. Und selbst in den adelsgleichen Patriziaten einiger alter, angesehener Landstädte ist ein entsprechendes Verhalten zu beobachten.
Wenn die absolute Monarchie sich zu ihrem Aufstieg in besonderem Maße bürgerlicher Kräfte bediente, so hat sie doch weithin daran festgehalten, die oberen Hofämter, aber auch die höheren Stellen in der Verwaltung, die Offizierstellen und die Diplomatenposten ganz überwiegend oder gar ausschließlich an Adelige zu vergeben. Auch schwere Auseinandersetzungen mit Landständen zerstörten nicht die Solidarität zwischen regierendem und nicht-regierendem Adel. In der Hierarchie der politischen Ordnung hat der Adel „in vielfältiger Gestalt seine Rolle als eigentlicher ‚Herrschaftsstand' wahren" können. Zwar hat der Absolutismus die überkommenen intermediären Gewalten weitgehend ihrer autonomen Rechte und Funktionen entkleidet; „als strukturell soziale und mittelbar politische Ordnungselemente" aber hat er sie konserviert (G. Birtsch). Seine Ziele waren politisch, nicht sozialreformerisch; gesellschaftliche Mobilisierung hat er nur im Zusammenhang seiner auf Hebung der militärischen Stärke, der wirtschaftlichen Kraft, der Einkünfte und des Ansehens gerichteten Politik bewirkt. Und auch dem aufgeklärten Absolutismus war es allenfalls darum zu tun, jeden Untertanen in seinem Stande zu fördern und „glücklich" zu machen, nicht aber die ständische Ordnung zu verändern. Allerdings tendierte er dahin, diese Ordnung nun als funktionale Ordnung der Staatsgesellschaft zu verstehen und zu sanktionieren, womit prinzipiell die Legitimationsbasis der Privilegiengesellschaft in Frage gestellt war.
Dabei aber blieb der grundbesitzende Adel im unbeschnittenen Besitz vor allem des privilegierten Gerichtsstandes, der weitgehenden Befreiung von Grundsteuern, der Jagd- und Fischereiprivilegien; oft übte er die niedere Gerichtsherrschaft und das Kirchenpatronat aus. Solche Privilegierung verpflichtete zur standesgemäßen

Lebensführung, die freilich für manchen kleinen Adeligen kaum erschwinglich war, zumal der Aufwand und die Anforderungen an die gesellschaftliche Bildung stiegen. Nicht zuletzt unter dem Eindruck der Entfaltung des höfischen Stils entstanden die Ritterakademien; in katholischen Gebieten wurden die Söhne des Adels auf Jesuitengymnasien geschickt; Hauslehrer und Hofmeister wurden eingestellt, und reichere Familien schickten ihre Söhne in Begleitung von Erziehern auf Reisen nach West- und Südeuropa. Auch der meist nur kurzfristige Besuch einer Universität wurde bei den Adelssöhnen häufiger, während gleichzeitig der Erziehung der Töchter größere Aufmerksamkeit gewidmet wurde. Man legte Bibliotheken an und wandte mehr für die Ausstattung von Haus und Garten auf. Es formte sich der Typus des gebildeten und tätigen, um seinen Besitz und seine Untertanen besorgten, auch Dienste übernehmenden Edelmannes aus und trat neben den des Hofmanns, aber auch neben den des gebildeten bürgerlichen Patrioten.
So stellte der Adel in Deutschland im 17./18. Jahrhundert alles andere als eine niedergehende Kaste, auch keine bloß genießende Schicht dar. Ökonomische Notwendigkeit, soziales Interesse und standesspezifische Leitvorstellungen haben in ihm erhebliche Energien entbunden – eine Tatsache, die zu den Gründen für die starke und lange erhaltene politische Führungsrolle des Adels in Deutschland gehört.

3. Geistlichkeit

Ein Unterschied in der sozialen Physiognomie katholischer und protestantischer deutscher Staaten ergab sich aus der verschiedenen Stellung und Funktion der Geistlichkeit. Katholische Priester, Mönche und Nonnen waren durch die Weihen und die sakramental gebotene Ehelosigkeit aus der übrigen Gesellschaft sozusagen herausgehoben, und der oft umfangreiche kirchliche Besitz ermöglichte die Existenz eines zahlreichen geistlichen Standes. Wer in ihn eintrat, hier Unterhalt und Aufgabe fand, schied aus der biologischen Reproduktion aus; er besaß nicht, sondern verwaltete kirchliches Gut, das er nicht verkaufen und nicht vererben konnte. Der protestantische Geistliche dagegen blieb durch sein kirchliches Amt und durch die Tatsache, daß er in den allermeisten Fällen verheiratet war, ganz anders in das soziale Leben eingebunden.
Abgesehen von einigen Fürstabteien stammten Erzbischöfe, Bischöfe, Äbte und Äbtissinnen, die zugleich Landesherren waren,

aus dem Adel, manchmal aus dem Hochadel; dasselbe gilt für die Sitze in den Domkapiteln. In den weltlichen katholischen Staaten erschien der hohe Klerus als Vertreter des kirchlichen Grundbesitzes als erster Stand auf dem Landtag. Seine soziale Distanz zum niederen Klerus, der sich überwiegend aus der bäuerlichen Bevölkerung rekrutierte, war gewaltig. Vor allem die Dorfpriester lebten meist in bescheidenen Verhältnissen und waren oft wenig gebildet. Ähnlich groß war der Abstand zwischen den reichen Benediktinern in den großen süddeutschen Abteien und den hofgewohnten jesuitischen fürstlichen Beichtvätern einerseits, den Franziskanern und Karmelitern in den Städten andererseits.
Gleich tiefe Unterschiede gab es in der protestantischen Geistlichkeit nicht, obwohl die Kluft zwischen einem Dorfpfarrer und einem Hofprediger oder einem Hauptpastor an einer bedeutenden Stadtkirche oder einem Theologieprofessor an einer Universität nicht unterschätzt werden darf. Und der soziale Abstand von Inhabern voller Pfarrstellen zu Vikaren ohne familiäre Unterstützung wurde von diesen deprimierend empfunden. Die evangelische Geistlichkeit war auch in den höchsten Ämtern bürgerlich und darüber hinaus in ihrem sozialen Habitus stark durch akademische Ausbildung und durch Amtsträgerschaft bestimmt. Wichtig war, daß sie sich zu einem erhebliche Teil aus den eigenen Reihen rekrutierte. Da die Zahl der Pfarrstellen begrenzt war, mußten junge Theologen oft lange in Hauslehrer- und Vikarstellen warten – nicht selten in drückender Abhängigkeit. Allerdings konnte die Empfehlung hochgestellter Dienstgeber den Berufsweg beschleunigen.
Wo Grund- und Gutsherren das Kirchenpatronat ausübten, hingen evangelische Pfarrer von ihnen zwar ab, nahmen aber, auf dem Lande, eine Sonderstellung ein, da sie im Dorfe in der Regel die einzigen „Gebildeten" waren und in einen begrenzten gesellschaftlichen Verkehr mit der Herrschaft gezogen wurden. In den Städten bildeten die Pfarrer eine besondere Gruppe unter den Honoratioren, mit denen sie vielfach versippt und verschwägert waren. Hofprediger und Superintendenten heirateten gelegentlich Adelstöchter, die Nobilitierung von Pfarrern aber war unüblich. Man kann die evangelischen Pfarrer mit vollem Recht einen Berufsstand nennen, der eine spezifische soziale Dynamik entwickelte. Aus dem evangelischen Pfarrhaus ist eine erstaunlich hohe Zahl von Dichtern, Schriftstellern und Gelehrten, im 18. Jahrhundert auch von höheren Beamten und Juristen hervorgegangen. Und die Pfarrerfamilie ist zum Prototyp der bürgerlichen Familie geworden, in der die Erziehung der Kinder einen wichtigen Platz einnahm. Fielen doch beim Pfarrer seelsorgerische und pädagogische

Aufgaben zusammen; hinzu kam im Rahmen des staatskirchlichen Systems noch die Aufgabe, landesherrliche Verordnungen von der Kanzel bekannt zu machen und zum Gehorsam gegen die Obrigkeit anzuhalten, wodurch der Stand der Pfarrer in seiner Selbst- und in der Fremdeinschätzung in die Nähe der Beamten gerückt schien.

Für das soziale Gefüge katholischer Gebiete spielte das geistliche Element auch quantitativ eine andere Rolle und trat im täglichen Leben stärker in Erscheinung. Die monastische Lebensform gehörte selbstverständlich zur geistlich-sozialen Welt. Häufig versahen Mönche die Seelsorge; Klöster unterhielten Schulen und versorgten Arme und Kranke; manche Klosterkirche war Stätte besonderer Verehrung. Klöster verfügten oft über beträchtliche Landwirtschaften, waren wohlhabend und vergrößerten ihren Besitz durch Kauf wie durch Schenkungen. Daß der Kirche in Bayern rund ein Drittel des Bodens gehörte und somit der sog. „toten Hand" verfiel, also dem steuerpolitischen Zugriff des Landesherren entzogen blieb, macht das Vorgehen der Regierung gegen weitere Schenkungen verständlich.

Stärker als in protestantischen Gebieten wurzelte in katholischen die Kirche tief im alltäglichen Leben, in Volkskultur und Volksfrömmigkeit, und Personen geistlichen Standes in der Familie zu haben, hob das Ansehen. Geistliche Grund- oder auch Landesherrschaft war etwas Selbstverständliches und unterschied sich in der Praxis nicht von der weltlichen. Daß sich unter dem Krummstab gut leben lasse, ist wohl erst ein Wort aus dem späten 18. Jahrhundert, als in vielen weltlichen Staaten die Anforderungen der Landesherren an die Untertanen stiegen; vermutlich aber wäre ihm auch früher zugestimmt worden.

Es war nicht nur ihre religiöse Funktion, sondern auch ihre Realität als soziale Institutionen und ihre Einbindung in das politische System, die den Kirchen ihre große Bedeutung im öffentlichen und privaten Leben verliehen. Ihre sozialen Wirkungen reichten vom „Feudalismus" des hohen katholischen Klerus bis zum amtsbestimmten und bildungsgeprägten evangelischen Pfarrhaus, zum kleinbürgerlichen Leben katholischer Dorfpfarrer und zur proletarischen Existenz evangelischer Kandidaten der Theologie ohne Amt und Mittel. Die Literatur der Zeit von Grimmelshausens Schilderung der Zustände im Dreißigjährigen Krieg bis zu Friedrich Nicolais „Sebaldus Nothanker" und Johann Heinrich Voß' „Luise" hat diese Lebenswelt protestantischer Geistlicher in vielen Gestalten dargestellt.

4. Die bäuerliche Bevölkerung

Die bäuerliche, von der Landwirtschaft lebende Bevölkerung, die große Mehrheit der Gesamtbevölkerung, war sozial vielfältig differenziert. Jedes Dorf besaß seine Eigenheiten. Anbau- und Bewirtschaftungsform, Erbrecht, Besteuerung, die Praxis der Grundherrschaft konnten sich von Region zu Region unterscheiden. Dem im Einzelnen nachzugehen, ist hier unmöglich; es sollen nur die durchgehenden Strukturen nachgezeichnet und an einzelnen Beispielen verdeutlicht werden.

Es ist eine unzulässig vereinfachende Behauptung, nach dem Scheitern des Bauernkrieges von 1525 seien die Bauern auf Dauer in ihrem rechtlichen Status gemindert worden und hinfort nur noch Objekt des Geschehens gewesen. Zum Teil scheint die wesentliche Verschlechterung ihrer sozialen Lage erst eine Folge des Dreißigjährigen Krieges gewesen zu sein. So haben die freien Bauern und Kölmer in Ostpreußen ihr Recht, auf den Landtagen zu erscheinen, erst in der 2. Hälfte des 17. Jahrhunderts verloren; auch die Erbuntertänigkeit der Guts- und Domänenbauern bildete sich erst in dieser Zeit voll aus. In Württemberg dagegen erwarben die Dörfer zur gleichen Zeit einen gewissen Einfluß bei der Benennung von Deputierten der Ämter für den Landtag! Auch jetzt verhielt sich die bäuerliche Bevölkerung nicht nur passiv und demütig. Es gab lokal begrenzte und kurzfristige Bauernunruhen vor allem in Sachsen, Schlesien und Böhmen, von denen wir wenig wissen. Die Fälle bäuerlichen Widerstandes dürften erheblich zahlreicher, ihre Formen differenzierter gewesen sein. Dörfliche Selbstverwaltung ist auch bei strafferem grund- und landesherrlichen Zugriff im wesentlichen erhalten geblieben und ebenso ihre Grundlage, die innerdörfliche soziale Schichtung.

Im einzelnen ist noch wenig über die tatsächlichen Veränderungen bekannt, die der Krieg in den Dörfern bewirkt hat, welche Besitzumschichtungen stattfanden, wieviele Nichtbesitzende zu Besitz kamen, wieviel Wüstungen von Zurückkehrenden, deren Verwandten oder von Neugekommenen unter den Pflug genommen wurden, ob, wenigstens vorübergehend, die dörflichen Hierarchien sich veränderten. In manchen Fällen standen Neubauern nun in größerer Abhängigkeit von den Grundherren als vorher, in anderen wurden sie mit günstigeren Rechten und Verträgen ausgestattet. Insgesamt haben die Landesherren der effektiven Bebauung des Bodens, aber auch der Regulierung der Dienste und Abgaben und der Rechtsstellung der bäuerlichen Bevölkerung größere Aufmerksamkeit gewidmet als vorher. In Kurbayern wurden in den 1660er

Jahren die landesherrlichen Scharwerksdienste durch Geldzahlungen abgelöst, in übersetzten südwestdeutschen Realteilungsgebieten Entlassungen aus den Dienst- und Leistungspflichten erleichtert, in Nordwestdeutschland die ungeteilte Vererbung der Bauernstellen durchgesetzt; an anderen Stellen entwickelte sich mit landesherrlicher Genehmigung eine Praxis der Übergabe des Hofes an den Erben, die zugleich die Eltern sicherstellte.
Strukturelle Veränderungen der Agrarverfassung wurden dadurch natürlich nicht bewirkt. Es ist deshalb möglich, die für die Zeit um 1800 von F. W. Henning in Anschluß an den preußischen Statistiker Krug vorgenommene Unterscheidung der Bauern in drei Gruppen weit zurück zu projizieren und über Preußen hinaus auszudehnen. Zur ersten zählt er die Großbauern mit einem Realeinkommen, das über den Lebenshaltungskosten lag, und mit Höfen von über 10000 Talern Wert. Die zweite Gruppe bilden Bauern mit einem Realeinkommen, das einen vollbäuerlichen Lebensunterhalt mit nur geringen Ansprüchen ermöglichte, aber nicht immer sichere Nahrung bot. Die Bauern der dritten Gruppe waren auf Nebenverdienst angewiesen, weil die Böden zu mager, die Verschuldung zu hoch oder die agrarischen Nutzflächen durch Teilung zu klein geworden waren. Am stärksten scheint diese Gruppe in Südwestdeutschland und in einigen Mittelgebirgsgegenden gewesen zu sein. Insgesamt haben nach dieser Schätzung 70–80 % der Bauern keine Überschüsse erzielt; der größte Teil von ihnen erreichte eben das Existenzminimum.
Die Grenze zwischen den klein- und den nicht- oder unterbäuerlichen Schichten war ökonomisch fließend. Unter den letzteren müssen zwei Gruppen unterschieden werden: die Kötter, Kossäten, Gärtner, Söldner, Brinksitzer oder Gütler einerseits, die Häusler, Büdner, Insten, Heuerleute, Einlieger, Tagelöhner andererseits. Die Angehörigen der ersten Gruppe waren in der Regel auf Zuverdienst angewiesen, den sie auf Ritter- und großen Bauerngütern oder im Heimgewerbe fanden; sie wohnten meist am Dorfrand, auf der Gemeindeweide oder waren von älteren Höfen abgeteilt. Die zweite Gruppe bestand aus Leuten ohne oder mit nur ganz kleinem Besitz. Beide Gruppen, die zahlenmäßig im 17. und 18. Jahrhundert zunahmen, gehörten nicht eigentlich zur Dorfgemeinde. 1767 waren in Preußisch-Schlesien nur 24,2 % der ländlichen Bevölkerung Bauern; 47,8 % waren Gärtner, 28 % Häusler. Ähnliche Verhältnisse bestanden im Altsiedlungsgebiet. Im adeligen Gericht Jühnde, das zum braunschweigisch-lüneburgischen Fürstentum Calenberg-Grubenhagen gehörte und im südhannoverschen Realteilungsgebiet lag, wurden 1689 in 6 Dörfern 830

Personen in 90 Haushaltungen gezählt. Neben dem Amtspächter, dessen Haushalt 51 Personen umfaßte, gab es 12 Halbmeier mit je einem Knecht und einer Magd; alle anderen waren Kötner, Kleinkötner und Häusler, die in der Mehrzahl weniger als 10 Morgen oder kein Land besaßen; einige von ihnen sind als „bettelarm" bezeichnet. Im gleichen Jahr gehörte nur ein Drittel der 2122 Besitzer in den 81 Dörfern in 3 Ämtern nahe Hannover zu den Bauern, die anderen zu den unterbäuerlichen Schichten; die völlig Besitzlosen sind nicht gezählt. Im fuldischen Gebiet wurde im 18. Jahrhundert nur noch ein Viertel der ackerbautreibenden Bevölkerung zu den Bauern gerechnet. Allgemein wuchs mit der Bevölkerung die Zahl der Besitzlosen. Um 1800 hat das besitzlose Gesinde auf dem Lande ein Siebentel der Gesamtbevölkerung Preußens ausgemacht.
Derartige lokale und regionale Befunde nötigen zu der Feststellung, daß sich – wie G. Franz es formuliert hat – in Ostdeutschland wie im Altsiedlungsgebiet fast allerorten die geschlossenen Bauerndörfer des Hochmittelalters, die durch das Hufenbauerntum bestimmt waren, im 17. und 18. Jahrhundert in ihrer Sozialstruktur gewandelt haben. „Die Vollbauern wurden vielfach zur Minderheit im Dorf, mochten sie auch dadurch, daß die Gemeindegerechtsame vielfach an die Bauernstellen geknüpft waren, ihre politische Vorherrschaft im Dorfe behaupten. Zugleich aber erweist sich, daß das Dorf anders als die Landwirtschaft und auch die Agrarverfassung nicht durch die Jahrhunderte gleichgeblieben ist." Der wachsende Bevölkerungsdruck bei nicht in gleicher Weise sich erweiternder Nahrungsbasis führte notwendig zu ländlicher Überbevölkerung und Pauperisierung; damit traten zunehmende, meist ganz unspektakuläre soziale Spannungen in den Dörfern auf, zumal dann, wenn der Abzug in die Städte nicht freigegeben war und in den Städten selber Mangel an Arbeit herrschte. Auswanderung, saisonale „Gastarbeit" (wie z.B. die Hollandgängerei in Westfalen) und der Ausbau des ländlichen Gewerbes brachten zwar zeitweilige, aber keine durchgreifende Entlastung. Auch die Maßnahmen des Landesausbaus erreichten im Laufe des 18. Jahrhundert ihre Grenzen. So stellte sich die Veränderung der Agrarverfassung, also die Befreiung der bäuerlichen Bevölkerung aus den überkommenen sozial-rechtlichen Bindungen, immer dringender als notwendig heraus. Sie ist im letzten Drittel des 18. Jahrhunderts – zuerst auf den Domänen – unter aufgeklärten und fiskalischen Gesichtspunkten in Gang gekommen.
Die moderne sozialgeschichtliche Forschung hat das ältere Dorf als ein kompliziertes Gebilde verstehen lassen, in dem erhebliche soziale Unterschiede bestanden. Die Bauern waren darauf bedacht,

die unterbäuerlichen Gruppen aus der Realgemeinde, d.h. auch vom Genuß des Gemeindebesitzes und dem Konnubium auszuschließen; der Bauernsohn, vor allem der Hoferbe, heiratete keine Häuslertochter. Heiratsgut und Erbaussichten spielten eine wesentliche Rolle, und nichterbende Personen blieben häufig ehelos. Aus Württemberg, aber auch aus dem Westfälischen, sind Beispiele für die Ausbildung eines Bauernpatriziates bekannt; ähnliche Erscheinungen gab es in Oberbayern. In solchen Fällen hielten einige untereinander versippte und verschwägerte Familien die dörflichen Ämter fest in der Hand. In solchen Familien konnte unter günstigen wirtschaftlichen Bedingungen und wenn der Besitz zusammengehalten wurde, ansehnlicher Wohlstand herrschen. Davon zeugen die stattlichen Bauernhöfe, die z.T. heute noch stehen, und manche bäuerliche Inneneinrichtung aus dem 18. Jahrhundert. Andererseits deuten landesherrliche Polizeimaßnahmen zur Armenversorgung in den Gemeinden, zur Unterdrückung des Bettels und des Vagabundierens auf die Not der besitzlosen Teile der Landbevölkerung hin; mit ihr haben sich im 18. Jahrhundert zunehmend auch Literatur und Wissenschaft beschäftigt.

5. Ländliche Gewerbetreibende und Manufakturarbeiter

Als ländliche Kleinproduzenten werden diejenigen Gruppen der Landbevölkerung verstanden, die nicht für den eigenen Bedarf, sondern für den Markt produzierten und damit ganz oder teilweise ihren Lebensunterhalt bestritten. Sie rekrutierten sich aus der bäuerlichen Bevölkerung, ergänzten sich dann allerdings zunehmend aus den eigenen Reihen und entwickelten dabei ein spezifisches generatives Verhalten. Andererseits blieben sie dem bäuerlichen Leben durch Wohnort und Nebenlandwirtschaft vielfach verhaftet. Nicht selten bearbeiteten sie als Häusler oder Instleute noch ein Stück Land.
Es hat viele Formen der gewerblichen Tätigkeit auf dem Lande gegeben, die, wenn die Familie vorwiegend oder ganz von den Erträgen der heimgewerblichen Produktion lebte, zur Hauptbeschäftigung wurde. In den meisten Fällen handelt es sich um Textilherstellung. Die Arbeitstechnik wurde nicht in einer „Lehre" erworben wie im Handwerk, sondern von den Eltern an die Kinder weitergegeben, die schon früh ihren Platz im Arbeitsprozeß er-

hielten, um die Produktion zu steigern. Diese Nutzung billigster Arbeitskraft war Teil der „proto-industriellen" Familienwirtschaft, die in Zeiten schlechter Preise und geringen Absatzes gezwungenerweise und selbstverständlich zur Selbstausbeutung überging. Diese kleinen gewerblichen Produzenten lebten z.T. (wie in Minden-Ravensberg) in Häuslerhäusern auf bäuerlichem Grund, z.T. abgesetzt vom Dorf in eigenen Häusern. Wohnten sie in Dörfern, so gehörten sie nicht zur Dorfgemeinde. Es gab auch sog. „Industriedörfer", wo Weber ohne eigenen Hausbesitz zur Miete wohnten. War die Produktion verlagsmäßig organisiert und wurden Werkzeug und Rohstoffe vom Verleger gestellt, so näherte sich der Status des Heimarbeiters dem des lohnabhängigen Manufakturarbeiters. Es ist vorgekommen, daß ein gewerblicher Kleinproduzent zu bescheidenem Wohlstand und zur Stellung eines Zwischenmeisters im Verlagssystem, wohl kaum aber selber zum Verleger aufstieg. In stadtfernen Gebieten verdichteten Gewerbes hat sich diese Bevölkerungsgruppe offensichtlich für sich gehalten; man heiratete vorwiegend untereinander und gründete jeweils wieder eine Spinner- oder Weberfamilie. Krisenzeiten, die bei einer so stark marktabhängigen Produktion nicht ausblieben, wurden weitgehend mit Konsumverzicht oder mit Abwanderung beantwortet; landwirtschaftliche Lohnarbeit war in der Regel weder am Ort zu finden noch attraktiv. Nicht immer hat „proto-industrielles" Gewerbe den – direkten oder indirekt über manufakturelle Teilorganisation vermittelten – Anschluß an die Industrialisierung im 19. Jahrhundert gefunden.

Von den ländlichen gewerblichen Kleinproduzenten muß man, vor allem in der frühen Phase der Manufakturproduktion, die Manufakturarbeiter deutlich unterscheiden. Sie lebten vor allem in den Städten, an deren Rande oder doch in Stadtnähe; gelegentlich legten Gutsherren solche Produktionsstätten an. Bei der Abneigung gegen die Arbeit in Manufakturen war es schwierig, Arbeitskräfte für sie zu gewinnen. In Einzelfällen, vor allem in Schlesien und Böhmen, haben Gutsherren ihre Gutsuntertanen zu solcher Arbeit verpflichtet. Vielfach wurden, wie schon erwähnt, Insassen von Zucht-, Arbeits-, Armen- und Waisenhäusern zwangsweise, z.T. durch Verpachtung an die Unternehmer, in Manufakturen geführt. Sie waren in der Regel weder willens noch in der Lage, noch wurde ihnen gestattet, eine Familie zu gründen. Der Wert solcher Arbeitskräfte war gering; andere, die aus den besitzlosen ländlichen Unterschichten kamen, brachten keinerlei Kenntnisse mit und konnten sich nur schwer an diese Form der Arbeit gewöhnen. Erwünschter waren Personen mit fachlicher Ausbildung, denen bevorzugte Stel-

lungen eingeräumt wurden. Sie kamen in der Regel aus niedergehendem Handwerk oder aus dem Heimgewerbe.
Die Regierungen wie die aufgeklärten Schriftsteller des 18. Jahrhunderts sahen in den Manufakturen ein wirksames Mittel des ökonomischen Fortschritts, Armut und Beschäftigungslosigkeit der Bevölkerung zu verringern und deren Verlotterung zu verhindern. Diese Erwartung hat sich jedoch nur bedingt und allenfalls in einem langen, in die umfassendere Industrialisierung und die Fabrikproduktion einmündenden Prozeß der Gewöhnung und des Lernens erfüllt, der hohe soziale Kosten forderte. Die Armut der untersten Bevölkerungsschichten ist im 18. Jahrhundert durch Heimgewerbe und Manufakturen nicht behoben worden, aber ohne beide wäre sie noch größer gewesen.

6. Die städtische Bevölkerung

Die Stadt des 17. und 18. Jahrhunderts ist nicht der melting-pot der vorindustriellen Gesellschaft gewesen. Vielmehr ist die städtische Bevölkerung trotz ihres Wachstums in sich stark differenziert geblieben; die Tendenz, Standesunterschiede zu betonen, hat sich sogar noch verstärkt und fand auch in der fiskalischen Klassifizierung der Einwohner bei den im 18. Jahrhundert vielfach vorgenommenen Zählungen einen Anhalt. Im einzelnen Falle spielte natürlich das besondere Schicksal jeder Stadt eine wichtige Rolle. Manche einst bedeutenden und lebendigen Städte erholten sich nicht wieder oder nur sehr langsam, andere stiegen als Residenz-, Hafen- und Handelsstädte auf, andere änderten als Verwaltungs- und Garnisonstädte ihren Charakter. In vielen, vor allem kleinen und klein bleibenden Städten änderte sich auch bei langsam ansteigender Bevölkerung an der sozialen Struktur nichts.
In Frankfurt am Main unterschied die Kleiderordnung von 1731 zwischen fünf „Ständen". Zum ersten Stand gehörten der Schultheiß, die Schöffen, die Ratsherren der 2. Bank, andere Regimentsangehörige, Syndici, Doktoren, Angehörige des Stadtadels, sofern ihre Vorfahren mehr als hundert Jahre am Stadtregiment teilgenommen hatten. Zum zweiten Stand zählten die Ratsherren der 3. Bank, eingewanderte Adelige, geadelte und nichtadelige Kaufleute im Großhandel und im Wechselgeschäft mit einem Vermögen von mindestens 20000 Talern. Den dritten Stand bildeten die Notare, Prokuratoren, größeren Krämer und Künstler, den

vierten die Kleinkrämer, Handelsdiener und Handwerker, den fünften die Tagelöhner und Dienstboten. Bemerkenswert ist der soziale Vorrang der regierenden und patrizischen Familien vor den oft wohlhabenderen Kaufleuten. In anderen Städten hatte eine aus den Zünften hervorgegangene Magistratsoligarchie die Fäden in der Hand und sperrte sich ebenfalls gegen die Kaufleute. In Leipzig konnte der Kurfürst die Aufnahme von Kaufleuten in den Magistrat durchsetzen, ähnlich in Breslau die preußische Regierung. Juristen, die es nur in größeren Städten gab, nahmen durchweg eine hohe soziale Position ein, wenngleich ihnen Spitzenstellungen oft versagt blieben.

In Residenzstädten gaben Hof, Verwaltung und Militär dem sozialen Erscheinungsbild ein deutliches Gepräge. Obwohl sie nicht zur Stadtgemeinde gehörten und deshalb dem Magistrat nicht unterstanden, beeinflußte ihre Anwesenheit das wirtschaftliche Leben der Stadt erheblich. Das gilt selbst für kleine Residenzen und für solche älteren Städte, in die Residenzen hineinverlegt wurden. So gehörten 1758 in Braunschweig, abgesehen von den unterbürgerlichen Schichten, die mindestens 36 % der Gesamtbevölkerung ausmachten, 28 % der übrigen Bevölkerung dem Militär und 17 % den Bereichen Hof, Verwaltung, Kirche und Kultur an, während 49 % vom Handwerk, 6 % vom Handel gestellt wurden.

Ein wohlhabendes, selbstbewußtes und weltläufiges Großbürgertum war im 17./18. Jahrhundert nur selten anzutreffen. Den wenigen wirklich reichen bürgerlichen Kaufmannsfamilien, die sich stattliche und aufwendig eingerichtete Häuser bauten, fehlte meist die unternehmende Energie, die für die Städte des 15. und 16. Jahrhunderts kennzeichnend gewesen war. Sie bemühten sich eher um lokale Geltung und patrizische Repräsentation als um wirtschaftliche Expansion, die stärker von „neuen" Familien ausging. Große Aufmerksamkeit galt in den städtischen Oberschichten den Familienbeziehungen und Heiraten, von denen Reputation, Einfluß, Ämterbesetzung abhingen. Auch in kleineren Städten bildete sich ein Honoratiorentum aus, das den Ton angab und dem zuzugehören für die mittleren Schichten wichtig war.

Das städtische Kleinbürgertum bestand vorwiegend aus den Handwerksmeistern und ihren Familien, denen – wie bei den Kaufleuten die Handlungsdiener – die Gesellen und Lehrlinge als Hausgenossen zugehörten. Nicht nur unter ihnen gab es beträchtliche Unterschiede des Wohlstands, auch unter den Zünften bestand eine Rangfolge des Ansehens und des politischen Einflusses. Oft gehörten dem städtischen Rat nur Mitglieder einiger „vorderer" Zünfte an. Das strenge Zunftprinzip ist von den Landesherren durch die Zulassung von Freimeistern und von nicht-zünftischen Gewerben oft wirtschaftlich ausgehöhlt und politisch kontrolliert, aber nicht beseitigt worden; für die innerstädtische Sozialstruktur hat es seine Bedeutung als System sozialer Kontrolle noch lange behalten. Als solches hat es gerade auch für die wandernden Handwerksgesellen funktioniert. Zum Kleinbürgertum zählten auch die kleinen Krämer, die in der Regel ebenfalls zunftähnlich organisiert waren.

Seit dem 19. Jahrhundert schwingt in der Rede vom „Kleinbürgertum", von „kleinbürgerlicher" Mentalität und „kleinbürgerlichem" Verhalten ein pejorativer Ton mit; Kleinbürger und „Spießbürger" werden gleichgesetzt und lokale Beschränktheit, politische Ängstlichkeit und sozialer Egoismus als für ihn kennzeichnend angesehen. Damit werden zweifellos erkennbare Verhaltensweisen des Kleinbürgertums grob überzeichnet. In der Stadtgesellschaft stellte es den „Mittelstand" dar, der sich nur schwer nach oben und unten klar abgrenzen läßt. Gruppenzugehörigkeit und dadurch bestimmte soziale Verhaltensformen lassen sich nicht primär ökonomisch klassifizieren. Mit Recht hat Helmut Möller einerseits den verarmten Handwerker, der den Ansprüchen des Zunftethos noch nacheifert, und den reichgewordenen „Fabrikanten", der an kleinbürgerlicher Vorstellungswelt und Lebensführung festhält, andererseits den Angehörigen der unterbürgerlichen Schichten, der ökonomisch ein kleinbürgerliches Leben führt, sonst aber den Status der handwerklichen Ehrbarkeit nicht erreicht, und denjenigen, der zwar das Leben des Kleinbürgers führt, bildungsmäßig diesen Rahmen jedoch überschreitet, als Grenzfälle bezeichnet. Im wesentlichen setzte sich das Kleinbürgertum aus den Handwerksmeistern und ihren Familien und aus den kleinen Kaufleuten zusammen. Es betonte Respektabilität und war weniger aufstiegsbestrebt als statusbewahrend. Bildungshorizont und Weltkenntnis waren eng; das Interesse reichte kaum über die Heimatstadt hinaus. Hier herrschte unerschütterliche traditionelle Kirchlichkeit; in der unteren Schicht drangen in evangelischen Städten jedoch auch pietistische Tendenzen vor. Zunftbrauchtum wurde als ritualisierte Verhaltensnorm beachtet und dadurch dem Arbeitsleben Bedeutung gegeben. Man legte Wert auf standesgemäße Kleidung und Anrede, auf Kinderzucht und, solange es irgend möglich war, auf Distanz zu den unterbürgerlichen Schichten.

Zu diesen, die nicht zu einer selbständigen kleinbürgerlichen Familienexistenz gelangten, gehörten die Handwerksgesellen, die, wenn sie älter wurden oder heirateten, aus der Meisterfamilie ausschieden, ferner die Hausdienstboten, Schreiber, städtische Tagelöhner. Die Gruppe der Dienstboten („domestiquen") machte in größeren Städten, besonders auch in Residenzstädten, einen nicht unbeträchtlichen Anteil der Bevölkerung aus und war vom Kammerdiener bis zum Reitknecht und Gärtner, von der Kammerdienerin bis zur Hausmagd in sich stark differenziert. Noch 1788 standen diese in Preußen rechtlich unter hausväterlicher Gewalt – wie die Lehrburschen oder auch die Soldaten. Das Bürgerrecht besaßen die unselbständigen und abhängigen Personen nicht; aber sie gehörten auch nicht zum Bodensatz der Gesellschaft, sondern hatten in der Regel eine Versorgung – wie schmal sie auch immer sein mochte und wie drückend ein Leben auch war, das keine Aussicht auf Verbesserung kannte!

7. Sonder- und Randgruppen, Außenseiter, unterste Schichten

Im sozialen Gefüge der einzelnen deutschen Staaten, Städte und Landschaften gab es nicht wenige Sonder- und Randgruppen. Sie mußten nicht unbedingt ökonomisch schlechter und sozial niedriger gestellt sein; in manchen Fällen besaßen sie sogar einen bevorzugten Status. So z.B. die in eigenen Gemeinden angesiedelten Hugenotten in Brandenburg, in Hessen-Kassel, in Franken, die oft hochentwickelte gewerbliche Kenntnisse und als Flüchtlinge, die um ihres Glaubens willen die Heimat verlassen hatten, Leistungswillen und Auserwähltheitsbewußtsein mitbrachten. Ihre Sonderexistenz fand auch darin Ausdruck, daß sie recht lange an der französischen Sprache festhielten. Sie sind, vor allem in Preußen, zu einer wichtigen Aufsteigergruppe geworden. Glaubensflüchtlinge tschechischer Herkunft – die sog. „Böhmischen Brüder" – gab es in Sachsen. Einzelne italienische, niederländische, französische Familien gelangten in deutschen Städten oder auch an deutschen Höfen zu Erfolg und Wohlstand.
Daneben sind deutsche religiöse Sondergruppen zu nennen, so z.B. die Mennonitengemeinden an Weichsel und Memel und am Niederrhein. Indem sie sich von den Landeskirchen ihrer Heimat separierten, waren sie dort, wo sie zugelassen oder aufgenommen wurden, in besonderer Weise auf den Schutz der Regierung angewiesen. In einzelnen Fällen, so in den Grafschaften Sayn-Wittgenstein und Wied, standen die landesherrlichen Familien selber solchen Strömungen nahe; in anderen, wie in Preußen, praktizierte die Regierung eine gewisse religiöse Toleranz. Die Brüdergemeinen Zinzendorfs, die ursprünglich auf die hussitische Bewegung

zurückreichenden „Herrnhuter", haben gegen den Willen des Gründers teilweise die Landeskirchen verlassen und – so in Preußen – als besondere Religionsgemeinschaft Anerkennung gefunden. In Sachsen dagegen wurden sie als „Augsburger Konfessionsverwandte" anerkannt. In westdeutschen Brüdergemeinen konnten sich sogar Lutheraner und Reformierte zusammenfinden, ohne aus den großen Kirchen auszuscheiden; im gesellschaftlichen Leben aber blieben die „Brüder" doch Sondergruppen. Ähnliches gilt für die pietistischen Gemeinden und Gruppen innerhalb der lutherischen Landeskirchen. Schließlich sei auf die kalvinistischen Hofprediger in Brandenburg-Preußen hingewiesen, die nach dem Übertritt der Dynastie (1613) in diesem lutherisch bleibenden Land eine sehr kleine privilegierte, sozial hoch motivierte und einflußreiche Gruppe bildeten. Jede dieser Gruppen hielt eng zusammen; man heiratete in den eigenen Reihen, pflegte eine eigene religiöse Sprache und einen besonderen Verkehrston untereinander, der Nichtdazugehörende ausschloß.

Schlechterdings nicht integrierbar, obwohl sie eine nicht unwichtige Funktion in der Gesellschaft erfüllten, waren die Juden. In größeren Städten lebten sie in Gettos, an anderen Orten war ihnen der Aufenthalt in begrenzter Zahl auf Grund fürstlicher Schutzbriefe gestattet. Grundbesitz durften sie nicht erwerben, den Zünften und der Bürgerschaft nicht angehören. Ihren Lebensunterhalt konnten sie meist nur im Handel und im Geldgeschäft finden. Den besonderen landesherrlichen Schutz erhielten sie jeweils für befristete Zeit, so daß ihr rechtlicher Status nie völlig gesichert war; andererseits war ihre Sonderstellung die Voraussetzung ihrer Existenz in einer Umwelt latenter Fremdheit und Abneigung. Denn daß die soziale Isolierung und die Einengung auf wenige Tätigkeitsbereiche die oft kritisierten Verhaltensweisen und die Mentalität der Juden erzeugten, ist eine Einsicht erst der Aufklärung im späten 18. Jahrhundert gewesen. Es gab jedoch Ausnahmen, freilich nur für die reiche jüdische Oberschicht. Den hamburgischen Handel mit Spanien und Portugal hatten weitgehend Juden sephardischer Herkunft in der Hand. Aber selbst für eine so bedeutende und reiche Judengemeinde, wie sie in Frankfurt bestand, ist erst 1728 das Gebot besonderer Kleidungskennzeichen gefallen. In München durften bis 1762 keine Juden ansässig werden; in Sachsen nur in Dresden und Leipzig. Auch im Preußen Friedrichs II. wurden sie durch das Generalprivileg von 1750 vom Grundbesitz ausgeschlossen, allerdings zum Handel, zum Betrieb von Manufakturen und Fabriken zugelassen, wenngleich in strikt begrenzter Zahl.

In sich war die Judenschaft sozial stark gegliedert. Die oberste Schicht wurde von den „Hoffaktoren", den Hofbankiers gebildet, von denen einige sogar die Erhebung in den Adelsstand erreichten. In Preußen war die Gruppe der generalprivilegierten Juden etwas breiter, da ihr auch einige reiche Kaufleute, die Münzentrepeneurs angehörten. Zu ihnen zählte Moses Mendelssohn, Teilhaber einer Seidenhandlung, Aufklärungsphilosoph und Freund Lessings, der für die intellektuelle Entwicklung und Emanzipation des deutschen Judentums unendlich viel bedeutet hat. Die Rabbiner bildeten eine überregional miteinander versippte jüdische Intellektuellenschicht. Darunter befand sich eine mittlere Schicht kleinbürgerlicher Prägung aus kleinen Händlern und Viehhändlern auf dem Lande, darunter die der armen „Betteljuden", die durchs Land zogen und sich von den entsprechenden nichtjüdischen Gruppen nur dadurch unterschieden, daß sie noch geringer geachtet und noch schutzloser waren.

Als soziale Sondergruppe müssen auch die Künstler bezeichnet werden, also Schaupieler, Musiker, Sänger: ein Personenkreis, der nur zeitweilig örtlich stabil und nach seiner Herkunft sehr heterogen zusammengesetzt war. An den Höfen und auch in größeren Städten konnten einige Stellung und Gehalt finden, einige aufsteigen und die Nobilitierung erreichen. Im allgemeinen aber blieb die soziale Stellung der Schauspieler niedrig, und dazu trug das Auftreten von Frauen seit dem ausgehenden 17. Jahrhundert noch bei. Besser standen sich die Opernsänger, da es an Höfen, aber z.B. auch in Hamburg, längerfristige Engagements gab. An der unteren Grenze ging diese Gruppe in die Schicht der fahrenden Leute, Schausteller und Heimatlosen über. Instrumentalmusiker, Instrumentenbauer, Stukkateure, Vergolder dagegen gehörten, ob zünftisch organisiert oder nicht, dem Typus des kunstfertigen Handwerkers, sozial dem gehobenen Kleinbürgertum an, während Kapellmeister, Kantoren, Architekten, Maler und Bildhauer mit festen Beschäftigungen angesehene Positionen an Höfen oder in Städten einnahmen.

Am unteren Rande der Gesellschaft lebten die aus der Zunftordnung ausgeschlossenen Angehörigen „unehrlicher" Gewerbe, also Abdecker, Schäfer, Kesselflicker, ferner die Hausierer. Sie lassen sich nicht immer von den Landstreichern unterscheiden, deutlicher hingegen von den völlig Beschäftigungslosen, den Bettlern, Arbeitsunfähigen und Arbeitsscheuen. Ihre Zahl ist kaum abzuschätzen. Sie dürfte schwankend gewesen und nach Kriegen und Notjahren besonders groß gewesen sein. Bei dem niedrigen Gesundheitsniveau vor allem der ländlichen und städtischen Unterschichten muß mit einer erheblichen Zahl tatsächlich Arbeitsunfähiger gerechnet werden. Unfälle und Verletzungen, schwere Verwundungen ehemaliger Soldaten zogen infolge mangelhafter ärztlicher Versorgung und Kunst oft bleibende Invalidität nach sich. In der Regel wurden solche Personen von den Familien und im Haushalt erhalten, wie die von Geburt Schwachen und Debilen. Wo das nicht möglich war, mußten sie von der Gemeinde versorgt werden, ebenso arme Witwen ohne familiären Rückhalt. Darüber hinaus gab es viele Bettler, die auf dem Lande oft ohne festen Aufenthalt waren. Nach vielen Angaben müssen sie in katholischen Gebieten besonders zahlreich aufgetreten sein, weil das Almosengeben als gute Tat galt. Man hat für die geistlichen Staaten auf 1000 Einwohner 260 Bettler geschätzt! In den protestantischen Staaten, wo man Nicht-Arbeit als ersten Schritt zur Sünde, Faulheit für eine zu bekämpfende Neigung sündhafter Menschennatur ansah und das Almosengeben zu unterdrücken versuchte, vermochte auch eine stärkere Polizeikontrolle den Bettel nicht zu beseitigen.

Denn die Bettler und Landstreicher erhielten immer wieder neuen Zustrom. Für Kleinbauern oder Häusler, die durch Brand ihren Besitz verloren hatten, für Kriegsinvaliden, entlassene Häftlinge und Zuchthäusler gab es keine soziale Absicherung, keine Resozialisierung. Auch gescheiterte Studenten und entlassene Soldaten fanden oft keine Verwendung. Personen, die grundherrlicher Dienstpflicht oder städtischem Dienstbotendasein entflohen waren, fanden oft keine neue Stelle, und wer einmal mit dem Gesetz in Konflikt geraten war, faßte nicht leicht wieder Tritt. Wer als Wilderer gesucht wurde, dem drohte übermäßig schwere Strafe, die ihn zur Flucht oder zum Untertauchen ins Bandenwesen zwang. Räuberbanden, die in der volkstümlichen Literatur häufig vorkamen und nicht selten als Kämpfer für Gerechtigkeit gefeiert wurden, waren Realität in einer Gesellschaft mit Bevölkerungszunahme, begrenzten ökonomischen Möglichkeiten und tradierter Rechtsordnung.

8. Neue bürgerliche Schichten

Im Gefüge der ständisch strukturierten Gesellschaft des 17. und 18. Jahrhunderts hat sich eine soziale Schicht formiert, die gerade in Deutschland zu erheblicher und folgenreicher Bedeutung gelangen sollte. Sie bestand nicht nur aus den landesherrlichen Beamten – der Begriff kommt im 18. Jahrhundert erst auf! –, obwohl diese ihre wichtigste Gruppe ausmachten, sondern auch aus einer zunehmenden Zahl von Gebildeten, die in der Ständegliederung einen Platz suchten. Obwohl sie sich in der Mehrzahl aus der städtischen Bevölkerung rekrutierten, kann man sie nicht als Teil „des Bürgertums" bezeichnen; und wenn sie selber sich „Bürger" nannten, so gebrauchten sie einen anderen Bürgerbegriff, nämlich den des „civis" in der „societas civilis", der Staatsbürgergesellschaft.

Für die Ausführung seiner usurpierten und tatsächlich steigenden juristischen, finanziellen und polizeilichen Aufgaben benötigte der souveräne Fürstenstaat, der sich vom personellen Herrschafts- zum Anstaltsstaat wandelte, eine steigende Anzahl von Dienern und Funktionären, die über besondere Eignung verfügen mußten, ihren Auftraggebern zu besonderer Loyalität verpflichtet waren und von ihnen Belohnung und Anerkennung erhielten. Solche Personen wurden vor allem dort gebraucht, wo die Landesherren in der Auseinandersetzung mit den Landständen neue Ämter schufen und an älteren Ständerechten vorbei eine eigene Beamtenschaft aufbauten. Abgesehen von den hohen Positionen war sie durchweg schlecht bezahlt; die Vergütung erfolgte teilweise in Naturalien oder mußte aus Dienstgrundstücken erwirtschaftet, aus Gebühren und Sporteln eingetrieben werden. Einträgliche Ämter wurden auch in Deutschland oft verkauft – eine Praxis, die selbst in Preußen erst 1740 verschwand. Verbreiteter war die Adjunktur, die Anwartschaft auf Ämter auf Grund der sozialen Stellung einzelner Familien oder von Gnadenerweisen.

Juristisch gebildete fürstliche Räte nahmen auf der Basis des privaten Dienstvertrags im frühneuzeitlichen Staat schon im 16. Jahrhundert eine herausgehobene Stellung ein; der Titel des Doktors beider Rechte galt dem Adel gleich. Dieses Element verband sich mit den älteren Traditionen der ministerialen Dienstpflicht und der hausherrschaftlichen Abhängigkeit. Aus ihnen entstand ein neuer Berufsstand. Im 18. Jahrhundert begann, vor allem in Preußen, eine stärker staatswissenschaftlich-kameralistische Ausbildung der höheren Beamten. Zwar blieben in der Regel auch jetzt noch die angesehensten und einträglichsten Ämter dem Adel vorbehalten, der Aufstieg von Nichtadeligen zu Geheimen Räten aber kam durchaus vor und führte meist auch zur Nobilitierung. Solche nichtadeligen Beamten waren dem Landesherrn in anderer Weise verbunden als Angehörige des landsässigen Adels. Umgekehrt mußten sich adelige Amtsbewerber und -träger zunehmend denselben Qualifikationsanforderungen stellen wie die bürgerlichen, hatten jedoch bei weitem bessere Aufstiegschancen. In den höheren

Rängen des staatlichen Dienstes traten also Adelige und Bürgerliche in ein neues Verhältnis, das zwar soziale Unterschiede keineswegs beseitigte, sie jedoch im Berufsbereich übergriff.

Die hohe Beamtenschaft ist es gewesen, die Gleichmäßigkeit und Rationalität in Justiz und Verwaltung vorangetrieben und die kontinuierliche Wahrnehmung der Funktionen des Regiments über die Zufälle der Eignung und Qualität der regierenden Fürsten hinweg garantiert hat. Von einer echten „Bürokratie", einer Herrschaft der Behörden und des Behördenpersonals, läßt sich gewiß noch nicht sprechen; aber Zahl, Aktionsbereich und Bedeutung der Behörden nahmen zu und mit ihnen die Zahl derjenigen, für die der Dienst in solchen Behörden zur vollen und entlohnten Berufstätigkeit wurde. Der Bevölkerung begegnete damit die Obrigkeit zunehmend in der Gestalt von Behörden und Beamten: ein wichtiger Schritt im Prozeß der Versachlichung und Entpersonalisierung des Staates und seines Dienstes.

Tatsächlich blieben die Beamten noch lange „Diener", denn ein ausgebildetes Beamtenrecht, durch das sie gegen willkürliche Entscheidungen ihrer Auftraggeber gesichert waren, gab es noch nicht; auch feste Qualifikations- und Laufbahnvorschriften sind erst mit dem weiteren Ausbau der Verwaltung entstanden. Aber es begann doch eine Personalpraxis, in der Ausbildung, Vorkenntnisse und Bewährung zählten. So formierte sich ein „Dienststand" mit besonderen Gruppeninteressen, der sich zunehmend selber zu ergänzen suchte und besondere Anrechte, berufliche Sicherheiten, Titel und Ehren anstrebte. In diesen Stand ist eine erhebliche Anzahl der am stärksten motivierten und leistungsfähigen Personen in der deutschen Gesellschaft eingetreten, und zwar aus den mittleren Schichten wie aus dem Adel. Wie für die Söhne des zahlreichen deutschen Adels neben dem militärischen auch der höhere Verwaltungsdienst als Versorgung interessant wurde, so noch stärker für die Söhne von Pastoren, Beamten und aufstiegsorientierten kleinbürgerlichen Familien.

Neben den höheren Beamten dürfen andere Gebildete nicht übersehen werden, also die Geistlichen, Ärzte, Professoren. Seit dem 16. Jahrhundert dienten die Universitäten vor allem der Ausbildung von Pfarrern und Staatsdienern. Ihre Absolventen hatten – meist noch ohne feste Studiendauer und Abschlußexamen – die Chance, nicht nur in ihrem Heimatland Beschäftigung zu finden. Der Übergang aus dem Dienst des einen in den des anderen Fürsten kam nicht selten vor, wobei selbst Konfessionsgrenzen nicht unübersteigbar waren. Allerdings blieben die Möglichkeiten, eine Stelle zu finden und zu behalten, beschränkt, während der Drang zur höheren Aus-

bildung zunahm. Bereits im 18. Jahrhundert wurde über zu viele Studenten geklagt, vor allem über solche aus niederem Stande und ohne finanziellen Rückhalt, die während des Studiums auf Freitische, Stipendien, Kurrendesingen usw. angewiesen waren und nach dem Studium auf der Straße standen bzw. Tätigkeiten aufzunehmen gezwungen waren, die ihren Vorstellungen und ihrer Ausbildung nicht entsprachen. Sie bildeten das Reservoir für Hauslehrer und Lehrer an Lateinschulen.
Die Gruppe der Gebildeten hat das „Publikum" der Schreibenden und Lesenden gebildet, das in der zweiten Hälfte des 18. Jahrhunderts im Zeichen der Aufklärung sich über politische und konfessionelle Grenzen erweiterte und das soziale Substrat der sich entwickelnden öffentlichen Meinung stellte.

III.

KULTURELLES LEBEN

Vorbemerkung: Vom Barock zur Aufklärung – Überfremdung und Eigenständigkeit

Historische Darstellung muß im Nacheinander behandeln, was gleichzeitig war, muß auseinandernehmen, was in der geschichtlichen Realität untrennbar zusammengehörte. Auch die kulturelle Entwicklung ist nur ein Teilaspekt des Prozesses der Geschichte; sie ist mit ökonomischen, sozialen und politischen Zuständen und Veränderungen völlig verwoben. Die Beziehungen zwischen den materiellen Interessen der Menschen und den Ideen, denen sie folgen oder zu folgen vorgeben, zwischen Arbeit, Sinngebung der Arbeit und Stilisierung des Lebensvollzugs, zwischen Machtverhältnissen und Bildungsstand sind viel zu komplex, als daß sie nach einem simplen Grund-Folge-Schema erklärt werden könnten. Das gilt für den Prozeß der Kultur in besonderem Maße. Ideen und Leitvorstellungen sind im Zusammenhang mit den Institutionen zu sehen, in denen die Menschen leben; die Muster, an denen sie ihr Verhalten orientieren, sind als Ergebnis langer sozialer Erfahrungs- und Lernprozesse, ihr gestaltendes Handeln wie die Summe ihrer Werke als Ergebnis komplexer Bedürfnisse, Interessen, Traditionen, Vorstellungen von ihrem Wesen und ihrer Aufgabe zu verstehen.
Die Begriffe „Barock" und „Aufklärung" stammen nicht nur aus verschiedenen Bereichen – Kunst und Philosophie –; sie evozieren auch unterschiedliche Vorstellungen. „Barock" läßt unwillkürlich an Architektur und Musik, „Aufklärung" an Philosophie, Literatur und Pädagogik denken. Für den Barock erscheinen Schloß, Oper, höfisches Fest als fürstliche Repräsentation, Kirchen- und Klosterbau, festliche Messe als Selbstdarstellung der ecclesia triumphans, für die Aufklärung der Roman, die öffentliche Meinung, die Säkularisation und Emanzipation als charakteristisch. Solche Zuordnungen sind natürlich viel zu pauschal, ebenso die Versuche, eine klare zeitliche Abfolge vom Barock zur Aufklärung festzulegen. Balthasar Neumann, der große Barockbaumeister, starb 1753, Georg Friedrich Händel 1759; um diese Zeit war der erste deutsche Aufklärungsphilosoph Christian Thomasius († 1728) schon ein Viertel-

jahrhundert tot, und Lessings bürgerliches Trauerspiel „Miss Sara Sampson" (1754) lag schon einige Jahre vor! Trotz solcher chronologischen Überlagerungen aber gab es aufs Ganze gesehen eine Entwicklung, einen Wandel der vorherrschenden Thematik, der Form, der Sprache, Anfänge einer Veränderung im Bewußtsein zumindest der tonangebenden Gruppen und auch einer Veränderung in der sozialen Struktur dieser Gruppen. Die Kirche begann als meinungsherrschende Macht zurückzutreten, das katholische Deutschland gegenüber dem protestantischen zurückzubleiben, Publizität sich auszubreiten, ein neues Publikum zu entstehen – um nur einiges anzudeuten. Ein Stilwandel setzte ein, dessen Ausmaße freilich erst nach der hier behandelten Zeit voll erkennbar geworden sind.

Barock und Aufklärung waren europäische Erscheinungen; der erstere ist in Südeuropa entstanden, die letztere zunächst in England und Holland aufgetreten, von dort nach Frankreich und schließlich nach Deutschland vorgedrungen. Auch hier also der für die deutsche Entwicklung im 17. und 18. Jahrhundert charakteristische zeitliche Rückstand! Während Spanien und die Niederlande, Frankreich und England im 17. Jahrhundert eine kulturelle Blüte erlebten, machte Deutschland zunehmend einen vergleichsweise dürftigen Eindruck. Schon in der zweiten Hälfte des 16. Jahrhunderts hatte als Folge der religiösen Kämpfe der Reformationszeit eine partielle Erschöpfung der geistig-künstlerischen Produktivität und der religiösen Intensität eingesetzt. Nach dem großen Kriege verstärkte sich der Abstand zwischen dem ungebildeten Volk und den höheren Schichten, die sich zunehmend fremden Einflüssen öffneten. Der religiösen Orthodoxie überdrüssig und von der Enge und Dürftigkeit der deutschen Verhältnisse bedrängt, suchten sie mit der Übernahme fremder, vor allem französischer Sitte und Kultur Anschluß an die „Welt" zu gewinnen. Dabei erfuhren sie, daß der französische Katholizismus lebendiger war als der deutsche, der westeuropäische Calvinismus und das Täufertum energischer auftraten als das Luthertum. Es begann die Zeit der Vorherrschaft der französischen Sprache, der französischen Mode und des französischen Geschmacks – nicht nur in Deutschland, aber hier in besonders starkem Maße. Damit ging oft die Geringschätzung eigener Traditionen, eigener Sprache und Dichtung einher, die noch in der – wahrscheinlich auf die 1750er Jahre sich beziehenden – Schrift Friedrichs II. „De la Littérature Allemande" von 1780 ihren Ausdruck, dann jedoch auch heftigen Widerspruch gefunden hat.

Gegen die Meinung, daß es der deutschen Sprache an feineren Ausdrucksmöglichkeiten fehle, und gegen ihre vielfachen Überfremdungen und Verhunzungen waren im 17. Jahrhundert die Sprachgesellschaften zu Felde gezogen. Um die Mitte des achtzehnten machten sich Gellert, Gleim, Rabener, Johann Elias Schlegel, Klopstock und andere bewußt daran, eine deutsche Literatur zu schaffen. Patriotische Übersteigerungen, selbst nationalistische Töne konnten dabei nicht ausbleiben; sie gehörten weitgehend ins alte Repertoire des Leistungs- und Eigenschaftenvergleichs der europäischen Völker. Wichtiger ist es zu verstehen, wieviel der kulturelle, insbesondere der literarische Aufschwung in der 2. Hälfte des 18. Jahrhunderts für die nationale Bewußtseinsentwicklung der Deutschen bedeutet hat.

1. Koexistenz der Konfessionen

Der Westfälische Friede ist reichsrechtlich in erster Linie ein Religionsfriede gewesen. Stellten doch konfessionelle Gegensätze die größte Gefahr für den Frieden und den Bestand des Reichs dar, weil sie Anlaß zur Lahmlegung der Reichsinstitutionen, aber auch zur militärischen Intervention boten. Andererseits war inzwischen die Ausbildung der Konfessionen, der Kirchen statt der einen Kirche, im wesentlichen abgeschlossen. Hatte der Augsburger Religionsfriede von 1555 nur zwei Konfessionen, die „alte Religion" und die „Augsburgische Konfession" gekannt, so wurden durch den Westfälischen Frieden die Reformierten ausdrücklich in den Religionsfrieden aufgenommen. Damit fand eine Entwicklung, die faktisch schon länger zur Koexistenz dreier Kirchen, aber auch zur Abdrängung oder Ausschaltung anderer religiöser Richtungen und Bewegungen – so des Täufertums, des mystischen Spiritualismus, des antitrinitarischen Sozinianismus – geführt hatte, die reichsrechtliche Anerkennung. Ein Nebeneinander am gleichen Ort freilich gab es – von den wenigen paritätischen Reichsstädten abgesehen – auch jetzt noch kaum, sondern nur in verschiedenen Territorien. Normalerweise befanden sich die Angehörigen einer Konfession an ihrem Wohnort und in ihrem Lande unter sich und betrachteten anderskonfessionelle Gebiete in mehr als räumlichem Sinne als Ausland. „Als Ergebnis des langen Streits, aber auch der erzieherischen Tätigkeit der Obrigkeiten, hatte sich ein geschärftes konfessionelles Bewußtsein entwickelt, ein von Abwehrbereitschaft, Haß, Mißtrauen, Verbitterung und Verkennung diktiertes Verhältnis der verschiedenen Kirchengruppen zueinander. Eine Verengung des kirchlichen Lebens und eine drückende Reglementierung desselben durch den Staat war am Ende das wenig erfreuliche Resultat von hundert Jahren Glaubenskampf" (E. W. Zeeden).

Hatte sich die Lehre Luthers nur mit Unterstützung der Landesherren und der Magistrate der Reichsstädte durchsetzen und behaupten können, so war auch die Ausbildung des Landeskirchentums und des landesherrlichen Summepiskopats eine organisatorische Konsequenz nicht nur aus dem lutherschen Kirchenbegriff, sondern auch aus den deutschen Verfassungs- und Machtverhältnissen. Das beweist die analoge Entwicklung in katholischen Ländern. Auch hier hatten die Landesherren die Kirchen fest in den Griff genommen; auch sie erkannten in der konfessionellen Einheit ihres Landes ein Politikum, in der Stützung der Kirche und der Unterstützung durch die Kirche wesentliche Elemente der Stärkung der fürstlichen Souveränität. Die Durchführung der Trienter Beschlüsse, die Gegenreformation, war wesentlich ihr Werk. Evangelische wie katholische Fürsten nutzten gleichermaßen die Kirche mit ihrem Einfluß auf das Bewußtsein der Menschen als Instrument der politischen Disziplinierung. Die Ausbildung konfessioneller Landeskirchen und der Aufstieg der landesherrlichen Gewalt zur Souveränität gehören geschichtlich zusammen!

Den deutschen politischen Partikularismus nur zu bedauern und über den kirchlichen Konfessionalismus nur zu klagen, wäre unhistorisch. Es darf daran erinnert werden, daß der Westfälische Friede bis zum Ende des alten Reiches nicht als Dokument deutscher Uneinigkeit und politischen Tiefstands, sondern als Urkunde reichsständischer Freiheit und als Fundament eines politischen Systems gepriesen worden ist, in dem unbeschränkte politische und geistliche Gewalt nicht möglich sei – oder doch verfassungsmäßig nicht vorkommen dürfe, und in dem auch verschiedene Konfessionen nebeneinander bestehen könnten. Tatsächlich ist diese Koexistenz nicht nur zur Voraussetzung des – gewiß immer gefährdet bleibenden – Friedens im Reich, sondern auch eine Grundlage des deutschen kulturellen Lebens bis in die Gegenwart geworden. Allerdings war sie teuer erkauft! Zwar ist die Substanz der christlichen Lehre durch die Konfessionsbildung nicht an sich schon gefährdet worden; ihre Verquickung jedoch mit politischen Machtkämpfen und die Tatsache, daß allein staatliche Gewalt religiöse Gegensätze überbrücken konnte, hat der lebensbeherrschenden Kraft der Kirche auf die Dauer Abtrag getan. Andererseits hat gerade die Verknüpfung von Konfessions- und Territorialitätsprinzip eine starke prägende Wirkung auf das Denken und Verhalten der Deutschen ausgeübt.

Bestätigten die Friedensinstrumente von Osnabrück und Münster den Augsburger Religionsfrieden von 1555, so brachten sie doch auch zahlreiche Abschwächungen und Kompromisse. Landsässige

Untertanen, die sich zu einer anderen Konfession bekannten als der Landesherr, sollten auswandern dürfen, aber nicht zur Auswanderung gezwungen werden. Blieben sie im Lande, so sollten sie das Recht der privaten Religionsausübung erhalten. Der Grundsatz „cuius regio, eius religio" trat außer Kraft; der Konfessionsstand wurde auf das Jahr 1624 festgesetzt und durfte beim Konfessionswechsel einzelner Fürsten oder ganzer Dynastien nicht mehr verändert werden. Damit war das landesherrliche ius reformandi erheblich eingeschränkt und ist auch tatsächlich immer weniger zur Geltung gebracht worden. Bei der Konversion einzelner Fürsten oder Dynastien blieb nun der konfessionelle Zustand erhalten. Als 1697 Kurfürst August (der Starke) von Sachsen zur katholischen Kirche übertrat, änderte sich nichts am lutherischen Charakter des Landes; zwar blieb der Fürst nominell oberster Bischof, überließ die Leitung der Kirche jedoch dem Generalkonsistorium. 1705 wurde Herzog Christian August von Holstein, 1710 Herzog Anton Ulrich von Braunschweig-Lüneburg, 1712 Herzog Alexander von Württemberg katholisch, ohne daß ihnen die Bevölkerung ihrer Länder folgte. Die Höfe allerdings veränderten sich, als katholische Gottesdienste an ihnen abgehalten wurden, Beichtväter und Erzieher erschienen. Im Falle Württembergs hat die Konversion des Herzogs die Position der Landstände gestärkt, die – wie auch in Sachsen – die Verteidigung des evangelischen Charakters des Landes zu ihrer Aufgabe machten. Der württembergische Landtag hat dafür sogar die Garantie großer protestantischer Mächte – Preußens, Dänemarks und Englands – erreicht!

Religionsgravamina, die den Reichstag beschäftigten, hat es auch nach 1648 in großer Zahl gegeben; auch religiöse Unterdrückung kam weiterhin vor – so in der Pfalz zur Zeit der französischen Besetzung und später unter Berufung auf eine Klausel im Frieden von Rijswijk (1697), wonach in den auf der rechten Rheinseite zurückgegebenen Orten die von den Franzosen restituierte katholische Religion erhalten bleiben solle. Insgesamt aber spielten konfessionelle Auseinandersetzungen nicht mehr dieselbe Rolle wie in dem vorhergehenden Jahrhundert. Die konfessionelle Prägung der Staaten oder Regionen kam nun weniger politisch als im kulturellen Leben, im Denken und Verhalten der Menschen, im Schul- und Armenwesen zur Geltung und schließlich auch in der unterschiedlichen Reaktion auf die säkularen Tendenzen der Aufklärung und der Empfindsamkeit.

Die allgemeine Bedeutung der Koexistenz mehrerer christlicher Konfessionen auf deutschem Boden, die seit der Mitte des 17. Jahrhunderts eine rechtlich und politisch anerkannte Tatsache war, ist kaum zu überschätzen. Die drei Kirchen hatten feste Lehrgebäude errichtet, deren Beachtung durch staatliche Gewalt gestützt wurde. Das christliche Gemeinsamkeitsbewußtsein war oft durch ein Unterscheidungsbewußtsein überlagert, das tiefe Verdächtigungen und Mißverständnisse erzeugen konnte. Vor allem in den breiten Volksschichten hielt man oft die Riten und Feste der eigenen Kirche für die einzig wahren, andere für Ketzerei und Aberglauben. Marien- und Heiligenverehrung der Katholiken galt den Protestanten als Abgötterei und die Ablehnung der meisten Saktramente durch die Protestanten den Katholiken als Blasphemie. Nicht aber Bekehrung, sondern Abgrenzung war nun die theologische, pädagogische und politische Leitlinie.

Nordost- und Mitteldeutschland waren und blieben ganz und gar protestantisch; der Südosten und das Rheinland katholisch. In anderen Teilen des Reiches war die Gliederung kleinräumiger. Oberschlesien war katholisch, Niederschlesien protestantisch; die Grafschaft Mark protestantisch, Jülich, Berg und das Herzogtum Westfalen waren katholisch! Wien – in vieler Hinsicht eine wahrhaft internationale Stadt – trug einen elementar katholischen Charakter; die Kirche prägte in enger Verbindung mit dem Hof ihr Gesicht; alte und neue Orden spielten eine große Rolle sowohl für die Aristokratie als auch für das Volk. Nürnberg und Ulm hingegen waren durch und durch protestantisch geprägte Städte, ebenso Leipzig, Hamburg und Berlin. In evangelischen Ländern kannte man viele katholische Feiertage nicht; Wallfahrten und Kirchweihfeste fehlten; die Zahl der Personen geistlichen Standes blieb erheblich geringer, und die Kirche verfügte über weit weniger Besitz; kirchlicher Kult und religiöses Leben waren nüchterner, oft strenger und mehr auf Belehrung und Pflichterfüllung abgestellt.

Im katholischen Deutschland verstärkte die Gegenreformation, ein gemeinsames Werk von Kirche und Staat, die Affinität der hierarchischen Kirche zum barockabsolutistischen Herrschertum. Ecclesia triumphans und absolute Monarchie waren eng miteinander verbunden. Die gegenreformatorische Kirche entwickelte dieselbe Tendenz zur Repräsentation ihrer Macht wie die Monarchie. In dem Maße aber, wie der hohe Klerus herrschaftlich auftrat, vergrößerte sich auch der Abstand zum niederen Klerus. In der gelehrten Theologie setzte sich, vor allem unter dem Einfluß der Jesuiten, die spanische Spätscholastik mit ihrer logischen Argumentations- und Lehrtechnik, im Kult und in der Predigt die Verehrung des Übernatürlichen, der Sakramente durch. Die verklärende Darstellung der Herrlichkeit Gottes und der Kirche mit dem Ziel der sinnlichen Verwirklichung in Bild, Musik und Architektur war

Spiegelung kirchlich-gläubiger Sicherheit und Mittel kirchlicher Disziplinierung. Konnte sie Veräußerlichung bewirken, so ließ sie doch auch mystische Vertiefung und volkstümliche Predigt zu. Eine Vernachlässigung der dörflichen Gemeinde, wie überhaupt der Seelsorge ist jedoch nicht zu übersehen. Erheblich später erst als in Frankreich sind im 18. Jahrhundert unter dem Einfluß der Aufklärung Maßnahmen zur Intensivierung des Gottesdienstes, des Volksschulwesens, der aktiven Caritas, der besseren Priesterausbildung eingeleitet worden, und zwar weniger von der Kirche selber als von aufgeklärten Fürsten.

Im protestantischen Deutschland haben die Landesherren in Ausübung ihrer Funktion als oberste Bischöfe nach dem Dreißigjährigen Krieg, wo es nötig war, die kirchlichen Einrichtungen wiederhergestellt. Daß dies in hart betroffenen Gebieten ebenso viel Zeit wie der allgemeine Wiederaufbau benötigte, dafür gibt es mancherlei Zeugnisse. Die Pfarrer haben, oft in verfallenen Pfarrhäusern lebend, bei nur spärlichem Eingang ihrer Einkünfte am kümmerlichen Lebensstandard der Bevölkerung teilgenommen und im Kampf gegen Not, Verrohung, Unbildung und Ungerechtigkeit eine kaum hoch genug zu veranschlagende Leistung erbracht, wobei sie von den Landesherren, Konsistorien und Generalsuperintendenten oft mehr angetrieben als praktisch unterstützt wurden. Durch Visitationen griffen diese in das innere Kirchenleben ein, kontrollierten Gottesdienstbesuch, Katechismuskenntnis und Lebenswandel der Gemeinde, den Zustand kirchlicher Gebäude, den Eingang der Abgaben, aber auch die Tätigkeit der Pfarrer. Alles dies trug dazu bei, die Kirche als staatliche Veranstaltung erscheinen und ihre innere Lebendigkeit schwächer werden zu lassen. In dieser Richtung wirkte sich auch die orthodoxe Erstarrung der gelehrten evangelischen Theologie aus. Auch zwischen Lutheranern und Reformierten war der Streit um die reine Lehre noch keineswegs beendet; beide insistierten eifernd auf strikten Glauben an die wörtliche Wahrheit der Heiligen Schrift als einzige Quelle der Offenbarung. Religion und kirchliche Lehre ineinssetzend, bekämpften beide mißtrauisch alle Versuche subjektiver Glaubensvergewisserung und pietistische Tendenzen.

Neben der auf Melanchthon zurückgehenden humanistisch-gelehrten Komponente ist in der lutherischen Theologie des 17. Jahrhunderts auch eine scholastische wirksam geworden. Die Metaphysik des Aristoteles wurde aufgenommen und die Patristik eingehender studiert; man bediente sich der Methoden der spanischen Spätscholastik, um katholische und reformierte Lehren zu widerlegen. Die so ausgebildeten Theologen machten die Kirche zu einer Lehranstalt, die sich mit dem privaten, familiären und Gemeindeleben, aber nicht oder kaum mit Fragen der politischen Ethik und der Politik befaßte, in der aber auch der große Gedanke der Gemeinde als brüderliche Gemeinschaft in der Gnade Gottes an Kraft verlor. Statt dessen wurde die sündige Natur des Menschen betont, kirchliche und weltliche Zucht damit gerechtfertigt und der Lehre von der Rechtfertigung und Erlösung des einzelnen allein durch die Gnade Gottes viel von ihrer befreienden Wirkung entzogen.

Seit der Wende zum 18. Jahrhundert läßt sich dann allgemein ein Nachlassen des Interesses an dogmatischen Auseinandersetzungen im Protestantismus erkennen. Man begann, dem persönlichen Glücksverlangen des einzelnen Menschen theologisch ein größeres Recht einzuräumen und einer subjektiven Lebensauffassung, einer optimistischen Einstellung ein begrenztes Recht zu geben, und zwar noch ehe die Aufklärung stärker in die Theologie eindrang. Wichtiger noch war, daß im letzten Drittel des 17. Jahrhunderts einzelne Gruppen auftraten, die gemeinsam die Bibel lasen und eine den einzelnen stärker ergreifende Frömmigkeit praktizierten. Diese „collegia pietatis", in denen sehr oft Laien die Führung übernahmen, waren nicht Erscheinungen einer Protestbewegung, aber doch Indiz für die Unerfülltheit religiöser Bedürfnisse und deshalb eine Herausforderung an die „offizielle" Kirche. Wenn sie nicht daran gehindert wurden, ein religiöses Gruppenleben zu pflegen, verließen die Pietisten die kirchlichen Gemeinden nicht. Zwar gab es auch separatistische Gruppen, „Sekten", die jedoch mit der Anerkennung als eigene Konfession nicht rechnen konnten und sich in der Regel auch nicht hielten. Als einzige Gruppe pietistischen Charakters hat die Brüdergemeine des Grafen Nikolaus Ludwig von Zinzendorf eine gewisse organisatorische Selbständigkeit erreicht. Gegründet wurde sie 1722 in Herrnhut in Sachsen, um die aus Böhmen vertriebenen „mährischen Brüder" aufzunehmen; ihr sind auch deutsche Pietisten und Separatisten unterschiedlicher sozialer Herkunft beigetreten. Äußerlich blieb diese Gemeine in der lutherischen Kirche Sachsens; sie war synodal verfaßt und wurde von Ältesten regiert, theologisch war sie konsequent christozentrisch. Ein gefühlsbetonter, allen Rationalismus verachtender Christusglaube, der sich in erbaulichen Reden und Liedern, in Bekenntnissen und Gebeten ausdrückte, verband die Gemeine, welche ein intensives religiöses Leben entfaltete. Von ihr ging zum ersten Male im deutschen Protestantismus eine spontane Missionsbewegung aus. Als Zinzendorf 1760 starb, hatte die Brüdergemeine 226 Missionare in die verschiedenen Teile der Welt entsandt. In Deutschland selber hatte schon Zinzendorf die Gründung neuer Gemeinen und die

Bildung von Freundeskreisen veranlaßt. Die von der Brüdergemeine ausgehenden Impulse für das religiöse Leben im Protestantismus, die vor allem im Kirchenlied Ausdruck gefunden haben, reichten noch in die Jugendentwicklung Herders und Goethes hinein.
Daß die Einheit der christlichen Kirche durch Gewalt, also durch Unterdrückung und Rekonversion der „Ketzer" oder durch erzwungene Reformation nicht erreicht werden könne, war während des Zeitalters der Glaubenskämpfe evident geworden. Wenn überhaupt, dann konnten nur irenische, selbstlose und versöhnende Bemühungen diesem Ziele näher bringen. Solche Bemühungen, sowohl von theologischer als auch von politischer Seite, hat es gegeben; sie zielten alle auf eine Wiedervereinigung unter gewissen Zugeständnissen der katholischen Kirche. Von 1673 ab hat der Kleriker Spinola mehrfach mit Unterstützung des Kaisers und indirekt auch des Papstes protestantische Fürstenhöfe besucht und Verhandlungen geführt. Erfolglos wie sie blieben auch Leibniz' Vorstellungen von einer universalen Kirche, die alle bestehenden Kirchen umschließen, konfessionelle Kontroversen schlichten und einen gemeinsamen Bestand an Überzeugungen und christlichen Glaubenselementen sichern sollte. Diesen von Kaiser Leopold I. und dem Kurerzbischof Johann Philipp von Schönborn unterstützten Unionsplänen lagen als politisches Motiv die Türkenabwehr und auch die Verteidigung gegen die Vorstöße Ludwigs XIV. zugrunde, woran vor allem das Haus Habsburg interessiert war. Auch im Luthertum wie unter den Reformierten hat es gegen Ende des 17. Jahrhunderts irenisch-vermittelnd gesonnene Theologen gegeben. So hat Leibniz mit dem Lutheraner Gerard Molanus und dem reformierten Berliner Hofprediger Jablonsky seine Wiedervereinigungspläne entwickelt. Eben damals gab es allerdings auch bedeutende Konvertiten, die der protestantischen Orthodoxie überdrüssig waren. Mehr als Randerscheinungen aber sind sie nicht gewesen.
Nicht nur theologische und Unterschiede des Kirchenbegriffs standen einer Wiedervereinigung im Wege, sondern auch politische Interessen. Die Grenzen der Konfessionen konnten nicht mehr beseitigt werden; ihre Überbrückung war die Aufgabe!

2. Kirchlicher und weltlicher Barock, höfische Kultur

Man hat den Barock mit Recht als Kunst der Gegenreformation und des monarchischen Absolutismus bezeichnet. Durch beide erhielt er Impulse und Aufgaben, und beide fanden in ihm den adä-

quaten Ausdruck ihres Selbstdarstellungswillens. Vor allem Architektur, Bildhauerei und Malerei, aber auch Musik, Schauspiel und Dichtung entfalteten sich vornehmlich im Raum der Kirche und an den Höfen, wirkten aber darüber hinaus. Die Kunst des Barock bildete im wesentlichen die formalen Elemente der Renaissance weiter, brachte jedoch einen neuen Gestaltungswillen zur Geltung. Die statische Harmonie der Renaissance wandelte sich in eine dynamische; das Ideal natürlicher Schönheit wurde ergänzt durch den Willen, die Herrlichkeit des Übernatürlichen durch Erhöhung der Formen, Überschwang der Gebärde und der Farbe und Verstärkung des Symbolischen darzustellen. Charakteristisch ist, vor allem in der Architektur, die Spannung zwischen strenger Rationalität von Grundriß und Anlage, also einem more-geometrico-Denken einerseits, und dem Willen zur Öffnung des Begrenzten ins Unbegrenzte, zum In-Bewegung-Bringen strenger Linien, zur Verschiebung der Proportionen, zur überschwenglichen Dekoration andererseits. Das optische Element erhielt größere Bedeutung; Durchblicke und Perspektiven, Lichteinwirkungen und Farben sollten den subjektiven Eindruck des Grenzenlosen erwecken. Kennzeichnend auch das Streben zum Gesamtkunstwerk. Alle Künste sollten zusammenwirken, um einen Totaleindruck zu erzielen: eine umfassende Raumgestaltung, in die auch die Umgebung und die künstlich erstellte und künstlerisch genutzte Natur, der Garten, einbezogen ist. War die Entgrenzung des Raumes praktisch nicht erreichbar, so sollte sie illusionär erzielt werden, um so den kosmischen Raum, die Einheit der transzendental geordneten Welt erfahrbar zu machen, z.B. durch perspektivisch verkürzte Deckengemälde, die den Eindruck unendlicher Raumtiefe erzeugen, durch perspektivisch überzogene Treppenfluchten, Gitterkonstruktionen und Weganlagen, durch Übersteigerung der sinnlichen Wirklichkeit in Plastik und Malerei. So sind denn Schloßanlagen mit Gärten und Plätzen und Kirchenbauten mit ihrer Umgebung die repräsentativen Hervorbringungen der Barockkunst gewesen.
Die barocken Schlösser, Gärten, Theater, Alleen bildeten ausgegrenzte Räume für Aufzüge, Empfänge der höfisch-adeligen Gesellschaft und dienten ihrer Selbstdarstellung; sie waren Symbol und Staffage von Herrschaft. Und die barocke Kirche war der Raum der Anwesenheit Gottes wie der Darstellung der Macht der Kirche; in ihr wurden die Menschen ekstatisch ergriffen durch die prunkvolle Repräsentation des Übernatürlichen. Als charakteristischer Ausdruck barocken Kunstwillens und des in ihm zur Entfaltung kommenden gesellschaftlichen Darstellungs- und Genußwillens muß die Oper gelten. In ihr sind alle Künste in den Dienst eines festlichen

Vergnügens gestellt. Analog dazu die große kirchliche Feier, das Hochamt.

Die Schwerpunkte barocker Baukunst lagen im wesentlichen in Österreich, Bayern, Oberschwaben, Franken und am Rhein. Einen barocken protestantischen Kirchenbau hat es kaum gegeben, allenfalls bei der Neuerrichtung von Hof- und Schloßkirchen, wie z. B. in Dresden, in Wolfenbüttel und Bückeburg. Im katholischen Deutschland sind barocke Umbauten und Neuausstattungen älterer Kirchen von Neubauten zu unterscheiden. Bedeutende Klosterneubauten vor allem der Jesuiten und noch mehr der Benediktiner entstanden. Umfangreicher noch war die Bautätigkeit der Fürsten und des reichen Adels. Ihre Schwerpunkte lagen in Österreich, in Franken und am Rhein, aber auch in Dresden und in Berlin. Sie reichte weit ins 18. Jahrhundert hinein, wobei die zunächst dominierenden italienischen Architekten zunehmend von deutschen abgelöst wurden. Selbst kleine Fürsten und der Landadel nahmen an dieser Bauentwicklung teil, und auch im Bürgerhausbau sogar Norddeutschlands tauchten barocke Elemente auf. Zumal im protestantischen Deutschland haben barocke Kirchen- und Profanmusik und Literatur auch im städtischen Bürgertum ihre Pflege gefunden. In Leipzig, wo Johann Sebastian Bach von 1723 bis zu seinem Tode als Kantor an der Thomaskirche wirkte, oder in Hamburg, wo Georg Philipp Telemann zeitweilig tätig war, entwickelte sich eine lebendige Musikkultur; in Hamburg pflegte man eine Zeitlang die italienische Oper, die insbesondere die Höfe, so in Wien, München, Dresden, Berlin, aber auch in Wolfenbüttel und Mannheim, beherrschte. Versuche, die deutsche Oper selbständig zu machen, führten zu keinem Erfolg, auch nicht in Hamburg, wo es von 1678 bis 1738, oder Leipzig, wo es von 1693 bis 1729 eine stehende Oper gab. Dem städtischen Publikum konnten die meist mythologischen Themen der großen italienischen oder in italienischem Stil komponierten deutschen Opern nicht genügend schmackhaft gemacht werden.

Die konzertante und geistliche Musik, die im protestantischen Deutschland einen Höhepunkt erreichte, weist Merkmale auf, die denen der bildenden Kunst und Architektur entsprechen: strenges Regelgerüst, aber auch farbig-sinnliche Ausschmückung. Orchesterwerke mit pompöser Besetzung und artistischen Soli dienten der Unterhaltung, dem festlichen Gepränge, dem höfischen Zeremoniell und dem religiösen Kult. Bedarf und Ansprüche ließen sie nicht selten zur gekonnten Gebrauchsware werden. Sie konnte aber auch starke Verinnerlichung erreichen und hat die Ausdrucksmöglichkeiten des Gefühls bereichert, vor allem im protestantischen

Kirchenlied, in der Kantate und im Oratorium. Hier hat die barocke Kunst die breiteste soziale Wirkung erreicht. Eine nationale Wirkung freilich, wie Händel sie in England mit seinen Oratorien „Messias" und „Judas Maccabaeus" erzielte, war in Deutschland noch nicht möglich.
Mit der Entfaltung der barocken Musikkultur erfolgte auch eine entscheidende Erweiterung der musikalischen Technik, eine Verbesserung der Instrumente und des Notendrucks und -verlags. Neue Instrumente wurden entwickelt und neue Instrumentierungen gefunden. Die Zahl der Musiker und Sänger stieg erheblich, ebenso auch ihr gesellschaftliches Ansehen.
In Deutschland hat sich die barocke Kunst später als in Süd- und Westeuropa durchgesetzt und nur langsam europäischen Rang und Selbständigkeit erreicht. In der Architektur zuerst im Werk Johann Bernhard Fischers von Erlach und Lukas von Hildebrandts, die seit den 1690er Jahren in Österreich, vor allem in Wien bauten: der eine Schloß Schönbrunn, der andere Schloß Belvedere. In Prag arbeiteten Vater und Sohn Dientzenhofer, in Dresden Daniel Pöppelmann und Georg Bähr. In Berlin begann schon 1688 Andreas Schlüter den Bau des Schlosses, in Würzburg 1720 Balthasar Neumann den der Residenz. Der barocke Kirchenbau in Bayern und Oberschwaben erlangte mit den Brüdern Asam, mit Dominikus Zimmermann und Johann Ulrich Fischer seine Blüte. Die Bauten, Plätze, Gärten dieser Zeit sind Zeugen eines ebenso hohen künstlerischen Willens wie technischen Könnens. Wurde dabei „Verschwendung" getrieben, so bedeutete diese Bautätigkeit doch auch Arbeitsbeschaffung, Förderung von Künstlern und Handwerkern. Durch die Fülle und Größe der Aufgaben wurden die schöpferischen Kräfte geweckt. Man darf daran erinnern, daß Bauwerke dieser Zeit bis heute zu den bedeutendsten architektonischen Anlagen gehören, die in vieler Hinsicht ohne Nachfolge geblieben sind. Man denke an Mannheim und Karlsruhe, an Herrenhausen bei Hannover und an Kassel-Wilhelmshöhe, aber auch an Bruchsal, Brühl, Donaueschingen, Pommersfelden, Nymphenburg – nicht zu vergessen Potsdam und Breslau.
Daß seit dem zweiten Drittel des 18. Jahrhunderts der Barock – zunächst in der Innenausstattung – in das Rokoko überging, bedeutet keineswegs nur Abgleiten ins Verspielte und Artistische, sondern zugleich Rücknahme des Pathetischen, größere Intimität, Erweiterung des Formenreichtums und in den besten Fällen eine unvergleichliche Verbindung von Intellektualität und Sinnlichkeit, Humanität und Perfektion. Das Rokokoschlößchen symbolisiert schon das Abrücken vom Pathos des strengen monarchischen Absolutis-

mus, und in der Rokokokirche stellt sich nicht mehr die Ecclesia triumphans dar, sondern eine „menschlicher" gewordene, weniger strenge Kirche, in die neben sinnenfreudiger Inbrunst allerdings auch Oberflächlichkeit ihren Einzug hielt.
Die barocke Plastik stand, von wenigen Beispielen wie dem berühmten Reiterstandbild des Großen Kurfürsten von Andreas Schlüter abgesehen, weithin im Dienste der Architektur. Im Rokoko hat sie in der Porzellankunst eine spezielle Blüte erreicht. Die Malerei brachte in Deutschland in der Architekturdekoration und im Dekkengemälde ihr Bestes hervor, während das deutsche Tafelbild hinter dem italienischen und niederländischen zurückblieb. Demgegenüber machte sich die Musik im 18. Jahrhundert zunehmend von italienischen und niederländischen Vorbildern frei. Mit Händel, den Bach-Söhnen und der Mannheimer Schule wirkte sie bereits nach außen und legte den Grund für die Entfaltung der großen Wiener Klassik im ausgehenden 18. Jahrhundert.
Herrschte am Kaiserhof in Wien zumindest bis zum Tode Karls VI. (1740) noch das steife spanische Zeremoniell, so setzte sich in anderen Teilen Deutschlands das Vorbild des Hofes und der höfischen Kultur von Versailles stilprägend durch. Charakteristisch dafür ist der französische Garten als Kunstanlage und Kulisse für eine geschlossene, mit ihrer eigenen Selbstdarstellung und Unterhaltung beschäftigte Gesellschaft. Streng geometrisch angelegt, setzte er die bauliche Anlage ins Freie fort, grenzte die gestaltete Natur aus der natürlichen aus und machte sie ebenfalls zur Anlage. Das Rokoko fügte eine verspielte Note, mit fremden Bäumen und Tieren, Pagoden und Teehäuschen auch eine exotische Komponente hinzu. Das Auftreten der Gesellschaft in Schloß und Garten, bei Fest und Jagd wurde selber zum Kunstwerk gemacht. Rang- und Kleiderordnungen, die es regulierten, Feste und Tagesordnungen, die es gliederten, machten das Leben am Hofe aufwendig; das Gewohnte und Geordnete wurde stets neu inszeniert und dekoriert, variiert und verziert. Die Gesellschaft am Hofe unterstand dem Zwang der Mode, des Rituals und eines elaborierten gesellschaftlichen Stils. Auch der Gottesdienst war in diese Lebensweise integriert, wie die Erziehung der zum höfischen Leben Bestimmten an ihren Anforderungen ausgerichtet war.
Die höfische Kultur hatte nichts Volkstümliches und war weit abgerückt auch vom bürgerlichen Leben in den Städten. Verstärkt wurde diese Distanz durch den Gebrauch der französischen Sprache und die Geringschätzung der deutschen wegen der ihr angeblich fehlenden Eleganz. Allerdings hat – wie schon im frühen 17. Jahrhundert durch die „Fruchtbringende Gesellschaft" (1617) und Mar-

tin Opitz' „Buch von der Deutschen Poeterey" (1624) – im Laufe des 18. Jahrhundert an einer wachsenden Zahl von kleineren Höfen die Pflege deutscher Sprache und Literatur eingesetzt – nicht erst unter dem Einfluß der Aufklärung. Im übrigen hatte das 17. Jahrhundert mit den heroischen oder Staats- und Heldenromanen Zeesens, Lohensteins und Anton Ulrichs von Braunschweig, welche umfangreiche Kompendien des Wissens und Lehrbücher des höfischen Lebens darstellten, eine deutschsprachige höfische Dichtung hervorgebracht, deren Ausläufer weit in das 18. Jahrhundert hineinragten.

Obwohl die Kunst und Dichtung des Barock stark formal gebunden und regelhaft blieb, haben in ihr doch individuelle und kollektive Erfahrungen ihren Ausdruck gefunden: Leid, Verzweiflung und die resignierte Überzeugung von der Scheinhaftigkeit der Welt wie auch mystische Inbrunst. Allerdings in tradierten Formen, die von Kunstlehre, Rhetorik und Poetik als der jeweils darzustellenden Wirklichkeit angemessen vorgeschrieben wurden. Die Gattungen spiegelten, nach der Ästhetik der Zeit, die Ordnung der Dinge wider; sie zu erhalten oder wieder in Kraft zu setzen, war das Bedürfnis der Menschen einer Epoche, denen die Erfahrung der Erschütterung von Ordnung und Sicherheit im Rücken stand.

3. Wissenschaft, Bildung, Erziehung

In der Geschichte der Wissenschaft gehört das 17. Jahrhundert zu den großen Epochen. Auf seinen Erfindungen, Entdeckungen und denkerischen Neuansätzen hat das 18. Jahrhundert weitgehend aufgebaut, vieles weitergedacht, verallgemeinert, umgesetzt und angewendet. Diese Entwicklung läßt sich sicherlich nicht im Hinblick auf ein einzelnes Land, eine Nation verfolgen; spielten doch für sie politische und selbst konfessionelle Grenzen kein unübersteigbares Hindernis. Im Großen gesehen traten jedoch die protestantischen Länder, vor allem Genf, England und die Niederlande, mehr und mehr in den Vordergrund. Wenn der deutsche Beitrag zur Gesamtentwicklung relativ gering blieb, so ist die Erklärung dafür in dem langen Vorherrschen religiöser Fragen im 16. Jahrhundert, in dem wirtschaftlichen und kulturellen Rückfall durch den Dreißigjährigen Krieg, in der fehlenden oder doch vergleichsweise geringeren Herausforderung durch Schiffahrt und Überseehandel, in dem schwachen Inlandmarkt und den verkrusteten gesellschaftlichen Verhältnissen zu suchen. Lange noch dominierte der umständliche

Stil späthumanistischer Gelehrsamkeit, während Geist und Methoden der experimentierenden Naturforschung nur mühsam Resonanz fanden.

Grundlegend für das wissenschaftliche Denken im 17. Jahrhundert war die Mathematik. Ihre wesentlich im Dienste der Astronomie stehende Entwicklung hatte mit Kopernikus' „De revolutionibus orbium coelestium" (in endgültiger Form 1543) eingesetzt und über Keplers Berechnungen der Planetenbahn zu Beginn des 17. Jahrhunderts zu Isaac Newtons Gravitationstheorie und Infinitesimalrechnung (in den 1660er Jahren) und zu Leibniz' Entwicklung der Differentialrechnung geführt. In Verbindung damit stand der Fortschritt in der Optik (Galilei, Newton, Huyghens) und in der Mechanik (Torricelli, Boyle, Guericke). Harvey mit seinen Untersuchungen des Blutkreislaufs und Leeuwenhoeck mit seinen Arbeiten zur Mikrobiologie legten noch in der ersten Jahrhunderthälfte das Fundament für die moderne Biologie, Physiologie und Medizin. In diesem Prozeß emanzipierte sich das wissenschaftliche Denken vom Primat der Theologie, wenn auch die einzelnen Forscher meist glaubten, nicht in einen Gegensatz zur geoffenbarten christlichen Wahrheit zu treten, sondern sie besser zu verstehen. Erwies sich nicht in den gesetzmäßigen, durch Gravitation bestimmten, berechen- und meßbaren Bewegungen der Planeten die große, auf Gottes Einrichtung der Welt beruhende Ordnung des Universums? Fanden die den Menschen angeborenen Ideen nicht ihren reinsten Ausdruck in den mathematischen Gesetzen? Mußten deshalb nicht in der mathematischen Struktur und der mechanischen Bewegung des Universums geradezu Gottesbeweise gesehen werden? Diese Gedanken machte René Descartes zur Grundlage methodischen „wissenschaftlichen" Denkens, des Suchens nach distinkter Erkenntnis durch methodischen Zweifel und des Ausklammerns metaphysischer Erklärungen. In der zweiten Hälfte des 17. Jahrhunderts hat sich der Cartesianismus stark ausgebreitet, in Deutschland erst im 18. Jahrhundert. Aber dann hatten schon Gegenbewegungen eingesetzt. Dazu gehörte, besonders durch Newton, die Betonung der Beobachtung und das Vorgehen auf induktivem Wege von der untersuchten Einzelerscheinung zur allgemeinen Ursache.

Daß auch in Deutschland der Typ des experimentell vorgehenden Entdeckers von Naturgesetzen im 17. Jahrhundert nicht ganz gefehlt hat, beweist Otto von Guericke, Bürgermeister von Magdeburg, gelernter Jurist und Diplomat mit beträchtlichem Vermögen, das er für seine Versuche einsetzte. Bezeichnenderweise ging seine Entdeckung des Vakuums von kosmologischen Fragestellungen aus und führte zu praktischen Konsequenzen. Die berühmte Vorführung seines Versuchs vor dem Reichstag in Regensburg 1654 – sechzehn Pferde auf jeder Seite versuchten die Halbkugeln auseinanderzuziehen – ist allerdings eher eine wissenschaftsgeschichtliche Episode gewesen. Überragende wissenschaftliche Gestalt in Deutschland und einer der bedeutendsten Köpfe zwischen Mittelalter und moderner Welt war Gottfried Wilhelm Leibniz (1646–1716). Promovierter Jurist, Diplomat im Dienste des Mainzer Kurfürsten, Gelehrter, der mit den führenden Gelehrten und Forschern der Zeit in Verbindung trat, beschäftigte er sich mit Philosophie, Mathematik, Mechanik, Physik, Physiologie und Chemie. 1685 trat er als Hofrat und Bibliothekar in hannoverschen Dienst und übernahm es, mit einer großangelegten Geschichte des welfischen Hauses dessen politische Ansprüche zu begründen. Er war zugleich Wissenschaftsorganisator und Anreger großen Stils, legte Vorschläge zur Sicherung eines dauerhaften Friedens und zur Wiederzusammenführung der Konfessionen auf der Grundlage einer natürlichen Theologie vor. 1700 wurde er der erste Präsident der wesentlich nach seinen Plänen errichteten „Societät der Wissenschaften", der nachmaligen Königlich Preußischen Akademie der Wissenschaften zu Berlin; entsprechende Einrichtungen in Wien, Dresden und Petersburg hat er in Vorschlag gebracht. Als universaler Kopf, der einerseits noch das „pansophische" Ideal der Einheit aller Wissenschaften im Sinne einer „mathesis universalis" weiterführte, leitete er andererseits zur Umsetzung der Wissenschaft in die Praxis und zu einem Stil der Gelehrsamkeit über, der dem 18. Jahrhundert angehört. Er blieb Philosoph und seine Welterklärung im Grunde metaphysisch: Gott ist nicht erste Ursache, sondern zureichender Grund für Ursachen, oberste Monade; die Welt funktioniert mechanistisch, läßt sich aber nicht selber mechanistisch erklären; sie ist die beste aller möglichen Welten, weil ihre prästabilierte Harmonie notwendiger Ausdruck der Ordnung aller Monaden in Raum und Zeit ist. Sein Wirken stand *vor* der Entwicklung der wissenschaftlichen Einzeldisziplinen, aber er wies ihnen auch die Richtung. Überzeugt davon, daß Wissenschaft alle Bereiche des menschlichen Denkens, Tuns und Verhaltens umfasse und daß sie vom Staat gefördert werden müsse, glaubte er – wie auch Newton und im Prinzip alle bedeutenden Denker des 17. Jahrhunderts –, daß die Methode wissenschaftlicher Erkenntnis einheitlich sei.

Leibniz repräsentierte beispielhaft die Dynamik und wachsende Selbständigkeit des wissenschaftlichen, auf Praxis und Anwendung zielenden Denkens in Europa. Nicht zu Unrecht hat man von einer wissenschaftlichen „Revolution" gesprochen, die den politischen, wirtschaftlichen und gesellschaftlichen „Revolutionen" zeitlich voranging. Die Auseinandersetzung zwischen den Vertretern des „Alten" und des „Neuen" gehörte zu den Erscheinungen der Zeit, und zwar in allen Bereichen des Wissens, des Verhaltens und Tuns. Veränderungen nach rationalen Prinzipien, auf Grund des experimentell erwiesenen Richtigen unter Abstoßung von Lehrmeinungen, die dem methodischen Zweifel und der systematischen Untersuchung nicht standhalten: Fortschritt also wurde ein Ziel, das sich freilich weit in die Zukunft erstreckte, weil die Menschen in ihrer großen Mehrheit dafür noch nicht reif waren. Selbst unter denen, die in der Naturerkenntnis den Schritt zu modernen Auffassungen taten, zögerten viele, ihn auch im Bereich des sozialen und politischen Lebens zu tun. Aber auch hier war er nicht aufzuhalten. Thomas Hobbes wandte die cartesianische Methode auf die Betrachtung der Gesellschaft an, Spinoza entwickelte eine rationale Ethik; Christian Thomasius baute im Anschluß an Pufendorf, Leibniz und Hobbes das Naturrecht weiter aus, und Christian Wolff, bei dem sich tradierter Aristotelismus mit leibnizschem Systembedürfnis verband, arbeitete an einem geschlossenen, logisch konsequenten rationalen System, das Natur, Gesellschaft und Religion umfaßte. Er wurde einer der großen Anreger für systematische Zusammenfassungen des Wissens – so in Zedlers großem „Universallexikon" – und des Rechts – so in den großen Kodifikationen des späten 18. Jahrhunderts. Weist das Werk Wolffs einerseits zurück zum universalistischen Interesse des Barock, so andererseits mit seinen rationalen Ordnungsprinzipien und seiner praktischen Absicht voraus zur Aufklärung.

Zur Entwicklung des wissenschaftlichen Denkens und der wissenschaftlichen Praxis gehörte sowohl die europäische Gelehrtenrepublik als auch das wachsende Interesse der Öffentlichkeit an den Ergebnissen der Wissenschaft und damit ein schnell wachsendes Publikationswesen. Themen und Resultate der wissenschaftlichen Diskussion und Forschung fanden zunehmende Aufmerksamkeit unter den Gebildeten, und vor allem die Naturwissenschaften konnten zum modischen Gegenstand der Unterhaltung in der Hofgesellschaft werden, während sie an den älteren Universitäten lange auf Ablehnung stießen. Auf ihnen wurden – in den drei Fakultäten der Theologie, der Jurisprudenz und der Medizin – tradiertes Wissen und herrschende Lehrmeinungen weitergegeben; die artes liberales galten als Propädeutik, Naturwissenschaften hatten noch keinen Platz. Die Professoren trugen noch lange in lateinischer Sprache vor und die Studenten schrieben mit; das gesamte Leben der Universität war durch einen gelehrt-zünftigen Stil geprägt. Einen Wandel brachten erst die Gründungen von Halle (1694) und

Göttingen (1734/37). Zwar gab es auch an diesen Hochschulen zunächst noch keine Naturwissenschaften; aber wie in Halle schon früh die Kameralistik als neue Disziplin gelehrt wurde, so ist in Göttingen im Rahmen der schnell zu eigenem Gewicht gelangenden Philosophischen Fakultät der Raum für die Entfaltung naturwissenschaftlicher Ausbildung vorbereitet worden. Wichtiger war für die Naturwissenschaften die Organisationsform der Akademien. Zuerst während der Renaissance in Italien aufgetreten, kamen sie in Frankreich und in England zur Blüte. 1652 wurde aus privater Initiative einiger Ärzte in Schweinfurt eine Akademie der Naturforscher gegründet und nach dem privilegienerteilenden Kaiser „Leopoldina" benannt, welche noch heute (seit 1879 in Halle) in hohem Ansehen steht. 1700 entstand die Berliner Akademie, 1751 die Akademie der Wissenschaften in Göttingen, 1759 die Bayerische Akademie der Wissenschaften.

Experimentell vorgehende Erforschung der Natur entwickelte sich als Tun von einzelnen oder kleinen Gruppen in Studierzimmern und frühen Laboratorien, die keine Alchimistenküchen oder Astrologenkammern mehr waren. Nicht selten wurde sie von Fürsten und reichen Adeligen und Bürgern gefördert. Mit dem Interesse an Naturerscheinungen entfaltete sich gleichzeitig das Interesse an fremden Ländern, Völkern, Religionen, Sitten und Verfassungen. Es bildete sich neben der Rechtswissenschaft die wissenschaftliche Beschäftigung mit Wirtschaft, Landes- und Staatskunde aus, die im späteren 18. Jahrhundert oft als „Statistik" bezeichnet worden ist.

In diesem Jahrhundert traten Chemie, Geologie, Biologie und Anthropologie zunehmend in den Vordergrund. Die Physiker beschäftigten sich mit Problemen der Elektrizität, in der Mechanik mit der Dampfkraft; in der Metallurgie ging es um die Verwendung von Kohle für die Erzeugung von Eisenerz. Die Tendenz zur umfassenden Systematisierung und Klassifizierung, die im „Systema Naturae" des schwedischen Botanikers Carl von Linné 1735 ihren Höhepunkt erreichte, wurde schon bald darauf von der entwicklungsgeschichtlichen Betrachtung in der „Histoire naturelle" Buffons abgelöst. Parallel dazu hat im 18. Jahrhundert auch die Betrachtung der Kultur, des gesellschaftlichen Lebens der Menschen unter dem Aspekt der Entwicklung eingesetzt. Von einer selbständigen Geschichtswissenschaft kann zwar noch immer nicht gesprochen werden; in der Kirchen- und Rechtsgeschichtsschreibung, in der Frage nach den geschichtlichen Voraussetzungen der gegenwärtigen Verfassung, im systematischen Sammeln von Urkunden bildeten sich aber die Anfänge der Geschichtswissenschaft.

Seit der 2. Hälfte des 17. Jahrhunderts nahm die Zahl der nicht mehr lateinisch gedruckten Bücher und Schriften zu. Zahlen liegen erst für eine spätere Zeit vor: 1714 628 Neuerscheinungen in Deutschland, 1800 aber schon 3900! 1682 hatten in Leipzig die „Acta Eruditorum" zu erscheinen begonnen, bereits 1688 gab Christian Thomasius die erste deutschsprachige Zeitschrift heraus. Im Laufe des folgenden Jahrhunderts hat sich das allgemeine, populär- und fachwissenschaftliche Zeitschriftenwesen verbreitet und im letzten Drittel erstaunliche Zahlen erreicht. Eine Zeitung erschien in Leipzig schon 1660 dreimal in der Woche! Die weitere Entwicklung führte im 18. Jahrhundert zur Trennung der Intelligenzblätter von den reinen Nachrichtenzeitungen. Man erkennt die Ausbildung eines Lesepublikums, das sich langsam verbreiterte. Im Adel, aber auch im städtischen Bürgertum wuchsen die Bildungsinteressen, und es erweiterte sich die Gruppe derjenigen, für die eine gelehrte Bildung zur Bedingung ihrer beruflichen Tätigkeit gehörte.

Das 17. Jahrhundert hat nicht nur Durchbrüche zum modernen Denken gebracht, sondern auch Grundlagen für ein neues Erziehungswesen geschaffen. Es war das Jahrhundert der Begründung der neuzeitlichen Pädagogik. Die Vorstellungen vom Inhalt und Ziel der Erziehung veränderten sich mit der Philosophie, mit dem Wandel in der Auffassung von der Natur und der Bestimmung des Menschen und seiner Stellung im Kosmos. Ging die Intention der Erziehung zu Beginn des Jahrhunderts dahin, den Menschen darauf vorzubereiten, die Absichten Gottes zu erkennen und zu übernehmen, so richtete sie sich später darauf, ihn zu befähigen, seine eigenen Absichten zu verwirklichen. Die Unterweisung des Menschen mit dem Ziel, das Böse von ihm fernzuhalten, das Gute in ihm zu entfalten und ihn zum Wissen zu bringen, wurde zur Lehrkunst, zur Didaktik. Man hat das 17. Jahrhundert das Zeitalter der Didaktik genannt, das achtzehnte dagegen das der eigentlichen Pädagogik.

Der Weg, der dabei zurückgelegt wurde, kann mit den Namen von Johann Amos Comenius und Johann Heinrich Pestalozzi bezeichnet werden. Comenius wollte Welt und Menschen durch die Verbreitung von Kenntnissen verbessern und dazu alles Wissen seiner Zeit in einem großen Werk nicht nur enzyklopädisch zusammentragen, sondern im Rückgriff auf Gott und die Vernunft verbinden (Pansophia). In seiner „Didactica Magna" entwarf er das Konzept einer Erziehung, die auf das Verständnis der Schüler abgestellt ist und sich in verschiedenen Stufen vom Kleinkindalter bis zum vierundzwanzigsten Lebensjahr erstreckt. Hier kam ein neues Verständnis des Wissens und ein neues Selbstverständnis des Menschen zur

Geltung: er wird begriffen als jemand, der die Möglichkeit hat, aus seinem Willen Zwecke zu setzen, für die er verantwortlich ist und zu deren Erreichung er des Wissens bedarf. Diese Auffassung konnte zur einseitigen Überschätzung des Gedächtniswissens führen und die Didaktik zur bloßen Technik der Wissensvermittlung machen. Dagegen haben sich die stärkere Betonung der Selbsterkenntnis und die Forderung erhoben, der Mensch müsse alles Wissen zu sich selber in Beziehung setzen, um in der Reflexion sich der eigenen individuellen Existenz bewußt zu werden. Damit trat die Unterweisung des Willens, also Erziehung im eigentlichen Sinne, in den Vordergrund. Als ihre Aufgabe wurde die Vervollkommnung des Menschen als Menschen, die Menschlichkeit verstanden.

Wenn die Pädagogen überzeugt waren, daß alle Menschen der Erziehung, also der Schule bedürfen, so wollten sie doch nicht die sozialen Verhältnisse ihrer Zeit verändern. Die Menschen sollten vielmehr für ihren jeweiligen Stand und ihre gesellschaftliche Rolle erzogen werden. Während für die Volksbildung noch sehr wenig getan wurde, galten für die oberen Schichten die Erziehungs- und Ausbildungsziele des Welt- und Hofmannes und des Gelehrten. Neben die Gelehrtenschule trat die Ritterakademie, und als im 18. Jahrhundert Adelssöhne zunehmend die Universität besuchten, legte man Wert darauf, daß an ihrem Rande als Einrichtungen der weltmännischen Bildung Tanz-, Fecht- und Reitschulen entstanden.

In diesem Zusammenhang ist auch auf die Entstehung der Gymnasia illustria hinzuweisen. Größere Gelehrtenschulen wurden in Ausbildungsanstalten für höhere Staatsdiener umgewandelt, die ein weltmännisches Bildungskonzept befolgten. Die klassischen Sprachen traten gegenüber den neueren, vor allem dem Französischen zurück; Landeskunde und Politik, aber auch praktisches Wissen gewannen an Geltung, der pedantische Schul- und Universitätsbetrieb älterer Zeit verfiel dem Spott. Leitender Gesichtspunkt der Ausbildung an Ritterakademien und Gymnasia illustria waren Nützlichkeit und Brauchbarkeit des Gelernten in einer adelig-höfisch geprägten, zunehmend sich verstaatlichenden Welt. So sehr sich diese Bildung von der älteren theologisch-humanistischen entfernte – man kann sie dennoch keineswegs schlechthin säkularisiert nennen. Im katholischen Deutschland verstanden gerade die Jesuitengymnasien, sie mit der kirchlichen Bildung zu verbinden, und im protestantischen Deutschland hat es interessante und wirksame Symbiosen des neuen Bildungsideals mit der neuen Form des religiösen Lebens, dem Pietismus, gegeben.

Daß Erziehung und Schule schon früh in ihrer politischen Bedeutung erkannt wurden, bezeugen bereits die Kameralisten des 17. Jahrhunderts. 1668 heißt es in Johann Joachim Bechers „Methodus didactica", es könne den Regenten und Herren nichts Besseres und Nötigeres vorgeschlagen werden als eine „gute Auferziehung der Jugend", denn sie sei das „Fundament und vornehmste Maxime des Staats". Tatsächlich haben sich Fürsten und Regierungen zunehmend für die Schule interessiert. In protestantischen Staaten galt es seit der Reformation als eine der wichtigsten Pflichten des Landesherrn, dafür zu sorgen, daß Katechismus, Gesangbuch und Bibel gelesen und künftige Pfarrer gut ausgebildet wurden. Schon 1598 hatte die Straßburger Kirchenordnung eine gesetzliche Schulpflicht eingeführt; im 17. Jahrhundert wurden die Schulordnungen häufiger, die den Schulbesuch anordneten, zuerst wohl 1619 in Weimar, 1642 in Gotha. Obwohl sie noch lange nicht realisiert wurden, darf man hier die Anfänge der allgemeinen Volksschule erkennen. Protestantische Staaten, und unter ihnen die kleineren, sind vorangegangen, vor allem Sachsen-Gotha unter Herzog Ernst dem Frommen. Hier wie noch stärker in Brandenburg-Preußen, wo Friedrich Wilhelm I. 1716/17 die allgemeine Schulpflicht einführte, verbanden sich mit den religiösen und pädagogischen Antrieben starke staatswirtschaftliche Interessen. Durch das Generallandschulreglement von 1763 wurde die Schulpflicht vom 5. bis zum 13./14. Lebensjahr festgelegt. – Neue Anstöße für den Ausbau des Schulwesens sind von Pietismus und Aufklärung ausgegangen: beide eigentlich pädagogische Bewegungen! Wesentlich durch sie ist der Mensch, der Bürger, der Patriot zum Bildungsideal geworden.
Die Schulpraxis freilich blieb auch im 18. Jahrhundert weit hinter allen Verordnungen zurück. Auf dem Lande wurde regelmäßiger Schulbesuch nirgendwo erreicht; der Unterricht beschränkte sich im wesentlichen auf religiöse Unterweisung, etwas Lesen, Schreiben, Gesang und einfaches Rechnen. Es fehlte an Schulhäusern und Lehrern; diese waren schlecht oder gar nicht ausgebildet; in größeren Dörfern oder Städten unterrichteten oft Küster und Kantoren. In der Regel waren Lehrer so schlecht gestellt, daß sie sich durch handwerkliche Nebentätigkeit erhalten mußten. Armut und Gleichgültigkeit der Eltern trafen oft mit Eigennutz und Gleichgültigkeit der Grund- und Gutsherren und mit der Unfähigkeit der Regierenden zusammen, auf der dörflichen Ebene ihre Anordnungen durchzusetzen. Im wesentlichen sind es die Pfarrer gewesen, die sich um den Unterricht, die Auswahl und Instruktion der Lehrer bemühten. In katholischen Gebieten haben auch die Klöster manches für die Volksbildung getan. In den Städten existierten neben den

gehobenen Lateinschulen zahlreiche private Schulen. Diese „Winkelschulen" mit nicht selten beträchtlichen Schülerzahlen, oft unausgebildeten Lehrern und meist unzulänglicher Unterbringung, dürfen gleichwohl in ihrer Bedeutung nicht gering geschätzt werden; stellten sie doch die einzigen außerfamiliären Bildungseinrichtungen für die unteren Bevölkerungsschichten dar. Öffentliche Schulen, also einerseits Armenschulen, andererseits von den städtischen Behörden anerkannte und geförderte (nicht finanzierte!) Elementarschulen, sind vor dem späten 18. Jahrhundert nur selten anzutreffen. In dieser Zeit trat auch die sog. Realschule auf: ein neben die Latein- und Gelehrtenschule tretender Schultyp, der den Bedürfnissen der unteren und mittleren Schichten des städtischen Bürgertums entsprach. Die Anfänge gehen nach Halle zurück, wo schon im frühen 18. Jahrhundert mathematische, naturkundliche, mechanische und handwerkliche Kurse abgehalten wurden; vom Franckeschen Pädagogium kam Johann Julius Hecker, der 1735 Inspektor des kgl. Waisenhauses in Potsdam wurde und 1747 als Berliner Pfarrer die ökonomisch-mathematische Realschule gründete – eine Gewerbeschule, an der auch künftige Lehrer ausgebildet wurden. Hecker ist auch der Verfasser des preußischen Generallandschulreglements von 1763 gewesen.

Auch die Anfänge einer politischen und praktisch orientierten Bildung lassen sich seit der 2. Hälfte des 17. Jahrhunderts erkennen. Veit Ludwig von Seckendorff, der Verfasser des berühmten Buches „Vom Teutschen Fürstenstaat" (1665), war der Ansicht, daß jeder das lernen sollte, was ein „künftiger Hausvater, Bürger und Inwohner des Landes" in allen Ständen von der Beschaffenheit „natürlicher und vernünftiger Sachen ... des Landesregiments" mit Nutzen wissen und gebrauchen könne. Die gothaische Schulordnung kannte eine Bürgerlehre als Fach; es erschienen Handbücher der Staats-, Ämter- und Berufslehre. Der Zittauer Gymnasialdirektor Christian Weise legte 1675 und 1688 Bücher über den klugen Hofmeister und den politischen Redner vor. In ihnen entwickelte er eine Lehre des politischen Handelns als Leitfaden für die Regierungs- und Verwaltungspraxis, aber auch des Verhaltens in Ämtern und am Hofe und führte die „Politica" ins Gymnasium ein, weil die Kenntnis politischer Sachverhalte nützlich und interessant sei. Wenn das preußische Generallandschulreglement von 1763 die Unterweisung künftiger Lehrer im Seidenbau vorsah, so kam hier noch einmal der ökonomisch-politische Motivationszusammenhang zwischen der Entwicklung des modernen Staates und der Entwicklung des allgemeinen öffentlichen Schulwesens zum Ausdruck.

4. Pietismus

In den Vorschlägen, Plänen und Maßnahmen zur Verbesserung der Erziehung kam der Wandel zum Ausdruck, der durch die Entfaltung der Wissenschaften bewirkt wurde. Sie bedeuteten einen entscheidenden Schritt im Prozeß der zunehmenden Rationalisierung des sozialen Lebens und der Säkularisierung des Denkens. Mehr als die Reaktion auf das konfessionelle Zeitalter hat dieser Prozeß das religiös-kirchliche Leben auf die Dauer verändert. Im Protestantismus verloren Orthodoxie und Pastorenkirche an Einfluß, zunächst bei den Gebildeten. Sie begannen neue Wege der Vernunfts- und Herzensfrömmigkeit zu suchen, wobei sie die Vernunft als Fähigkeit zum Verstehen der Weisheit Gottes und der Wahrheit der Offenbarung, die Liebe, das Gefühl als Fähigkeit zur Erfassung der Liebe Gottes verstanden. Wenn Rationalismus und Pietismus, Aufklärung und Empfindsamkeit im Laufe des 18. Jahrhunderts – und noch mehr in der nachträglichen Interpretation – häufig als Gegensätze angesehen wurden, so gehörten sie doch eng zusammen. In beiden erfolgte die Freisetzung und Ermächtigung des Menschen zu selbständigem Denken und Fühlen – nicht im bewußten Gegensatz zur christlichen Offenbarungsreligion, sondern – so jedenfalls glaubten Aufklärer und Pietisten – in Übereinstimmung mit ihr. Beides drang in die Kirche selbst ein und wurde von Theologen vertreten. Evangelische Geistliche und ausgebildete Theologen gehörten zu den Wortführern der deutschen Aufklärung, und der Pietismus wurde zu einem Ferment sowohl innerhalb der Kirche als auch im geistigen Leben der Zeit.

Der Pietismus war nicht nur eine religiöse, sondern auch eine Bildungsbewegung; von ihm sind starke Impulse auf das Erziehungswesen ausgegangen. Aus dem Luthertum hervorgehend, strebte er eine Fortsetzung oder eine neue Reformation an. In ihr sollte gegenüber einer erstarrten Lehre das religiöse Leben und gegenüber dem Amt der Geist wieder zur Geltung gebracht werden. Der Glaube sollte nicht nur „rechter“, sondern lebendiger Glaube sein und sich in der Praxis, in der Liebe bewähren. Nicht mehr die Rechtfertigung, sondern die Wiedergeburt durch den Glauben stand im Mittelpunkt der Theologie. In den Schriften Luthers fanden die Suchenden individuelles Ringen um rechten Glauben und Sicherheit in dem als Gnade Gottes erfahrenen Glauben. Daneben wirkten die Traditionen des mystischen Spiritualismus, der, von der Orthodoxie erbittert bekämpft, in den Werken von Jakob Böhme, Johann Arndt und Johann Valentin Andreae im frühen 17. Jahrhundert seinen Ausdruck gefunden hatte. Im 18. Jahrhundert wurden auch

Einflüsse des englischen Puritanismus und des französischen Mystizismus und Quietismus aufgenommen. Philipp Jakob Spener und August Hermann Francke haben puritanische Erbauungsschriften geschätzt; bei Gottfried Arnold und Francke lassen sich vor allem in der Betonung einer selbstlosen, schweigenden Liebe zu Gott, die dem Menschen gegenüber der Welt eine souveräne innerliche Freiheit verleiht, französische Einwirkungen erkennen.
Anfänge des Pietismus lassen sich bis zur Frömmigkeitsbewegung Johann Arndts zurückverfolgen, dessen Erbauungsschriften sehr verbreitet waren. Als Vorwort zu seiner Kirchenpostille erschienen 1675 die „Pia Desideria" Philipp Jakob Speners, des eigentlichen Begründers des Pietismus. Der verderbte Zustand der Kirche, so war er überzeugt, hat seine Ursache im Mangel an lebendigem Glauben; deshalb sei eine Wiedergeburt, vor allem der Pfarrer, nötig. Sie setze bessere Erziehung und Ausbildung und intensivere Bibellektüre voraus. Speners riesiger Briefwechsel und seine Schüler haben den Pietismus bis in die Schweiz und nach Skandinavien verbreitet. Auch die neue Universität Halle wurde davon ergriffen. Schon 1690 setzten allerdings auch heftige Auseinandersetzungen zwischen Pietisten und Orthodoxen in Leipzig, Erfurt, Hamburg, Gotha u. a. ein.
Einen neuen Akzent erhielt der Pietismus in Halle durch das Wirken Franckes. Er baute das 1695 von ihm gegründete sog. „Waisenhaus" mit staatlicher Unterstützung, privaten Spenden und Mitteln aus eigenen Wirtschaftsbetrieben zu einer umfassenden Schuleinrichtung aus, deren Wirkungen weit in den Adel hinein und geographisch bis nach Rußland, England und Nordamerika, Südafrika und Indien reichten. Halle wurde zum Ausgangspunkt innerer und äußerer Mission; die Bibel wurde hier ganz nach unternehmerischen Grundsätzen billig hergestellt und vertrieben. Die von Francke in Gang gesetzte Lehrerausbildung ist für die Lehrerseminare in Preußen beispielgebend geworden; viele an der Universität ausgebildete Theologen, Juristen und Kameralisten wurden vom Geist des tätigen hallischen Pietismus geprägt. In seiner praktischen Ausrichtung darf man ihn eine soziale Reformbewegung nennen, die zwar nicht die Gesellschaft in ihrer Struktur ändern, wohl aber die Menschen in ihren verschiedenen Ständen und damit auch die Gesellschaft insgesamt verbessern sollte. Die praxis pietatis sollte mit der beruflichen Ausbildung Hand in Hand gehen, damit der Christ „zu allem guten Werk geschickt und ausgerüstet" sei und alle Welt erkenne, daß es keine nützlicheren Menschen gebe, als „diejenigen, die Christo Jesu angehören". Franckes stärkste Wirkung ist eine ebenso religiöse wie pädagogische gewesen. Durch ihn wurden

Einflüsse von Ratichius und Comenius ins 18. Jahrhundert vermittelt. Er betonte das unablässige strenge Anhalten der Kinder zur Tätigkeit; in der Schulorganisation förderte er das Bürgerschulwesen und die praktische Ausrichtung des Unterrichts. Hier stand er der Aufklärung nahe, ebenso in seinem religiösen Ökumenismus. So hat Francke auf vielfältige Weise dazu beigetragen, die lutherische Orthodoxie zu überwinden, das religiöse Leben zu aktivieren, es enger mit der Praxis des profanen Lebens zu verknüpfen und ihm einen optimistischeren Zug zu geben.

Anders, aber nicht weniger wichtig war die Wirkung des Pietismus in Württemberg. Hier ging er auf Arndt und Andreae zurück und wies auch im 18. Jahrhundert trotz seines vorherrschend hausbacken-pädagogischen Charakters noch eine spekulativ-biblizistische Komponente auf. Johann Albrecht Bengel, sein wichtigster Vertreter, der strenge philologisch-textkritische Arbeit mit spekulativem Offenbarungsglauben verband, berechnete den Zeitpunkt der Wiederkehr Christi und des Anfangs des Tausendjährigen Reiches auf Erden mit anscheinender Exaktheit für das Jahr 1836! Sein originellerer Schüler Friedrich Christoph Oetinger fand im Begriff des „Lebens" den Unterschied zwischen Geist und Materie aufgehoben. Gegen den cartesianischen Rationalismus stellte er, an Jakob Böhme, die Pansophie des 17. Jahrhunderts, aber auch die neue Naturwissenschaft anknüpfend, eine philosophia sacra, die Gott in den Erscheinungen der Welt erkennt. Sein Kampf gegen den Rationalismus der Aufklärung hat weitreichende Wirkung gehabt, nicht zuletzt über das Tübinger Stift auf Schelling, Hegel und Hölderlin und durch sie auf den philosophischen Idealismus. Innerhalb der württembergischen Kirche hat der Pietismus das religiöse Leben und die Mentalität breiterer Bevölkerungsschichten tief geprägt. Nicht dieselbe Bedeutung hat er im reformierten Deutschland erlangt; wo er Fuß faßte, wie z. B. in Bremen und in Mülheim a. d. Ruhr, trug er mystisch-quietistische Züge.

Stark war der Einfluß des Pietismus auf Kirchenlied und Predigt und ganz wesentlich seine Bedeutung für die Beobachtung und Beschreibung der individuellen Entwicklung bis zur Erweckung. Hier wird eine Wurzel der modernen Autobiographie und der psychologisch vertieften Biographie sichtbar. Aus dem Geist des Pietismus stammt die „Lebensgeschichte" Heinrich Jung-Stillings, und ohne ihn sind weder Karl Philipp Moritz' „psychologischer" Roman „Anton Reiser" noch Goethes „Wilhelm Meister" und „Dichtung und Wahrheit" denkbar.

Man kann sich fragen, ob die Ausstrahlungen des Pietismus in den profanen Bereich hinein von 1740/50 an nicht wichtiger waren als die im kirchlich-religiösen. Es liegt auch die Vermutung nicht fern, daß der Pietismus durch seine Betonung des gottseligen Lebens des einzelnen, durch die Abkehr vom Amts- und Staatskirchentum zugunsten des Zusammenfindens in kleinen Gruppen von Gleichgesinnten die Säkularisation gefördert hat. Ist nicht durch das Interesse am neuen Menschen in der neuen Gemeinde die Frage nach Gott zurückgedrängt und das Wesen der Kirche verfehlt worden? Zugleich aber muß die durch den Pietismus bewirkte Vertiefung und Aktivierung des religiösen Gefühls hervorgehoben werden, mit der eine verstärkte Aufmerksamkeit für den einzelnen Menschen und seine seelische Entwicklung wie eine neue Bereitschaft zu brüderlicher Liebe verbunden waren, die beide – weit über den inneren Kreis der pietistischen Gemeinschaft hinaus – durch Predigt, Erbauungsschriften und Literatur, durch Bereicherung der Sprache und Sensibilisierung des sozialen Verhaltens für den kulturellen Prozeß von Bedeutung gewesen sind. Der Pietismus war keine Reaktion auf die Aufklärung, sondern eine Parallelbewegung. Beide haben zur Säkularisierung des Denkens und Verhaltens, aber auch zur Selbstvergewisserung des Menschen beigetragen, indem sie ihn zur Selbständigkeit des Denkens *und* Empfindens ermutigten. Beide haben sein Selbstgefühl und seine Ausdrucksmöglichkeiten erweitert. Einflüsse des Pietismus bis in die Sprache des Patriotismus und frühen Nationalismus hinein sind unverkennbar, vor allem in der Erfassung der politischen Gemeinschaft durch säkularisierte, dem Glaubens- und Frömmigkeitsbereich entstammende Begriffe.

Gewiß können die Empfindsamkeit und der Irrationalismus des 18. Jahrhunderts nicht allein dem Pietismus zugerechnet werden. Beide haben als europäische Erscheinungen ihren Ausgang von England genommen, wo Shaftesbury um die Jahrhundertwende Gefühl und Empfindung zu Grundlagen der moralischen und ästhetischen Erkenntnis und Erziehung erklärt und der schöpferischen Persönlichkeit, dem künstlerischen Genie das Recht zugesprochen hatte, die Regeln seines Werkes selber zu schaffen. Aus der englischen Literatur trat den kontinentalen Lesern die subjektive Gefühlsaussage der Trauer, des Schmerzes und der Todessehnsucht in vorher unbekannter Freiheit entgegen. Melancholie und Freundschaftskult entfalteten sich überall; man gab sich Stimmungen hin, um sich und die Welt in diesen neu zu erfahren. Damit konnten sich Zeitkritik, echte oder gespielte Kulturmüdigkeit und Ironie verknüpfen. Die Wirkung der die Gefühlswelt erschließenden, moralische und ästhetische Urteilsbildung formenden Werke von Arthur Young und Thomas Gray bis zu Samuel Richardson, Oliver Goldsmith und Lawrence Sterne, in denen zugleich eine für die Deutschen noch weithin unbekannte freie, kleinadelig-bürgerliche Lebens- und Denkweise begegnete, ist dann von derjenigen Jean-Jacques Rousseaus übertroffen worden, der die menschliche Innenwelt mit ihren Leidenschaften unmittelbar zum Ausdruck kommen ließ.

Wies die Empfindsamkeit in Deutschland einen pietistisch-quietistischen Zug auf, so die Aufklärung eine konservativ-religiöse Komponente. Beide Bewegungen entfalteten sich im Rahmen der überlieferten Ordnungen von Kirche, Gesellschaft und Staat, wollten nicht aus ihnen ausbrechen, sondern sie langsam von innen her verwandeln, durch rechtes Tun reformieren.

5. Aufklärung

In Deutschland ist die sog. „Aufklärung" später als in England und den Niederlanden, später auch als in Frankreich zur Geltung gekommen. Zu ihren Voraussetzungen gehörten – in europäischer Dimension – die Formierung einer kapitalistischen Marktordnung wie der beginnende Aufstieg bürgerlicher Schichten, die Ausbildung der Naturwissenschaften wie die Anfänge der historischen Textkritik, die Philosophie des Rationalismus wie die rationale Politik der souveränen Staaten. Bacon, Descartes, Hobbes, Spinoza, Leibniz und Thomasius hatten den Weg gebahnt; die Aufklärung setzte ihre Gedanken in eine allgemeine Denkweise um, in ein Programm des Handelns, das alle Bereiche des sozialen und kulturellen Lebens umfassen sollte. Beherrschende oder doch treibende Kraft ist sie in Deutschland allenfalls nach 1763 geworden; natürlich aber reichen die Anfänge weiter zurück und weisen schon dort im Zusammenhang der europäischen Aufklärung ein eigenes Profil auf. Leibniz' Universalismus, seine Weltdeutung als Theodizee, sein Optimismus, nämlich die Überzeugung, daß die Welt die beste der möglichen Welten sei und alles zur Vollkommenheit strebe, und seine Überzeugung, daß der wahre Fortschritt der Menschheit im Fortschritt der Erkenntnis bestehe, haben grundlegende Bedeutung für das deutsche Aufklärungsdenken behalten und über dieses hinaus auf die Weltanschauung der Klassik und die großen Systemversuche des philosophischen Idealismus gewirkt.

War Leibniz noch ein Metaphysiker, so klammerte die Aufklärung die Metaphysik aus der vernünftigen Erkenntnis aus. Sie suchte eine rationale Welterklärung und wollte auch das praktische Handeln des Menschen zu einem vernunftgeleiteten machen. So erhielt die Philosophie praktische Funktion; Wahrnehmung wurde Grundlage der praktischen Erkenntnis, die Psychologie wichtiger als die Logik. Am Anfang der Aufklärungsphilosophie in Deutschland standen Samuel Pufendorf, Christian Thomasius und, jene an Einfluß weit überragend, Christian Wolff in Halle. Von der Mathematik ausgehend bemühte er sich, die Philosophie durch klare Begriffe und Beweise zu einer gesicherten und nützlichen Wissenschaft zu machen. Im Anschluß an Leibniz, Descartes und die englischen Philosophen entwickelte er systematisch ein rationalistisches Lehrgebäude, ein System der Wissenschaften, also der Disziplinen der Erkenntnis der Welt. Philosophie hat es mit den möglichen Dingen zu tun, sofern sie widerspruchsfrei möglich sind; die Tatsachenwissenschaft mit den wirklichen Dingen. Die Offenbarung kann diesem System der Vernunft nicht widersprechen, sondern sie allenfalls übersteigen, ebenso die Religion die Ethik wohl krönen, aber nicht begründen; soweit die Religion Gegenstand der Erkenntnis ist, muß sie rational begriffen werden.

Bis zu Kants großen Kritiken, die die Grundlagen des dogmatischen Rationalismus erschütterten, hat Wolffs System in der deutschen Schulphilosophie eine dominierende Rolle gespielt. Seine Schüler haben es kaum wirklich weiterentwickelt, wohl aber in der praktischen Philosophie und der Psychologie zur Geltung gebracht. Von hier sind seine Wirkungen in das politische und das Rechtsdenken des 18. Jahrhunderts eingegangen. Daneben entwickelte sich die für dieses Jahrhundert charakteristische, in ihrer Breitenwirkung kaum zu überschätzende „Popularphilosophie". Ihr ging es vor allem um wirklichkeitsnahe Fragen der Moral, des Seelenlebens, der praktischen und vernünftigen Lebensbewältigung – um Glückseligkeit und Nützlichkeit. Sie hat auch in Deutschland die Grenze zwischen Philosophie als strenger Wissenschaft und philosophierender Schriftstellerei überschritten und eine philosophisch geprägte, argumentative und reflektierende Sprache und die kleine Form der gemeinverständlichen Abhandlungen, Beschreibungen, Traktate, Dialoge etc. entwickelt, die eine zunehmende Leserschaft erreichten.

Zur Aufklärung gehörten ganz wesentlich die Ausweitung des Buchdrucks, die steigende Zahl der Schriftsteller, aber auch der Leser, also die Entstehung eines breiteren Publikums. Im Kommunikationszusammenhang von Schriftsteller und Publikum formierte sich die „Aufklärungsgesellschaft" auf der Grundlage eines lockeren Konsensus der Auffassungen und Meinungen, einer bestimmten

Denkhaltung und Aufmerksamkeit für Probleme des praktischen Lebens, einer Sensibilität für psychologische, moralische, ästhetische und politische Fragen, und zwar über staatliche, nationale und konfessionelle Grenzen hinweg. Das Zeitalter der Aufklärung ist ein schreibendes und lesendes, räsonnierendes, rezensierendes und ein kritisierendes gewesen. Die Zahl der Bücher und Zeitschriften wuchs außerordentlich; Buchdruck und Buchhandel, Übersetzungen, Besprechungen: es bildete sich jener Komplex des literarischen Lebens und der Publizistik aus, der für die moderne Gesellschaft charakteristisch ist. Wenn die deutsche Entwicklung auch hier hinter der englischen und französischen zeitlich zurückstand, so hat im letzten Drittel des Jahrhunderts die Literatur als Medium der Weltkenntnis, des sozialen Bewußtseinswandels, der Bildung, der „Aufklärung" für die Deutschen eine überragende Bedeutung bekommen.

Charakteristische Organe der Vermittlung aufgeklärter Vorstellungen in den beiden ersten Dritteln des Jahrhunderts waren die „Moralischen Wochenschriften". Nach englischem Vorbild erschien 1713/14 in Hamburg der „Vernünfftler" – weithin ein Auszug aus „Tatler" und „Spectator"; bald aber nahmen die oft nur kurzlebigen Zeitschriften dieses Typs schnell zu. Ihre Titel sind durchweg appellativ gemeint – „Der Bürger", „Der Patriot", „Der Menschenfreund", „Der Weltbürger", „Der Freygeist", daneben „Der Einsiedler", „Der Redliche", „Der Träumer", „Briefe", „Anmerkungen" etc. – und auf direkte Ansprache des Lesers angelegt; nicht Aktualität ist die Absicht, sondern moralische Belehrung und Unterhaltung, um die Glückseligkeit der Menschen zu fördern. Gelesen wurden sie von Teilen des Adels, vor allem aber von den Bürgerlichen, welche in der „Botschaft der Tugend" (W. Martens) eine Bestätigung ihres Selbstwertgefühls fanden, dem im gesellschaftlichen Gefüge der Zeit noch so wenig Platz zukam. Nicht zuletzt wurden sie von Frauen und Mädchen gelesen, die von den Wochenschriften besonders gern angesprochen wurden. Und in der Tat kann man in ihnen ein neues, von diesen Zeitschriften geschaffenes Leserpublikum sehen. Gerade ihnen bedeutete die Lektüre eine Erweiterung ihres Lebenskreises und eine indirekte Teilnahme an der Diskussion über Fragen, die sie selber angingen: über häusliche und gesellschaftliche Tugend, Kindererziehung, Nützlichkeit und Vorteil der Bildung gerade auch für Mädchen.

In ihrem Kern wie in ihren Erscheinungsformen war die Aufklärung ein Erziehungsprogramm mit dem Zweck, einen umfassenden Prozeß der Befreiung der Menschen von unverstandener Autorität, des Lernens und Selbständigwerdens im Denken und Handeln in Gang zu setzen: einen Prozeß letztlich der Selbsterziehung, der aber, nach Auffassung der Aufklärungsschriftsteller, durch Einrichtungen der Gesellschaft und des Staates gefördert, ja ermöglicht werden muß. Regierung und Verwaltung müssen selber aufgeklärt sein und begreifen, daß die Grundsätze einer guten Erziehung in der Natur des Menschen und in der Gesellschaft ruhen, insofern seine Möglichkeiten prinzipiell mit den rechtverstandenen Bedürfnissen einer vernünftig geordneten Gesellschaft identisch sind. Ziel aufgeklärter Erziehung ist der vernünftig denkende und handelnde Mensch, Bürger und Patriot, der *in* seinem sozialen Stande und seiner Gemeinschaft aus Einsicht handelt, sich nützlich macht, aber auch anderen hilft, selbständig zu werden und nützlich zu handeln. Solche Erziehung hebt soziale Unterschiede nicht auf, interpretiert sie jedoch anders, nämlich funktional im Hinblick auf die Aufgaben, die der einzelne ausfüllen soll, und schon dadurch kann sie erhebliche Energien auslösen und Zukunftserwartungen wecken. Ihrer Erfüllung hat allerdings nicht nur die deutsche politisch-soziale Realität entgegengestanden, sondern auch die Aufklärungspädagogik selber, deren Praxis im wesentlichen darauf gerichtet blieb, die Menschen für die Erfüllung nützlicher Funktionen in der Gesellschaft vorzubereiten. Dabei kamen auch Tendenzen der Erziehungsdiktatur zur Geltung, insofern die Aufklärung pädagogisch zu der Überzeugung neigte, daß die Menschen zu ihrem Wohl und ihrer Glückseligkeit angehalten, ja genötigt werden dürften. Das war auch das Selbstverständnis aufgeklärter Regierungen, die ihre Aufgabe als wohlgemeinte vormundschaftliche Anleitung und Erziehung begriffen. Zu stärkerer praktischer Wirkung ist die pädagogische Komponente der Aufklärung in Deutschland allerdings auch erst im letzten Drittel des Jahrhunderts gekommen. Der sog. „Philanthropismus" begann mit einer 1768 erschienenen Schrift Basedows, die den bezeichnenden Titel trug: „Vorstellung an Menschenfreunde und vermögende Männer über Schulen, Studien und ihren Einfluß auf die öffentliche Wohlfahrt."

Den Fragen der gesellschaftlichen und politischen Ordnung hat sich die Aufklärung auf der ganzen Breite zugewandt: der Staatsform und der Rechtsordnung, dem Gerichtswesen und dem Strafvollzug, der „Policey" – also der inneren Verwaltung – und der Wirtschaft, dem Verhältnis der Stände zueinander und der öffentlichen Moral. Es geschah in den Formen einer sich langsam verdichtenden, in Büchern und Zeitschriften geführten Diskussion, die zunächst überwiegend einen gelehrten oder moralischen Akzent trug. Dieser ist auch später nicht verschwunden; blieb doch die Aufklärung im wesentlichen eine Angelegenheit der Gebildeten, welche Politik und

Moral als Bereiche der praktischen Philosophie in untrennbarer Verbindung begriffen. Im späten 18. Jahrhundert hat dann jedoch in der reformerischen Praxis bzw. in dem Drängen zu solcher Praxis das politische Element an Stärke gewonnen.

Mit wachsender Selbstsicherheit interpretierten die aufgeklärten Denker die vorgefundene Wirklichkeit neu. Dabei trat ein wichtiger Unterschied zur Entwicklung in Westeuropa hervor. Nicht nur entfaltete sich in Deutschland das aufgeklärte politisch-soziale Denken später und stark von westeuropäischen Vorgängern abhängig, es hat unter anderen Verhältnissen auch andere Wege gesucht. Eine selbständige politische, soziale und ökonomische Theorie gab es nicht; über Staat, Gesellschaft, Wirtschaft handelten – lange unter dem Einfluß von Wolff – die praktische Philosophie oder die Rechtswissenschaft und Kameralistik. Es ist symptomatisch, daß Johann Heinrich von Justi, ein thüringischer Pfarrerssohn, seine Staats- und Gesellschaftslehre um die Mitte des 18. Jahrhunderts in Werken über die Staatswirtschaft und die „Policeywissenschaft" entwickelte und daß die politische Realität und ihre Geschichte in reichs-, staats- und landesrechtlichen Werken beschrieben wurde – so in den 51 voluminösen Bänden des „Teutschen Staatsrechts" Johann Jakob Mosers, das von 1737 an erschien. Politische Denker vom Range, von der Unabhängigkeit und der sozialen Position Lockes oder Montesquieus hat es in Deutschland nicht gegeben. Eine Ausnahme besonderer Art machte allenfalls Friedrich II. von Preußen. Für ihn war Politik im wesentlichen das Tun des absoluten Herrschers, allerdings eines solchen, der Herrschaft nicht mehr auf göttliches Recht gründete, sondern auf den Gesellschaftsvertrag.

Gewiß hat die Aufklärung bis zum Ende des zweiten Drittels des 18. Jahrhunderts noch keine tieferreichende Veränderung der gesellschaftlichen und politischen Realität bewirkt; aber sie hat einen Wandel in den Vorstellungen eingeleitet. Es mußte Auswirkungen haben, wenn man anfing, die Menschen als von Natur mit Freiheit ausgestattete Individuen zu verstehen, die um ihrer Sicherheit und Freiheit willen Herrschaft benötigen, Herrschaft also nicht als Selbstzweck, sondern als Mittel zur Ermöglichung des individuellen und allgemeinen Wohls, Regierung und Verwaltung als Instrumente zur Erreichung dieses Ziels, Gesetzgebung als gestaltendes Mittel zu begreifen. Es konnte nicht ohne Folgen bleiben, wenn sich das Bild des Herrschers zum Bild des wohlwollenden, aufgeklärten Amtsträgers, Verwalters, Treuhänders des Staates wandelte, obwohl er noch keine institutionelle Beschränkung seiner praktischen Machtvollkommenheit erfuhr. Und es konnte nicht folgenlos sein, daß öffentlich nicht mehr nur über Fragen der individuellen, sondern der gesellschaftlichen Moral und der sozialen Ordnung über das Wesen von Herrschaft, die Eigenschaften eines guten Fürsten und die Aufgaben der Minister, Räte und Beamten, über Rechte und Pflichten der Menschen, über Gerechtigkeit und Unterdrückung gesprochen und geschrieben wurde.

Wieder muß eingeschränkt werden: noch gab es in Deutschland keine ausgebildete und frei sich äußernde „öffentliche Meinung"; sie ist erst das Ergebnis der Aufklärung gewesen. Die allgemein geübte Zensur, vor allem in geistlichen Dingen, wurde von ihr aber in Frage gestellt und ist partiell ausgesetzt worden – so z. B. für die Professoren der 1737 neugegründeten Universität Göttingen. Um 1760 öffneten sich die habsburgischen Länder unter dem Einfluß Gerard van Swietens für den Einstrom jansenistischer Schriften und protestantischer Aufklärungsliteratur. Offensichtlich wuchs das Informationsbedürfnis im Publikum; darauf reagierte die Buch- und Zeitschriftenproduktion. Der Kreis der Themen erweiterte sich vom erbaulich Unterhaltenden und Moralisierenden zum Praktisch-Nützlichen, zum Politischen und Zeitkritischen. Man hat errechnet, daß um 1740 der Anteil religiöser Erbauungsschriften an der Buchproduktion in Deutschland noch 19 % ausmachte, während schöngeistige Literatur auf nur 5,8 % kam; um 1800 hatte sich die Relation mehr als umgekehrt. Die Gewohnheit des Lesens nahm zu, ergriff die Frauen bürgerlicher Schichten und drang auch schon ins Kleinbürgertum ein. Und zwar nicht eigentlich infolge besserer Schulbildung, als vielmehr des wachsenden Interesses an Information, Bildung, Menschen- und Weltkenntnis. Je weniger der Weg praktischer Erfahrung offenstand, um so mehr mußte das Lesen ihn ersetzen.

Ist die Aufklärung allgemein eine literarisch-philosophische Bildungsbewegung gewesen, so gilt das für Deutschland in besonders hohem Maße. Ihre Wortführer waren von der Notwendigkeit des steten Lernens und der öffentlichen Informationsvermittlung, der freien Diskussion überzeugt. Allgemeine Publizität, Freiheit der Presse, Beseitigung der Zensur sind zwar erst im letzten Jahrhundertdrittel ihre stete und laute Forderung geworden, und es hat sich dann auch eine intensive „kritische" öffentliche Diskussion über soziale und politische Probleme entwickelt. Man darf indes nicht übersehen, daß ihr die literarische und publizistische Erörterung von Fragen des Glaubens und der Erziehung, der Moral und des nützlichen Verhaltens vorausging, die bereits eine politische Komponente enthielt. Schon diese Erörterung ist von denen, die sie erreichte, als befreiend empfunden worden.

Es ist charakteristisch für die deutsche Aufklärung, daß sie alle ihre Erwartungen auf Veränderung und Verbesserung auf die Ausbildung eines mündigen politischen Bewußtseins durch Publizität und Erziehung, also auf einen langfristigen Lernprozeß setzte, von dem auch die Regierenden ergriffen werden müßten. Und sie glaubte sich zu dieser Annahme auch deshalb berechtigt, weil nicht wenige Fürsten und Regierungen sich der Aufklärung gegenüber als partiell offen erwiesen und nicht nur ihre Sprache annahmen, sondern in ihrem Namen zu Reformen ansetzten. Dabei fanden sie – und legten es auch darauf an – begeisterte und nicht selten unkritische Zustimmung der Aufklärungsschriftsteller. So hat die Monarchie in Deutschland tatsächlich – auch und gerade in ihrer absolute Gewalt beanspruchenden Form – durch die Aufnahme aufgeklärter Ideen und durch reformpolitische Bemühungen noch einmal Ansehenskapital sammeln können, während sie zur gleichen Zeit in Frankreich einen nicht aufzuhaltenden Niedergang ihres Ansehens erlebte. Vor allem die beiden Großstaaten, Preußen unter Friedrich II. und Österreich unter Maria Theresia und Joseph II., haben durch die Aktivität der Herrscher, durch zunehmenden rationalen Staatsbetrieb und durch administrative Reformen den Eindruck erweckt, daß auch in Deutschland die soziale und politische Entwicklung nach langer Stagnation stärker in Fluß geraten werde.

6. Bürgerliche Welt- und Lebensanschauung

Oft wird die Aufklärung als bürgerliche Bildungsbewegung der aristokratisch-höfischen Kultur des Barock entgegengestellt. Solche soziale Zuordnung trifft nur oberflächlich zu, denn auch im 18. Jahrhundert dominierte politisch und kulturell noch die regierende und nichtregierende Aristokratie. Als Auftraggeber und Mäzen fand sie im wohlhabenden Bürgertum bedeutenderer Städte noch kaum eine Konkurrenz; sie nahm in Einzelfällen auch an der Erziehungs- und Bildungsbewegung und an der literarischen Produktion teil. Dennoch verlagerten sich die Gewichte. Die Zahl der bürgerlichen Gelehrten, Schriftsteller, Künstler, Pädagogen nahm zu; sie bildeten den Kern der für die kulturelle Entwicklung entscheidend werdenden Schicht der Gebildeten, die sich sozusagen permanent um die an Bildung Interessierten in den verschiedenen sozialen Gruppen erweiterte.

Mehr als durch ihren sozialen Status war sie durch ihre Welt- und Lebensanschauung, ihre „bürgerliche“ Mentalität charakterisiert.

Im Bürgerbegriff der Aufklärung verknüpfte sich die Bedeutung des polites/civis (Stadtstaatsbürger) mit der naturrechtlichen des gleichberechtigten Mitgliedes der civil society. Er übergriff also sowohl den älteren des städtischen Bürgers als auch den (modernen) Klassenbegriff des Bourgeois. Grundelement der bürgerlichen Welt- und Lebensanschauung war die Betonung der Persönlichkeit, deren Wert und Rang nicht durch Geburt und Zugehörigkeit zu Stand und Verband, sondern durch die unveräußerliche Menschenwürde, durch Leistung und Verdienst, also durch den Grad der Verwirklichung menschlicher Möglichkeiten innerhalb der Gesellschaft bestimmt ist. Eine solche Persönlichkeit kann sich nur in Freiheit von Fremdbestimmung entwickeln; sie bewährt sich im Wettbewerb um Ansehen und Gewinn, hat jedoch ihren Grund in Selbstachtung. Diese aber ist nur möglich, wenn der einzelne über Eigentum oder Können verfügt. Die sozialen Beziehungen der Menschen untereinander werden rationalisiert und funktionalisiert, moralisiert und sentimentalisiert, also nicht als gegeben hingenommen, sondern als Aufgabe der Gestaltung im Interesse des einzelnen Menschen begriffen. Die geburtsständische Ordnung wird nicht negiert, aber doch zunehmend als nicht der Natur des Menschen entsprechend angesehen. Gesellschaft erscheint demnach als natürlicher Verband von Menschen, als Zweckverband zur Befriedigung sozialer Bedürfnisse, als Kommunikationsverband, in dem die Menschen zur Verwirklichung ihrer Möglichkeiten gelangen.
In solcher „bürgerlichen Gesellschaft“ muß sich, das war die Überzeugung, eine Gesinnung entfalten, die nicht an einen Stand oder eine Klasse gebunden ist. An ihrer Ausbreitung war allerdings die Schicht der bürgerlichen Gebildeten am meisten interessiert; von ihr wurde sie formuliert, wobei sie prinzipiell für alle Menschen zu sprechen meinte. Bürgerliches Bewußtsein in diesem Sinne war deshalb auch nicht standesspezifisch; es ist von Adeligen aufgenommen worden und hat im letzten Jahrhundertdrittel auch die Höfe erreicht, vor allem die kleineren. Das Ideal des Hofmannes wurde durch das Ideal des aufgeklärten Bürgers und Patrioten verdrängt, der gemeinnützig tätig ist, der am geistigen, politischen und ökonomischen Leben seiner Zeit und seiner Umwelt Anteil nimmt, sich selber immer mehr aufklärt und zur Aufklärung anderer beiträgt. Die Möglichkeiten freilich, solche Gesinnung im konkreten Handeln zu bewähren, blieben unter deutschen Verhältnissen lange eng begrenzt.
Die bürgerliche Welt- und Lebensanschauung suchte innerhalb des ständischen und monarchischen Systems nicht nur literarisch Ausdruck, sondern auch in neuen Geselligkeits- und Vergesellschaf-

tungsformen. Zu ihnen gehörten die Freimaurerlogen, deren erste nach englischem Vorbild 1737 in Hamburg gegründet wurde. An sich keine Erscheinung der Aufklärung, ist die Freimaurerei doch mit ihr eine enge Verbindung eingegangen. Sie reichte sozial von der höfischen Welt bis in das gebildete und besitzende Bürgertum hinein. Was ihre Mitglieder verband, war die wohlwollend-weltbürgerliche Gesinnung, aus der heraus eine Verbesserung der Menschheit erwartet wurde.

Natürlich hat sich die Ausbildung einer solchen Welt- und Lebensanschauung nur langsam, in kaum merklichen Übergängen und im Rahmen eines insgesamt stabilen sozialen Systems vollzogen. Mit ihrer Forderung nach Geltung der Vernunft in allen Lebensbereichen und nach Anerkennung individueller Rechte hat die Aufklärung ständisches Statusdenken und soziale Vorurteile nicht schon überwunden. Dem Selbstverständnis des Adels, das sich im Laufe des 18. Jahrhunderts gegenüber dem Aufstiegsstreben der Bürgerlichen eher noch verschärfte, entsprach die Distanz der bürgerlichen Oberschichten gegenüber dem Kleinbürgertum und der bäuerlichen Welt und die der Gebildeten gegenüber den Ungebildeten. Wenn die Gebildeten vor allem den Bauern ihr Interesse zuwandten, so in pädagogischer Absicht: sie sollten ihrer Unwissenheit entrissen, zu ihrem eigenen Vorteil und nach dem Maße des ihnen Nützlichen aufgeklärt werden. Im übrigen ist darauf hinzuweisen, daß die äußeren Umstände lange wenig dazu angetan, die bürgerlichen Schichten in toto zu wenig wohlhabend und zu wenig selbstbewußt waren, als daß sie eine sozial unabhängige Stellung hätten erreichen können. So hat denn die wesentliche Funktion der sich ausbildenden bürgerlichen Welt- und Lebensanschauung darin bestanden, diesen Schichten moralische und kulturelle Selbstsicherheit zu geben. Die Betonung von Ordnung, Regelmäßigkeit, Sparsamkeit, Fleiß, Höflichkeit und Ehrbarkeit verlieh dem einzelnen ein Bewußtsein seines Wertes, konnte jedoch auch ein steifes, stets auf Tugendhaftigkeit bedachtes, Honorigkeit demonstrierendes, gravitätisches Verhalten bewirken, das davon beherrscht war, Anerkennung durch die sozial Höherstehenden zu finden und den Abstand zu den sozial Tieferstehenden zu betonen. Mehr noch hat die andere Komponente der bürgerlichen Welt- und Lebensanschauung, die pietistisch-empfindsame, der individuellen Entfaltung und der Verständigung im privaten Kreise von Gleichgesinnten gedient. Beide aber trugen doch wesentlich zur Ausbildung einer „bürgerlichen" Mentalität, eines „bürgerlichen" Bewußtseins bei, das sich zunehmend auch politisch artikuliert hat.

IV.

POLITISCHE ORGANISATION

Vorbemerkung: Ständewesen und absolute Monarchie

Mit Ständewesen und absoluter Monarchie sind zwei politische Strukturelemente des älteren Europa angesprochen. „Ständisches Wesen" meint nicht die allgemeine ständische Gliederung der Gesellschaft, sondern setzt diese voraus; gemeint ist das Gefüge der Institutionen lokaler und regionaler Selbstverwaltung und Mitwirkung der Regierten an der Regierung. In Deutschland denkt man zunächst an die Reichs- und Landstände, sozusagen die oberste Ebene der ständischen Institutionen, wie Kaiser und Landesherren die oberste Ebene der Herrschaft ausmachten. Die Reichsstände waren jedoch auch selber Landesherren, die Landstände selber Grundherren. Der Unterschied zwischen Standschaft und Herrschaft kann also nicht einfach auf die Differenz zwischen genossenschaftlichem und herrschaftlichem Prinzip zurückgeführt werden; denn weder besaß der Landesherr ein Herrschaftsmonopol in seinem Lande, das alle Regierten zu Untertanen machte, noch bildeten die Landstände tatsächlich eine Repräsentation der ganzen Bevölkerung.

Ständische Institutionen, Vorstellungen, Praktiken haben das gesellschaftliche Leben im älteren Europa auf die mannigfaltigste Weise geprägt. Zur ständischen Welt gehörten der Anspruch von Grundherren auf politische Ämter, die Wahrnehmung weitgehender administrativer, gerichtlicher und finanzieller Funktionen auf lokaler und regionaler Ebene durch eingesessene Herren, die Einschränkung der Landesherren bei der Auswahl von Amtsträgern, aber auch, als Sonderform, die städtische Selbstverwaltung. Ständisches Wesen war durch Privilegien geprägt, also durch ein System jeweils besonderer, abgestufter Rechte; es trat in jeweils besonderer regionaler Ausformung auf, also in der geschichtlich gewordenen Gestalt der Rechts- und Besitztitel, der Machtverteilung zwischen Ständen und Landesherren. Selbst wenn ein „Land" auf dem Erbwege, infolge Eroberung oder Vertrag eine neue Herrschaft bekam, behielt es in der Regel seine ständischen Rechte und oft auch seine Verwaltungsorganisation. Oft blieb die landständische Vertretung auch beim Aufgehen des Gebietes in einen größeren Staat bestehen, so daß dem Landesherrn gar nicht selten mehrere Landtage gegenüberstanden, die allerdings untereinander keine institutionelle Verbindung besaßen. Im Kurfürstentum Hannover gab es im 18. Jahrhundert mindestens sechs verschiedene Landstände; die Herrschaft des Hauses Österreich hat man als eine monarchische Union von Ständestaaten bezeichnet. Seit dem 17. Jahrhundert sind die Landstände beim Konfessionswechsel der Landesherren für die Erhaltung des Konfessionsstandes eingetreten. Schließlich hat es Fälle gegeben, in denen Landstände bei dynastischer Teilung, wenn auch auf die Dauer erfolglos, an der Einheit des Landes festgehalten haben, so in Jülich-Kleve-Berg, in Hessen und in Mecklenburg. Auch wo sich keine Landstände entwickelt hatten oder wo sie wieder verschwunden waren, hat es auf lokaler und regionaler Ebene Einrichtungen ständischen Charakters gegeben. Stets ist ihre Erhaltung als eine Voraussetzung von Freiheit – nämlich Landes- und Standesfreiheiten – verstanden worden; und tatsächlich haben sie – in unterschiedlichem Ausmaß – die Machtausübung der Landesherren begrenzt, vor allem dort, wo Landtage funktionierten, die als Vertretung des Landes mit dem Landesherrn verhandelten und Vereinbarungen schlossen.

Zweifellos stellen die Landstände eine historische Vorstufe des Repräsentativsystems und des modernen Parlamentarismus dar. Man muß jedoch auf Unterschiede achten; denn Repräsentationen im eigentlichen Sinne waren sie nicht. Sie waren nicht durch einen Wählerauftrag legitimiert, sondern besaßen die Standschaft auf Grund ihres Besitzes. Sie vertraten das Land nicht, sondern stellten es dar. Ihre Befugnisse weisen im einzelnen erhebliche Unterschiede auf; immer aber traten sie den Landesherren mit dem Anspruch entgegen, ein eigenes, nicht nur ein zugestandenes Recht auf Hinzuziehung und Zustimmung zu solchen Regierungsmaßnahmen zu haben, von denen sie und ihre Untertanen, aber auch das ganze Land in seiner überkommenen politischen und sozialen Ordnung betroffen wurden. Und die Landesherren ihrerseits haben diesen Anspruch keineswegs in jeder Hinsicht bekämpft. Nicht der offene Konflikt, sondern die Vereinbarung hat normalerweise das Verhältnis zwischen Landesherren und Landständen bestimmt! Das gilt auch dort, wo Fürsten zu absoluter Gewalt strebten. Der sog. „Absolutismus" ist keine so eindeutige Herrschaftsform gewesen wie es der schlagwortartige Name glauben machen kann.

Wie das Ständewesen so hat der Absolutismus im Rahmen des Reiches und in der Vielzahl der deutschen Staaten vielfältige Ausprägungen gefunden. Versteht man unter Absolutismus uneingeschränkte Herrschaftsgewalt eines souveränen Landesherrn, der schalten und walten kann wie er will, so hat es ihn im Reichsverband im rechtlichen Sinne nicht gegeben, weil keiner der Reichsstände völlig souverän war, aber auch im praktischen Sinne nicht, weil in jedem Fall die Herrschaftsgewalt an überlieferten lokalen und ständischen Rechten wie an dem Mangel an Durchsetzungsmitteln Grenzen fand. Versteht man unter „Absolutismus" hingegen ein Herrschaftssystem, in dem der Landesherr als Gesetzgeber und oberster Gerichtsherr, als Inhaber der militärischen und obersten administrativen Gewalt ohne Anfechtung andere Herrschaft in seinem Lande nicht ausschließt, aber übergreift, zwar ohne Zustimmung anderer Institutionen und Gruppen handelt, aber dabei die Rechte der Untertanen achtet, dann hat es in Deutschland ausgeprägte Formen des Absolutismus gegeben. Vielfach, aber durchaus nicht überall, haben die Monarchen ihre Macht ausgeweitet und dabei die politische Macht der Landstände einschränken oder auch ausschalten können; aber sie haben ständische Institutionen nicht gänzlich beseitigt. Das war weder nötig, noch waren sie dazu in der Lage, da sie nicht über die erforderlichen Kräfte verfügten, um regionale und lokale administrative und gerichtliche Funktionen zu übernehmen. Und in nicht wenigen Fällen ist aus den Auseinandersetzungen nicht der Landesherr als Sieger hervorgegangen. Der Erfolg hing von den jeweiligen Voraussetzungen ab, also vom Finanzbedarf des Fürsten, von der Einigkeit oder Uneinigkeit der Landstände, oder anders gesagt: von der Energie und dem Ehrgeiz, dem Umfang des Eigenbesitzes und der auswärtigen Beziehungen einer Dynastie wie von der Beharrlichkeit und dem politischen Willen der Landstände.

In der Tat findet man in manchen kleinen Staaten ohne Landstände einen absolutistisch sich gebenden Patriarchalismus, in anderen trotz Landständen einen engen Bürokratismus, in wieder anderen eine starke Stellung der Landstände, die wohlgemeinte Absichten des Landesherrn behinderten. Insgesamt aber gaben die Landesherren und ihre Regierungen zunehmend das Tempo der Entwicklung an. Von ihnen gingen die stärksten Initiativen zum Retablissement, zur „Peuplierung" und zur Entwicklung der Wirtschaft aus; sie griffen zunehmend mit Polizeiordnungen regulierend in das Leben der Bevölkerung ein, entwickelten einen steigenden Personalbedarf für Armee und Verwaltung und trieben die Rationalisierung des gesellschaftlichen Lebens voran. Dabei wurde monarchische Herrschaft zur Staatsgewalt, die fürstliche Dienerschaft zur Bürokratie; die Regierten wurden in einen umfassenden Prozeß der sozialen Disziplinierung hineingezogen. Die Landstände haben ihn zwar bremsen können, stellten jedoch kein „demokratisches" Widerlager zur absoluten Monarchie dar. Und obwohl sich auch in Deutschland eine Kontinuität von der altständischen über die landständische Verfassung des frühen 19. Jahrhunderts zur Repräsentativverfassung aufweisen läßt, haben doch erst die tiefgreifenden Erschütterungen der politischen Struktur um 1800 die Entwicklung weitergetrieben.

Muß also gesagt werden, daß vor allem in den für die spätere Entwicklung wichtigen deutschen Staaten im 17. und 18. Jahrhundert die landesherrliche Gewalt sich als die im Ganzen stärkere erwies, so darf doch das Ständewesen in seiner Bedeutung nicht unterschätzt werden, wie es leicht geschieht, wenn man die politische Organisation jener Zeit sozusagen nur „von oben" her betrachtet. Und die absolute Monarchie selber darf nicht für ein durchgreifendes System gehalten werden. Sie war vielmehr ein Herrschaftsrahmen, der vieles bestehen ließ, ihm aber einen anderen Stellenwert gab. In historischer Perspektive gesehen hat sie jedoch wesentlich dazu beigetragen, ständische Freiheiten, die Privilegienordnung, abzutragen und damit dem Prozeß der Demokratisierung vorzuarbeiten.

1. Kaiser und Reich

Ursprünglich sind die Begriffe Kaiser und Reich identisch gewesen; der Kaiser war das individuelle Oberhaupt des Reiches als allgemeine und beständige Organisation. Spätestens im 15. Jahrhundert aber entstand ein Gegensatz zwischen dem gewählten König und Kaiser, der als Landesherr eigene dynastische Interessen verfolgte, und dem Reich „als Gesamtheit der Stände ohne Kaiser" (F. Hartung), also der Reichsstände, die berechtigt waren, auf dem Reichstag zu erscheinen, und zu denen der Kaiser wiederum selber gehörte. Dieser Dualismus, der sich durchaus nicht immer als schroffer Gegensatz äußern mußte und nicht ausschloß, daß Hausmacht- und Reichspolitik partiell zusammenfielen, war durch den Westfälischen Frieden sanktioniert worden.

Die Instrumenta Pacis Osnabrugense et Monasteriense haben bis zum Ende des Reiches (1804/06) als Reichsgrundgesetz gegolten. Sie gaben der Reichsverfassung keine neue Richtung; die politische Organisation des Reiches wurde durch sie nicht verändert oder gar reformiert, sondern eher stillgestellt. Reichsstände erhielten das Recht, Bündnisse untereinander und mit auswärtigen Mächten zu

schließen, sofern sie sich nicht gegen Kaiser und Reich richteten. Das bedeutete die staatsrechtliche Anerkennung weitgehender Selbständigkeit, wenn auch noch nicht voller äußerer Souveränität. Zugleich wurde ihnen eine weitgehende Souveränität nach innen gegenüber den Untertanen bestätigt. Damit war ihr „ius territorii et superioritatis", ihre Landeshoheit, die sich seit dem 13. Jahrhundert ausgebildet hatte, anerkanntes Reichsrecht. Der Kaiser, der als Landesherr die Selbständigkeitsinteressen der Reichsstände durchaus teilte, außerdem, solange er aus dem Hause Habsburg stammte, in fast alle europäischen Machtfragen verstrickt war und als Führer der katholischen Partei unter den Reichsständen galt, war bei allen seinen Handlungen im Reich an die Zustimmung der Stände auf dem Reichstag gebunden.
In den Friedensinstrumenten – formal Verträgen mit Schweden und Frankreich – war die Regelung anstehender Verfassungsfragen auf den nächsten Reichstag verwiesen worden. Praktisch blieben sie zum großen Teil ungelöst. Denn Kaiser und Reichsstände, aber auch die Reichsstände untereinander vermochten sich darüber nicht zu verständigen. Der sog. „Jüngste Reichsabschied" (Recessus imperii novissimus) vom 17. Mai 1654 ließ so grundsätzliche Probleme wie die Reform des Reichssteuerwesens, der Reichskreisverfassung, der Kaiserwahl offen. Einige Gesetze zur Verbesserung der Reichsjustiz und des Gerichtsverfahrens haben sich schon bald als unzureichend erwiesen. Die Reichsstände setzten durch, daß die Landstände nicht nur erneut auf die Zahlung der Beiträge zur militärischen Organisation des Reiches verpflichtet wurden, sondern daß sie auch die Unterhaltung der landesherrlichen Festungen tragen mußten: der Versuch einer reichsrechtlichen Abstützung des Aufbaus stehender Heere, die machtpolitisch wie wirtschafts- und finanzpolitisch ein entscheidender Faktor in der Durchsetzung der absoluten Monarchie gewesen sind. An „Reservatrechten" teils zur alleinigen, teils zur gemeinsamen Ausübung mit dem Reichstag verblieben dem Kaiser die Standeserhöhung, die Begnadigung, die Exemtion von den Reichsgerichten, die Ernennung von Notaren, die Legitimierung von Personen, die Erteilung von Privilegien. Die Ausübung der oberlehnsherrlichen Gewalt konnte er nicht zur Stärkung der Reichsgewalt benutzen, weil er weder bei klarer Erbfolge die Neubelehnung verweigern noch erledigte Lehen an sich ziehen und nach freier Entscheidung vergeben konnte. Ob er die Reichsstände zur Beachtung des Friedens und der Reichsgesetze zu zwingen vermochte, hing mehr von der jeweiligen machtpolitischen Konstellation als von den reichsrechtlichen Kompetenzen des Kaisers ab.

Über die Verfassung des Reiches, das immer noch offiziell den Namen „Heiliges Römisches Reich deutscher Nation" trug, ist im 17. und 18. Jahrhundert viel geschrieben worden. In das traditionelle, auf Aristoteles zurückgehende Schema der Regierungsformen paßte es nicht hinein, weil in ihm monarchische und aristokratische, in den Reichsstädten auch demokratische Elemente zusammenkamen. Samuel von Pufendorf hat es deshalb in seiner Schrift „De statu imperii Germanici" von 1667 mit der berühmt gewordenen Formulierung „irregulare aliquod corpus et monstro simile" bedacht, womit er nicht seine Monstrosität, also seine Lebensunfähigkeit, sondern seine Unvergleichbarkeit betonen wollte. Auch ein Bundesstaat, also ein aus mehreren Staaten gebildeter souveräner Staat mit eigener, nicht von den Gliedstaaten abgeleiteter Staatsgewalt und dem Recht, sich in bestimmten Bereichen durch Gesetze und Verordnungen unmittelbar an die Bürger der Gliedstaaten, die zugleich Bundesbürger sind, zu wenden, war das Reich nicht, und ebensowenig ein Staatenbund, also eine Verbindung unabhängiger Staaten ohne eigenständige Staatsgewalt, in der Bundesbeschlüsse nur auf dem Wege über die Gliedstaaten die Bürger erreichen und nur durch deren Organe vollzogen werden können. Elemente von beiden waren vorhanden, andere fehlten. Es gab keine Regierung und nur wenige Ämter des Reiches; Reichssteuern waren nur rudimentär entwickelt, eine Reichsfinanzverwaltung nicht vorhanden. Die Reichsgerichte gehörten zu den bedeutsamsten Reichsinstitutionen, aber eine Reichspolizei fehlte. Ein Reichsheer konnte nur im Verteidigungsfall auf Grund zweckgebundener finanzieller Sonderleistungen der Reichsstände aufgestellt werden. Überhaupt war das Reich wenig „Staat", vielmehr ein staatsrechtliches System, das nicht alle Deutschen, dagegen nicht wenige Nichtdeutsche politisch miteinander verband. Für die Reichsstädte, Reichsritter, Reichsgrafen und geistlichen Fürsten war es eine negative Schutzorganisation (G. Oestreich), die ihren Bestand gegenüber den großen Reichsständen und deren Expansionstendenzen sicherte. Schließlich war es ein Rückhalt auch für das Ständewesen und für die Rechte der Untertanen der Landesherren, soweit ihnen der Weg zu den Reichsgerichten nicht durch iura de non evocando et appellando der Landesherren abgeschnitten wurde.

Während in den Territorialstaaten – mit Ausnahme der geistlichen – die Landesherrschaft erblich war, blieben Würde und Amt des Kaisers an die Wahl durch die Kurfürsten gebunden. Daß aus ihr gleichwohl von 1438 bis zum Ende des Reiches mit der Ausnahme des Wittelsbachers Karl VII. (1742–1745) nur Habsburger hervorgegangen sind, beleuchtet die politische Realität. Sein zerstreuter

Länderbesitz und seine europäischen Interessen machten es für das Haus Habsburg zur raison d'être, an der Kaiserwürde mit ihrem hohen Prestige festzuhalten und sie keiner anderen Dynastie zu überlassen. Umgekehrt hätte es das Reich nicht vertragen, wenn sich Habsburg aus ihm zurückgezogen hätte. Da überdies die Mehrheitsverhältnisse im Kurfürstenkollegium nur die Wahl eines katholischen Fürsten zuließen, besaß Habsburg unter „normalen" Umständen keinen Konkurrenten. Nur die politische Konstellation von 1740 machte beim Tode des söhnelosen Karl VI. die Ausschaltung des Gemahls der Erbtochter Maria Theresia und die Wahl des Wittelsbachers möglich.

Nicht durch die Wahl an sich, sondern durch ihre Form erfuhr die kaiserliche Gewalt wesentliche Beschränkungen. Seit 1519 erfolgte sie erst, nachdem der Kandidat sich in einer Kapitulation auf einen Katalog von Zusagen gegenüber den Kurfürsten festgelegt hatte. Die Wahlkapitulation wurde für jede Wahl, allerdings in Anlehnung an die vorhergehende, neu formuliert, bis 1711 eine capitulatio perpetua zustande kam. Seit der Goldenen Bulle von 1356 lag der Kreis der Wähler fest: es waren die sieben Kurfürsten, 1648 kam eine achte Stimme hinzu, die der Pfälzer führte, nachdem die ursprüngliche pfälzische Stimme auf die bayerischen Wittelsbacher übergegangen war. 1692 erhielt Braunschweig-Lüneburg die neunte Stimme. Die böhmische Kur, welche die Habsburger innehatten, wurde erst 1708 wieder voll zugelassen.

Das Kurfürstenkollegium machte den ersten Stand auf dem Reichstag aus. Dieser, eine Versammlung von regierenden Fürsten und Magistraten freier Reichsstädte, wurde nach 1663, als er zum „immerwährenden Reichstag" wurde, also nicht mehr auseinanderging, zu einem Gesandtenkongreß, der in Regensburg tagte. Die Reichsstandschaft hing an den reichsunmittelbaren Territorien. (Deshalb konnten Familien, die vom Kaiser in den Reichsfürstenrang erhoben worden waren, erst dann eine Virilstimme auf dem Reichstag führen, wenn sie sich durch den Erwerb eines solchen Territoriums dazu qualifiziert hatten.) Reichsunmittelbar waren die Kurfürsten- und Fürstentümer, die Reichsabteien und die Reichsgrafschaften. Im Falle ihrer Teilung wurde die Stimme nicht verdoppelt; ging ein Territorium an neue Herrschaft über, blieb sie erhalten und wurde von dieser geführt. So haben manche Fürsten auf dem Reichstag über mehrere Stimmen geboten – z. B. der Kurfürst von Brandenburg über die Stimmen von Magdeburg, Halberstadt und Minden (während er als Herzog von Preußen dem Reich nicht angehörte) oder der Kurfürst von Hannover über die Stimmen von Calenberg, Grubenhagen und Celle.

Auch noch nach 1648 sind neue Mitglieder in den Reichsfürstenrat aufgenommen worden. Die genaue Zahl der Mitglieder zu einem bestimmten Zeitpunkt anzugeben, ist schwierig. Am Ende des Reiches, genau gesagt: vor dem Reichsdeputationshauptschluß von 1803 umfaßte das Kurfürstenkolleg 8 Stimmen (1777 waren die bayerische und die pfälzische vereinigt worden), der Reichsfürstenrat 100 Stimmen. Davon waren 37 geistliche und 63 weltliche, einschließlich zweier geistlicher und vier weltlicher Kuriatstimmen, denn die Reichsäbte bildeten die Schwäbische und die Rheinische Prälatenbank, die Reichsgrafen das Wetterauische, Schwäbische, Fränkische und Westfälische Reichsgrafenkollegium, deren Vertreter jeweils eine Stimme führten. Daneben besaßen auch die Reichsstädte die Reichsstandschaft; sie bildeten das Reichsstädtekollegium mit der Rheinischen und der Schwäbischen Städtebank und erreichten ihr volles Stimmrecht erst 1648. 1803 gehörten dem Städtekollegium 51 Städte an. Abgestimmt wurde kurienweise. Die Stimmen des kleinen Kurfürstenkollegiums, des großen Reichsfürstenrats und des politisch schwachen Städtekollegiums hatten dasselbe Gewicht, wobei das Votum der Städte im Falle der Divergenz zwischen Kurfürsten und Fürsten bestritten wurde. Die Beratungen erfolgten getrennt in den Kurien; die conclusa gingen in ein Reichsgutachten (consultum imperii) ein und wurden nach der Ratifizierung durch den Kaiser zum Reichsschluß (conclusum imperii). Der Kaiser erschien auf dem „immerwährenden Reichstag" ebensowenig selber wie die Reichsfürsten, sondern ließ sich durch Kommissare vertreten. Die kleinen Reichsstände haben oft die Kosten eigener Gesandtschaften gescheut, was zur mehrfachen Beauftragung einzelner Gesandter oder auch ortsansässiger Juristen führte.

Die Zuständigkeit des Reichstags war rechtlich unbegrenzt, er konnte alle Angelegenheiten des Reichs in seine Beratung ziehen und brauchte sich seit 1663 auch nicht mehr an die Reihenfolge der kaiserlichen Propositionen zu halten. Anträge auf Beratung durch den Reichstag konnten Reichsstände wie Privatpersonen stellen. Das Verfahren von der Zulassung bis zum conclusum war jedoch kompliziert und langwierig. Die Reichstagsgesandten waren strikt an Weisungen gebunden und konnten nicht selbständig entscheiden, was jeden Beschluß stark verzögerte. Reichsschlüsse waren nur möglich, wenn die drei Kurien zu einem gemeinsamen Votum gelangten und der Kaiser zustimmte. Das kam nach 1648 selten genug vor. Eine Reichsgesetzgebung hat es nur noch in Gestalt der Reichshandwerksordnung von 1731 und der Reichsmünzordnung von 1737 gegeben. Da die Handwerksgesellen wanderten, waren in ihrem Falle überregionale Regelungen nötig.

Daß der Reichstag keine Vertretung der deutschen Bevölkerung, sondern ein Staatenhaus war, braucht kaum eigens betont zu werden. Auch das Reichsstädtekollegium hat nicht die Interessen „des" Bürgertums vertreten, sondern diejenigen oligarchischer Magistrate. Ökonomische und soziale Fragen von konkreter Bedeutung gelangten überhaupt kaum auf die Reichsebene; soweit sie erkannt und zum Gegenstand der Politik gemacht wurden, geschah dies auf der Ebene der Staaten. Dennoch war das Reich nicht funktionslos geworden. Kaiser, Reichstag und die wenigen Reichsinstitutionen, die es gab, sind Instanzen geblieben, bei deren Fehlen Konflikte nur gewaltsam hätten ausgetragen werden können und viele kleine Territorien schutzloser gewesen wären.

Von den zentralen Reichsinstitutionen war die Reichskanzlei in Wien die unwichtigste geworden. In ihr spielte der Reichskanzler, der Erzbischof von Mainz – als Kurfürst der Hauptsprecher für reichsständische Rechte – nur noch eine geringe Rolle, während der am Orte und in ständiger Funktion befindliche Reichsvizekanzler die Geschäfte leitete. Da in Wien Reichssachen und österreichische Angelegenheiten oft ungetrennt behandelt wurden, gewann die österreichische Hofkanzlei zunehmendes Gewicht. Der Reichshofrat in Wien behandelte Lehens- und Privilegienangelegenheiten und war als Letztberufungsinstanz in Konkurrenz mit dem Reichskammergericht sowie als Gerichtshof in Sachen, in denen der Kaiser um Entscheidung angerufen wurde, im Unterschied zum ständisch bestimmten Reichskammergericht das eigentliche kaiserliche Gericht. Der Kaiser allein entschied über seine Besetzung, und das Gericht hat mit seiner Rechtssprechung die kaiserliche Politik unterstützt, ohne daß man deshalb sagen darf, es sei parteiisch gewesen. Gerade im 18. Jahrhundert hat es erfolgreich gearbeitet und überdies dadurch noch an Bedeutung gewonnen, daß das Reichskammergericht durch die Gegensätze unter den Reichsständen stark behindert, zeitweilig sogar ganz lahmgelegt war. Bei diesem anderen Reichsgericht, das bis 1688 in Speyer tagte, dann wegen der französischen Einfälle nach Wetzlar verlegt wurde, ernannte der Kaiser nur den Präsidenten (Kammerrichter), der aus dem Reichsadel stammen mußte; die Beisitzer, zur Hälfte gelehrte Juristen, präsentierten die Kurfürsten und die Reichskreise. Das Gericht war erste Instanz für Reichsunmittelbare und Berufungsinstanz für Untertanen gegen die Entscheidungen landesherrlicher Gerichte, sofern die Landesherren nicht die Appellationsprivilegien besaßen. Über die finanziellen, arbeitstechnischen und organisatorischen Schwierigkeiten, mit denen es zu kämpfen hatte, ist viel geklagt und gespottet worden. Nie wurde die 1654 beschlossene Erhöhung der

Zahl der Beisitzer voll realisiert, so daß die Menge der unerledigten, über Jahrzehnte und länger sich hinziehenden Prozesse stetig wuchs. Eine ebenfalls 1654 beschlossene Reichsdeputation zur Beschleunigung der Revisionssachen ist erst nach mehr als 120 Jahren zur Arbeit gelangt!

Die Misere des Reichskammergerichts war Folge der völlig unzureichenden finanziellen Ausstattung des Reiches. Die einzige, seit 1495 bestehende Reichssteuer, der zur Unterhaltung des Kammergerichts bestimmte sog. „Kammerzieler", kam nie regelmäßig und vollständig ein. Der „Römermonat" für die Aufstellung und Unterhaltung einer Reichsarmee wurde nur auf jeweils besonderen Beschluß des Reichstags nach dem Verteilungsschlüssel der Reichsmatrikel von 1521 erhoben. Er konnte verdoppelt oder vervielfacht werden, wurde von den Reichsständen oder Reichskreisen eingesammelt und an den Reichspfennigmeister abgeführt. Auch hier gab es gewaltige Rückstände, und oft kam es nur nach schwierigen Verhandlungen zur Einigung über die Ausschreibung. Als ein schwerer Mangel der Reichsorganisation erwies sich auch die Schwäche oder gar Funktionsunfähigkeit der Ebene zwischen dem Reich und den einzelnen Reichsständen und der Institutionen zur Durchsetzung von Reichsgesetzen, von kaiserlichen und reichsgerichtlichen Entscheidungen. Beides sollten die Reichskreise leisten, die in mancher Hinsicht interessantesten Reichsinstitutionen. Gedacht waren sie als Selbstverwaltungseinrichtungen mit Verwaltungsaufträgen im Militär- und Polizeibereich, im Münzwesen und im Vollzug der Urteile der Reichsgerichte. Die 10 Kreise wurden jeweils von einem Direktorium geleitet, das der vornehmste Reichsfürst innehatte; war dies ein Geistlicher, so gab es daneben noch einen weltlichen „kreisausschreibenden" Fürsten, der als Kreishauptmann die Kreistruppen befehligte. Der oder die Kreisdirektoren, denen eine Kanzlei zur Seite stand, vertraten die Reichskreise und beriefen die Kreisstände zum Kreistag ein. Sie sollten für die Ausführung der Gesetze und anderer Beschlüsse des Reichstags, für die Stellung der Kreiskontingente des Reichsheeres, für die Verteilung und Einziehung der Reichssteuern sorgen, ferner für die Aufrechterhaltung des Friedens und die Schlichtung von Streitigkeiten unter den Kreisständen sowie für die Exekution von kaiserlichen und reichsgerichtlichen Urteilen.

Daß sie angesichts dieser Fülle von Zuständigkeiten überhaupt nur dort funktionieren konnten, wo infolge der territorialen Zersplitterung die Landesherren selber nur einen geringen Teil der Ordnungsaufgaben wahrnehmen konnten und die Notwendigkeit übergreifender Regelungen offen vor Augen stand, leuchtet ein. Die

großen Reichsstände, die in der Regel das Kreisdirektorium führten, konnten durch die Kreise kaum zu etwas gezwungen und nicht daran gehindert werden, sie zu ihrem Vorteil zu nutzen. Wenn der Fränkische, der Schwäbische, der Oberrheinische und der Kurrheinische Kreis in der letzten Phase des Reiches am ehesten ihrer Zweckbestimmung nachkamen, so hat dazu – neben der Tatsache, daß gerade in ihrem Gebiet die bunteste Kleinstaaterei sich drängte und das Reichsbewußtsein am lebendigsten war – auch der Druck Frankreichs im späten 17. Jahrhundert auf die deutsche Westgrenze beigetragen.
Ausdrücklich war im Westfälischen Frieden die „redintegratio" der Reichskreise beschlossen worden; hatte doch der Krieg jedermann die Folgen des Fehlens wirksamer Einrichtungen zur Aufrechterhaltung der inneren Ordnung und Verteidigung sichtbar gemacht. Tatsächlich sind vor allem im Fränkischen und im Schwäbischen Kreis der Schutz der Straßen und der Warenverkehr verbessert worden. Für den Bereich der „Policey" wurden zahlreiche Kreisordnungen beschlossen und für ihre Beachtung gesorgt. Hier haben die Kreise wirklich staatliche Funktionen übernommen. Berücksichtigt man, daß der Schwäbische Kreis aus 40 geistlichen, 68 weltlichen Gebieten und 40 Reichsstädten bestand und der fränkische Kreis fast kein größeres geschlossenes Einzelstaatsgebiet umfaßte, dann wird verständlich, daß man hier die Vorteile einer funktionierenden Kreisorganisation erkannte. In den Kreisen, welche Länder des Hauses Habsburg umfaßten, fanden dagegen keine Kreistage mehr statt, und der westfälische Kreis wurde durch konfessionelle und machtpolitische Gegensätze weithin gelähmt. Erfolglos blieb das Bemühen, in den staatlich zersplitterten Kreisen stehende Kreisheere zu schaffen, da die Stände den Verlust ihrer „Libertät" und noch mehr die Kosten fürchteten.
Da die Mängel der Reichsverfassung auch nach den Erfahrungen des Dreißigjährigen Kriegs nicht behoben worden sind, liegt die Vermutung nahe, sie seien im bestehenden Reichssystem gar nicht zu beheben gewesen. Die Möglichkeiten des Kaisers zu einer durchgreifenden Reichsreform waren eng begrenzt. Ohne Zustimmung des Reichstags konnte er nur dort handeln, wo er selber Landesherr war, und mit einer festen kaiserlichen Partei, die stark genug war, konnte er auch unter den katholischen Ständen nicht rechnen. Das Mißtrauen gegenüber habsburgischer Expansion und kaiserlichem „Despotismus", das in der ersten Phase des großen Krieges soviel Nahrung gefunden hatte, lebte fort und wurde durch die französische und schwedische Politik, in evangelischen Gebieten auch durch konfessionelles Mißtrauen genährt. Kein Staat aber reagierte

so allergisch auf den habsburgischen Führungsanspruch im Reich wie das katholische Bayern, das seit Maximilian I. (1595–1651) selbst eine expansive Politik verfolgte, die schließlich 1740 zum offenen Konflikt mit Habsburg führte.

Von den Reichsständen konnte schon deshalb keine Reform des Reiches ausgehen, weil konfessionelle und politische Gegensätze, die Angst der Kleinen vor den Großen, die divergierenden Interessen der Großen selbst in Zeiten äußerer Bedrängnis des Reiches gemeinsames Handeln verhinderten. Allenfalls boten begrenzte Einungen, „Assoziationen", unter den Reichsständen, die reichsrechtlich nicht ausgeschlossen waren, die Chance für partielle Reformen. Tatsächlich hat der Einungsgedanke zwischen 1648 und dem Ende des Reiches verstärkt Bedeutung gewonnen. Um und kurz nach 1650 entstand eine Reihe von allerdings wenig stabilen ständischen Verteidigungsbündnissen, vor allem am Rhein und in Nordwestdeutschland, wozu der französisch-habsburgische Gegensatz Anlaß gab. Der Rheinbund von 1658 lehnte sich, da zu eigenständiger Politik die Kraft fehlte und die größere Bedrohung für die ständische „Libertät" von Habsburg auszugehen schien, an Frankreich an, das sich zum Beschützer dieser Freiheit aufwarf. Gleichwohl kann dieser Bund nicht als bloßes Instrument der französischen Politik bezeichnet werden. Seine Mitglieder haben sich nicht gegen das Reich gestellt; gegen den Willen Mazarins haben sie die Wahl Leopolds I. zum Kaiser unterstützt und im Kampf gegen die Türken ihre Reichspflicht erfüllt. Als Ludwig XIV. den offenen Angriff auf das Reich begann, löste sich der Rheinbund auf.

Die nächste reichsständische Initiative ist von Johann Philipp von Schönborn, dem Erzbischof von Mainz und Reichserzkanzler ausgegangen. Der Bund, den er anstrebte und für den Leibniz 1670 ein berühmtes Gutachten über die Sicherheit des Reiches schrieb, sollte sich zwischen Frankreich und Habsburg neutral verhalten, ein Heer aufstellen und zu dessen Unterhaltung über eine gemeinsame Kasse verfügen. Auch der Kaiser sollte als Landesherr seiner deutschen Erblande und Böhmens Mitglied sein können. Nachdem dieser Vorstoß ohne Ergebnis geblieben war, gaben die deprimierenden Erfahrungen des Reichskrieges gegen Frankreich einen neuen Anstoß. Ein Reichsheer war nicht zustande gekommen; „armierte" und „nichtarmierte" Stände hatten ihr gegenseitiges Mißtrauen nicht überwunden, die letzteren sich gegen die Einquartierungen kaiserlicher Truppen gewehrt; der Kaiser verfolgte eigene außenpolitische Ziele, während die Türkengefahr wuchs. In dieser Situation beschloß 1681 der Reichstag eine Reichsdefensionalordnung. Als Träger des Reichsheeres sollten hinfort die Reichskreise fungieren.

Ihnen waren bestimmte Kontingente zugewiesen, für deren Aufstellung, Ausrüstung, Besoldung sie zu sorgen hatten. Ihre Stärke wurde im einfachen Aufgebot auf insgesamt 40000 Mann festgesetzt, und konnte vervielfältigt werden. Innerhalb der Kreise sollten die Stände nach neuen Kreismatrikeln veranlagt werden. Wirklich funktioniert hat die Defensionalordnung nur im Schwäbischen und im Fränkischen Kreis, während die großen „armierten", also über eigene stehende Truppen verfügenden Stände sich der Unterstellung von Teilen ihrer Truppen unter die Kreise widersetzten. So vertiefte sich der Gegensatz zwischen „armierten" und „nichtarmierten" Ständen, der eine der wesentlichen Belastungen der Reichsverfassung nach 1648 ausmachte.

Dennoch hatte die neue Kriegsverfassung für die westlichen Reichskreise erhebliche Bedeutung. Unter dem Eindruck der französischen Vorstöße und des Verlusts von Straßburg und angesichts der Unmöglichkeit eines einheitlichen Vorgehens im Reich einigten sie sich im Frankfurter Assoziationsrezeß über die Unterhaltung eines einheitlich organisierten Heeres, das im spanischen Erbfolgekrieg eine – allerdings rein defensive – Rolle in der Verteidigung der Rheinlinie gespielt hat. Nach 1715 ist es zwar beibehalten worden, hat jedoch seinen Soll-Stand nie erreicht; im Siebenjährigen Krieg, der auch ein Reichskrieg gegen Brandenburg-Preußen war, ist es zur Reichsarmee geworden und bei Roßbach untergegangen.

Ein Bewußtsein für die Notwendigkeit einer Reform des Reiches ist gerade im Südwesten und Westen des Reiches – also in den Gebieten, welche im 18. Jahrhundert oft schlechthin „das Reich" genannt wurden – lebendig geblieben. Es hat sich verstärkt, als im letzten Drittel des Jahrhunderts Joseph II. Hoffnungen weckte, er würde sich dieser Aufgabe annehmen, und es hat neuen Auftrieb erhalten, als sich nach dem Scheitern dieser Erwartung 1785 ein neuer Fürstenbund bildete, der im Spannungsfeld des österreichisch-preußischen Dualismus allerdings kein eigenes Gewicht erlangen konnte.

2. Fürsten und Landstände

1786 meinte der bedeutende Göttinger Jurist Johann Stephan Pütter, daß nach der ursprünglichen deutschen Verfassung „ungefähr auf eben die Art, wie der Kaiser zum Reichstage, so die meisten Fürsten sich zu ihren Landtagen verhielten". Allerdings warnte er davor, den Vergleich zu weit zu treiben, denn während die Macht des Kaisers abnehme, steige die der Landesherren; an sie sei alles Reichsgut verteilt, so daß es im Reich kein kaiserliches Domanium mehr gebe. Selber verfügten die Landesherren über z. T. beträchtliche Kammergüter und Domänen, auf deren Verfügung und Nutzung die Landstände keinen oder nur sehr indirekten Einfluß nehmen konnten. Noch der am meisten durch seine Landstände eingeengte Fürst konnte weit selbständiger in seinem Lande agieren als der Kaiser im Reich. Auch andere formale Analogien zwischen Reichs- und Landesebene – wie der Kaiser so gelangten die geistlichen Fürsten mittels Wahl durch einen strikt begrenzten Kreis von Wählern zu ihrer Würde! – tragen nicht viel zur Charakterisierung der deutschen Verfassungsverhältnisse bei. Zwar kann man in gewisser Weise von einem doppelten Ständesystem in Deutschland sprechen, und zweifellos hat das Reich einen Rückhalt für die Landstände bedeutet; er war aber nicht so stark, daß dadurch absolutistische Politik aktiver Dynastien verhindert wurde.

Seit dem 12. Jahrhundert hatte sich der Prozeß der Staatsbildung zunehmend in die Territorien verlagert, allerdings mit sehr unterschiedlichen Ergebnissen. Staatliche Gebilde mit sehr verschiedener Ausbildung der Landeshoheit wie auch der landständischen Institutionen waren daraus hervorgegangen. Sie im einzelnen zu beschreiben, ist praktisch unmöglich; die Vielfalt der Erscheinungen kann nur angedeutet werden. Abgesehen von den Größenunterschieden z. B. zwischen den Ländern des Hauses Habsburg oder Kursachsen und dem Fürstentum Salm oder der Reichsgrafschaft Bentheim, dem Erzbistum Mainz und der Reichsabtei St. Blasien, der Reichsstadt Nürnberg und dem Reichsdorf Zell am Harmersbach, abgesehen auch von dem Macht- und Ansehensunterschied zwischen dem Kurfürsten von Brandenburg, der zugleich die preußische Königskrone trug, und dem Fürsten von Anhalt, bestanden erhebliche faktische Unterschiede zwischen dem praktisch souveränen, erblichen und in zahlreichen dynastischen Verbindungen stehenden Kurfürsten von Bayern und dem Reichsfreiherrn auf dem Bischofsstuhl von Paderborn. Manches kleine Fürstentum besaß keine Stadt von Bedeutung und manches geistliche Territorium oder auch manche weltliche Landesherrschaft verfügte kaum über ein geschlossenes Landgebiet, sondern bestand aus Gebietsteilen, die nicht einmal territorial zusammenhingen. Manche Landesherrschaft war, genau besehen, ein bloßes Bündel von Gebieten, Besitztiteln und Hoheitsrechten. Es fällt schwer, vielen der Reichsstände den Charakter von regierenden Fürsten, also von Monarchen, vielen Reichsterritorien die Qualität von Staaten zuzusprechen. Die rechtliche Gleichstellung der Reichsstände war politisch eine Fiktion.

Daß die Klein- und Kleinststaaten, die zum allergrößten Teil über keine bewaffnete Macht verfügten, überhaupt noch bis zum Ende des Reiches bestanden, verdankten sie der Zugehörigkeit zum Reich wie dem Neid der großen Staaten, die eifersüchtig über die Stärke der Nachbarn wachten. Gefährlich wäre es für die kleinen Reichsstände geworden, wenn sich die großen mit dem Kaiser und anderen europäischen Mächten über eine Flurbereinigung im Reiche geeinigt hätten. Eine solche Verständigung aber ist nicht zustande gekommen oder durchgeschlagen; seit 1740 wurde sie vor allem durch den österreichisch-preußischen Dualismus unmöglich gemacht.

Nicht nur der äußere Bestand, auch die innere politische Ordnung der Staaten fand am Reich einen institutionellen Rückhalt. Nachdem der Westfälische Friede den Landesherren die freie Ausübung der Landeshoheit in geistlichen und weltlichen Angelegenheiten zugesichert hatte, versuchten sie, ihre Landstände reichsrechtlich unter Druck zu setzen und sie zur Gewährung aller für militärische Zwecke von ihnen geforderten Mittel zu verpflichten. Einem entsprechenden Gutachten, das von der Mehrheit auf dem Reichstag 1670 verhandelt wurde, versagte der Kaiser zunächst zwar die Zustimmung, konnte sein Veto jedoch nicht aufrechterhalten. Wirksamer konnten die Beschlüsse der Reichsgerichte die Rechte der Landstände gegenüber den Landesherren schützen. Klagen von Landständen gegen ihre Landesherren sind nicht selten und auch nicht generell erfolglos gewesen. In den meisten Fällen jedoch sind die Auseinandersetzungen zwischen Fürsten und Landständen in zähen Verhandlungen ausgetragen worden; sofern es zu Prozessen kam, fanden diese oft durch außergerichtliche Vergleiche ihr Ende. Auf seiten der Landesherren und ihrer Regierungen herrschte im 18. Jahrhundert die Meinung, daß der Reichshofrat die von „widerspenstigen Vasallen und Untertanen" vorgebrachten „Querelen" wohlwollend behandle.

In den beiden spektakulärsten Fällen erfolgreichen ständischen Widerstandes im 18. Jahrhundert hat der Reichshofrat eine entscheidende Rolle gespielt. Die mecklenburgischen Landstände nahmen auf der Grundlage der Alten Union von 1523, an der bei allen dynastischen Landesteilungen festgehalten wurde, und infolge der Übernahme herzoglicher Schulden eine besonders starke Stellung ein. Sie wandten sich, als die Herzöge 1672 in dem vom Kriege schwer betroffenen Land eine Kontribution zur Erhaltung von Festungen und Garnisonen eintreiben ließen, an den Reichshofrat; es hat allerdings Jahre gedauert, ehe die eingesetzte kaiserliche Kommission einen Vergleich vermitteln konnte. Als zu Beginn des 18.

Jahrhunderts Herzog Friedrich Wilhelm von Mecklenburg-Schwerin (1692–1713) die ständische Steuerverwaltung an sich bringen wollte, riefen die Stände erneut den Hofrat an und suchten zugleich Unterstützung bei der Regierung in Hannover. Der Nachfolger, Herzog Karl Leopold (1713–1728), verstärkte den Druck, trat in den Nordischen Krieg ein, heiratete die Nichte des Zaren und zog russische Truppen ins Land. Mit der jetzt vom Kaiser angeordneten Reichsexekution wurden hannoversche und braunschweigische Truppen beauftragt; an Stelle des suspendierten Herzogs übernahm sein Bruder Christian Ludwig (1728–1756) die Regierung, der 1755 mit der „Ritter- und Landschaft" einen „Landesgrundgesetzlichen Erbvergleich" schloß. Den Ständen wurde die Erhaltung ihrer Rechte und Freiheiten zugesichert; für alle Maßnahmen, die ihre Interessen tangierten, sollte ihre Zustimmung erforderlich sein und bei Beschwerden, die erfolglos blieben, der Weg zu den Reichsgerichten offenstehen. Dieser Vertrag, der bis 1918 die Verfassungsgrundlage Mecklenburgs geblieben ist, verhinderte die Entwicklung eines absolutistischen Regiments, hat jedoch auch verfassungspolitischen Stillstand bewirkt. In der Ritterschaft verstärkten sich Privilegienmentalität und Beharrungstendenz, so daß die Landstände immer mehr zum Hemmnis für notwendige Reformen und zur wesentlichen Ursache für die zunehmende Rückständigkeit Mecklenburgs geworden sind.
Der andere Fall war Württemberg. Nachdem der Adel im 16. Jahrhundert zur Reichsritterschaft übergegangen war, beherrschten die Vertreter der Ämter den württembergischen Landtag. Zwar spielten die bürgerlichen evangelischen Prälaten auf der geistlichen Bank eine beträchtliche Rolle, waren jedoch durch gemeinsame Interessen vielfältig mit dem bürgerlichen Honoratiorentum verbunden. Hartnäckig verteidigten die Stände ihre im Tübinger Vertrag von 1514 festgelegten Rechte, zu denen auf Grund der Übernahme fürstlicher Schulden auch das Steuerbewilligungsrecht gehörte. Nach dem Ende des Dreißigjährigen Krieges haben die Stände, die zu regelmäßig stattfindenden Landtagen zusammentraten, für zwei Jahrzehnte geradezu eine Art von Mitregierung ausgeübt. Als die Herzöge ihre Gewalt auszubauen suchten, veränderte sich, vor allem im Kampf um ein stehendes Heer, die Situation gründlich. Nach 1699 wurde für fast vier Jahrzehnte kein Gesamtlandtag mehr berufen. Da Klagen beim Reichshofrat zunächst ohne Erfolg blieben, bewilligte der Große Ausschuß des Landtags einen ständigen Beitrag zu den Militärkosten. Eine Stärkung für die Landstände bedeutete es, daß mit Karl Alexander (1733–1737) ein Katholik Landesherr wurde, insofern sie die Religionsreversalien, die den lutherischen Charakter des

Landes sicherten, durch England, Dänemark und Preußen garantieren ließen. Diese Rückendeckung kam zur Geltung, als der schon vorher drohende Konflikt um finanzielle Forderungen des Landesherrn unter Herzog Karl Eugen (1737–1793) offen ausbrach. Bei seinem Versuch, am Ende des Siebenjährigen Krieges die vorher aus fremden Subsidien bestrittene Unterhaltung eines stehenden Heeres dem Lande aufzubürden, forderte der Landtagsausschuß einen allgemeinen Landtag. Er wurde 1763 eröffnet und ist, von der öffentlichen Meinung in Deutschland aufmerksam beobachtet, sieben Jahre nicht auseinandergegangen. Schon während seiner Vorbereitung wandten sich die Landstände nicht nur an den Kaiser, sondern auch an die drei Garantiemächte, welche ihnen zwar zum Sieg verhalfen, die internen Gegensätze im Lande wurden somit aber auch zu einem Gegenstand der Auseinandersetzung zwischen Preußen und Österreich. Der Reichshofrat entschied zugunsten der Landstände; der Kaiser vermittelte einen außergerichtlichen Ausgleich, an dessen Ende der Erbvergleich von 1770 stand.

Beide Beispiele sind gewiß nicht repräsentativ für das Verhältnis zwischen Landesherrn und Landständen, weisen aber darauf hin, daß auch im 18. Jahrhundert die Landstände noch keine quantité négligeable ausmachten, vor allem dann nicht, wenn sie sich einig und zum Widerstand bereit waren. In der Regel arrangierten sich Fürst und Stände, und wann immer die letzteren nachgeben mußten, betonten sie, daß sie von ihren Rechten und Freiheiten nichts aufgäben, oder sie ließen sich deren Erhaltung ausdrücklich zusichern. Dabei allerdings gerieten sie, aufs Ganze gesehen, zunehmend in die Defensive; und während die Landesherren und ihre Regierungen mit Erfolg für das gemeine Wohl und das Interesse des ganzen Landes zu sorgen behaupteten, erschienen die Stände als egoistische Verteidiger von Privilegien. Daß sie jedoch auch im 18. Jahrhundert noch zahlreiche lokale und regionale Funktionen wahrnahmen, darf nicht übersehen werden. Mehr oder weniger waren die Regierungen auf die Inhaber der lokalen und regionalen Ämter angewiesen, über die sie – abgesehen von den Domänen – nicht selber verfügten, sondern allenfalls eine gewisse Kontrolle ausüben konnten. Im übrigen ist darauf hinzuweisen, daß auch dort, wo es funktionierende Landstände gab, keine Periodizität der Landtage bestand und die Landesherren praktisch ohne ihre Berufung auskamen, solange sie ihren Finanzbedarf anders decken konnten und nicht durch Kriege oder ehrgeizige Politik in Zwangslagen gerieten. So versuchten sie in der Regel, die Mitwirkung der Landstände zu umgehen und den Bereich „staatlicher" Ausgaben auszuweiten,

über den nicht mehr jeweils mit den Ständen verhandelt werden mußte.
Wichtigster und umstrittenster Punkt: die Unterhaltung eines Heeres auch in Friedenszeiten. Sie war der Hauptgrund für die Ständekämpfe des 17. und 18. Jahrhunderts, und dafür bietet Brandenburg-Preußen das folgenreichste Beispiel. Die Erfahrungen des Dreißigjährigen Krieges wurden für den Kurfürsten Friedrich Wilhelm zum Antrieb für die Stärkung der Zentralgewalt und den Aufbau eines stehenden Heeres, das weniger zur Verteidigung eines im einzelnen gar nicht zu verteidigenden, weil zusammengestückelten Staatsgebiets dienen, als vielmehr dem Staat ein höheres militärisches Gewicht und politisches Ansehen geben sollte. 1653 kam der kurmärkische Landtagsrezeß, der Abgaben für das Heer (die „Kontribution") auf die Dauer von sechs Jahren vorsah, nur gegen erhebliche Zugeständnisse zustande, die diesen Vertrag wie einen Erfolg der Ritterschaft erscheinen lassen. Sie selber blieb von der Kontribution ausgenommen und erhielt die ausdrückliche Anerkennung der gutsherrlichen Eigenwirtschaft, d. h. auch der bäuerlichen Leibeigenschaft. Tatsächlich ist die Kontribution bestehen geblieben und nicht mehr zum Verhandlungsgegenstand geworden. Schwieriger war es für den Kurfürsten, sich in den Außengebieten Preußen und Kleve-Mark durchzusetzen. Unter polnischer Herrschaft hatten die preußischen Stände die gesamte Landesverwaltung in die Hand bekommen. Nachdem 1660 die oberlehnsherrliche Bindung an die polnische Krone abgelöst war, konnte Friedrich Wilhelm auf dem Königsberger Landtag 1661–63 die Kontribution erst nach militärischem Eingreifen und nach Verhaftung des Führers der Opposition, des Königsberger Schöppenmeisters Julius Roth, durchsetzen. Seine Zusicherung, regelmäßige Landtage abzuhalten, hat er nicht eingehalten. In Kleve, das Anfang des 17. Jahrhunderts aus dem jülich-kleve-bergischen Erbe an die Brandenburger Hohenzollern gefallen war, setzten die Stände, die die Landesteilung nicht anerkannten, 1649 die Anerkennung der ständischen Verfassung, u. a. auch das Indigenat durch, also die Besetzung aller Ämter durch Landeingesessene. Nach langen Verhandlungen unter erheblichem Druck und militärischer Drohung entzog der Kurfürst 1661 in einem neuen Landtagsrezeß den Ständen das Recht auf Steuerverweigerung, beseitigte die Vereidigung der Beamten auf die Landesverfassung und stellte das Recht des Landesherrn auf ein stehendes Heer fest. Als Gegenleistung erhielten die Stände immerhin das Recht der Steuerbewilligung und der Versammlung nach vorheriger Anzeige zuerkannt. Daß in Kleve das ständische Element kräftiger blieb als in anderen preußischen Ländern, findet seine Erklärung

positiv in der Lebendigkeit des Ständetums und in der Nähe der Niederlande, negativ in dem bald wieder nachlassenden Interesse des Kurfürsten und seiner Nachfolger an diesem Nebenland.
Seitdem die Kontribution und – für die Städte – die Akzise, eine Verbrauchssteuer, regelmäßig erhoben wurden, standen die preußischen Staatsfinanzen auf einer den Ständen entzogenen Basis. Was diese an Steuerverwaltung behielten, unterstand weitgehend der staatlichen Kontrolle. Damit waren die Landstände nirgendwo beseitigt, aber in ihrem politischen Einfluß wesentlich beschränkt. Friedrich Wilhelm I. hat dann, als nächsten Schritt, den Adel in den monarchischen Staat eingebunden. In Preußen wurde er im Zuge der Regulierung des sog. Generalhubenschosses zu gewissen Steuerzahlungen verpflichtet; in anderen Provinzen blieb er steuerfrei, mußte jedoch gegen die Allodifizierung der Lehen eine jährliche Zahlung (für jedes Lehnspferd) erbringen. In die Privatrechte des Adels und insbesondere in das System der Gutsherrschaft griff der König nicht ein, zwang ihn jedoch – zum Teil gegen heftigen Widerstand, der die magdeburgische Ritterschaft sogar den Reichshofrat anrufen ließ – in den militärischen Dienst. Die Kadettenhäuser, in denen die Söhne des Adels auf ihren künftigen Beruf hin erzogen, aber doch auch für die Krone, für den monarchisch-militärischen Staat gewonnen wurden, sind eine charakteristische Erscheinung in seinem sozialen System geworden.
Landständischen Widerstand hat es in Preußen hinfort nicht mehr gegeben. Der Adel, der ganz überwiegend nicht wohlhabend war und auch deshalb an den vom Landesherrn vergebenen Positionen interessiert war, behielt auf der Ebene von Kreis- und Gutsbezirk fast unbegrenzte Zuständigkeit; als Gegenleistung wurde ihm Loyalität und Dienst pour le roi de Prusse abverlangt. Nachdem dieses problematische und folgenreiche Bündnis geschlossen war, konnte Friedrich II. dem Adel wieder entgegenkommen. Symbol für dieses Verhältnis wurde der Landrat, der oberste Beamte des Kreises, der eine Mittelstellung zwischen ständisch-adeliger Selbstverwaltung und landesherrlich-staatlicher Verwaltung einnahm.
Übertreibend, aber im Grund zutreffend, läßt sich behaupten, die preußische Staatsverwaltung sei für die Unterhaltung der Armee aufgebaut, ja der ganze Staat in den Dienst der Unterhaltung einer übergroßen Armee gestellt worden. Seit der zweiten Hälfte des 17. Jahrhunderts war Brandenburg-Preußen in der Tat ein Militärstaat: ein relativ kleines, territorial zersplittertes, bevölkerungsarmes, von der Natur nicht begünstigtes, rein agrarisches Länderkonglomerat, das, durch die Dynastie zusammengefaßt, durch die Armee zu politischer Bedeutung gekommen, um die Mitte des 18.

Jahrhunderts infolge militärischer Erfolge und konsequenter Politik einer von ständischer Rücksichtnahme freien Regierung in den Rang der europäischen Großmächte einrückte.
Anders die Entwicklung in Österreich. In der staatlichen Entwicklung dieser Union von Ständestaaten hatte der Dreißigjährige Krieg einen entscheidenden Schritt bewirkt. Im Zuge der Gegenreformation und der Niederwerfung der böhmischen Aufständischen war der weitgehend protestantische Adel in Böhmen und Österreich ausgeschaltet worden. Ständische Opposition hat seither auf der zentralen Ebene keine Rolle mehr gespielt; wohl aber behielten die Stände in den Ländern umfangreiche Funktionen, die sich nicht nur auf das Steuerwesen und die allgemeine Verwaltung, sondern auch auf die Verteidigung erstreckten. Nahmen ständische Kollegien hier also beträchtliche Regierungsaufgaben wahr, so kamen absolutistische Tendenzen im Ausbau der zentralen Behörden zur Geltung. Sie wurden unterstützt durch den militärischen und politischen Aufstieg um 1700, der mit dem Namen des Prinzen Eugen von Savoyen verknüpft ist, später aber auch durch die negativen Erfahrungen des österreichischen Erbfolgekrieges und der ersten beiden Schlesischen Kriege, die zur Staatsreform von 1749 den Anlaß gaben.
Kann man zwischen Staaten, in denen sich das absolute Regiment des Monarchen unter Verdrängung der Stände von der zentralen Ebene durchsetzte, und anderen mit „landständischer" Verfassung unterscheiden, so ist doch eine scharfe Grenzziehung zwischen beiden Verfassungssystemen nicht möglich. Auch in landständisch organisierten Staaten konnten Regierungen aktiv tätig werden wie z.B. in Kursachsen; und auch in Staaten ohne Landstände konnte weitgehend traditionell, patriarchalisch und tatenlos regiert werden. In Ländern wie Hannover oder Holstein bewirkte die dauernde Abwesenheit der regierenden Dynastie ein ausgesprochenes Adelsregiment. Insgesamt muß jedoch unterstrichen werden, daß Regierung allgemein als die Aufgabe des Landesherrn galt, dem gegenüber die Landstände vornehmlich für die Erhaltung von Landes- und Standesrechten eintraten. Durch das Ausgreifen der Regierungstätigkeit wie durch Schwäche und Unzulänglichkeit der Regierungen konnten sie jedoch zum Widerstand wie auch zur Mitwirkung herausgefordert werden. Die Initiative ging in der Regel von den Landesherren aus, und das hat auf die Dauer die Verteilung der Macht wie des Ansehens bestimmt.

3. Reichskirche, Reichsstädte und Reichsritterschaft

Dem „offiziellen" Ende des Reiches am 6. August 1806 sind mit dem Reichsdeputationshauptschluß von 1803 die Säkularisierung der geistlichen Fürstentümer und die Mediatisierung fast aller freien Reichsstädte, zwischen 1803 und dem Rheinbund von 1805 auch der reichsgräflichen und reichsritterschaftlichen Gebiete vorausgegangen. Ohne sie konnte das Reich nicht existieren; nach ihrem Wegfall fehlten ihm die Gebiete, welche am engsten mit ihm verknüpft und in denen Kaiser und Reich unmittelbare politische Realität gewesen waren.

Reichskirchliche Territorien, also geistliche Staaten, waren Gebiete, in denen das Amt des geistlichen Oberhirten mit dem des Landesherrn verknüpft war. Die kanonische Wahl zum Bischof, Abt oder zur Äbtissin bedeutete hier zugleich die Erhebung in den Reichsfürstenstand; das geistliche Dom- oder Stiftskapitel fungierte als weltlicher Wahkörper. Landesherr sollte in diesen Gebieten nur werden, wer den geistlichen Anforderungen an die Wahlfähigkeit entsprach. Eine dynastische Erbfolge war nicht möglich, wenngleich es vorgekommen ist, daß in einem Bistum hintereinander oder mit kurzen Unterbrechungen geistliche Mitglieder derselben Familie gewählt wurden. Die Gewählten brauchten nicht den wählenden Kapiteln zu entstammen, es setzte sich jedoch durch, daß die Stiftsfähigkeit von ihnen verlangt wurde, also die Qualifikation für die Aufnahme in ein Domkapitel und die Erteilung einer Dompfründe; nämlich eine bestimmte Zahl (meist 8 oder 16, u.U. auch 32) adeliger Ahnen, in manchen Fällen die Landstandschaft der Familie; einige Domkapitel forderten reichsfürstlichen, andere gräflichen oder reichsritterschaftlichen Stand. Verständlich wird dieses Bemühen um Exklusivität durch das Interesse des Stiftsadels, den Zugang zu einträglichen Pfründen und gar zu reichsfürstlicher Stellung in ihren Reihen zu halten. So hat sich in Gebieten, in denen es keinen reichsunmittelbaren Adel gab, mit dem sog. Stiftsadel eine höher privilegierte Schicht des landsässigen Adels abgehoben, und Familien, die einen oder mehrere Fürstbischöfe aufweisen konnten, erlangten dadurch ein außerordentliches Ansehen; man denke an die reichsadeligen Familien Dalberg, Seinsheim, Erthal, an die stiftsadeligen Familien Fürstenberg, Plettenberg, Spiegel. Aber auch große Dynastien bewarben sich für jüngere Söhne um Bischofsstühle, so die Wittelsbacher und Habsburger, wodurch Bischofswahlen zu brisanten politischen Vorgängen wurden.

Wie die Kurfürsten so haben auch die Domkapitel versucht, den zu Wählenden an eine Wahlkapitulation zu binden, in der er dem

Kapitel die Wahrung seiner Rechte und Privilegien zusicherte und sich auf eine bestimmte Politik verpflichtete. Solche Bindungen wurden 1695 vom Papst in der sog. „Innocentiana" verboten; der Kaiser schloß sich diesem Verbot an. Gleichwohl hat es auch im 18. Jahrhundert noch Wahlkapitulationen gegeben, und wenn sie auch für tatkräftige und wohlhabende Fürsten kein Hindernis bedeuteten, so haben sie andere darin bestärkt, alles beim Herkömmlichen zu lassen – eine Tendenz, die auch durch das Fehlen der Erbfolge nahegelegt war. Es hat indes nach dem Dreißigjährigen Krieg auch in geistlichen Staaten absolutistische Tendenzen und Praktiken gegeben, die zu Schwierigkeiten mit den Domkapiteln und Landständen führten. In Würzburg und Bamberg z.B. läßt sich durchaus vom Absolutismus sprechen. Stehende Heere findet man allerdings in geistlichen Staaten selten. Christoph Bernhard von Galen, Bischof von Münster von 1650–78, der solche Truppen unterhielt, konnte dies nur auf Grund der Subsidien anderer Staaten.

Säkularisierungen geistlicher Fürstentümer sind zwischen dem Westfälischen Frieden und dem Reichsdeputationshauptschluß nicht vorgekommen. Das alternierende Regiment eines katholischen Bischofs und eines evangelischen Prinzen aus dem Hause Braunschweig-Lüneburg, der ebenfalls den Titel eines Fürstbischofs trug, im Bistum Osnabrück blieb eine reichsrechtlich anerkannte Ausnahme. Im Siebenjährigen Krieg hat es preußisch-hannoversche Pläne zur Säkularisierung nordwestdeutscher Bistümer gegeben, deren Realisierung einen tiefen Einbruch in das Reichssystem bedeutet hätte. Als im letzten Drittel des 18. Jahrhunderts über die Verfassung und die Zukunft der geistlichen Staaten diskutiert wurde, hat dennoch niemand empfohlen, daß sie die Beute der größeren weltlichen Staaten werden sollten.

Zu den Reichsstädten gehörten in der zweiten Hälfte des 17. und im 18. Jahrhundert noch immer einige der bedeutendsten Städte des damaligen Reiches, u.a. Frankfurt, Nürnberg, Augsburg. Längst aber nahmen sie nicht mehr den Platz ein, den sie noch im 16. Jahrhundert innegehabt hatten. Städte wie Leipzig, Wien, Berlin begannen, ihnen den Rang abzulaufen; neue Residenzstädte wuchsen schnell, während manche alte Reichsstadt ihren einstigen Bevölkerungsstand nicht mehr erreichte. Daß Hamburg, dessen Reichsunmittelbarkeit lange umstritten blieb, erst 1770 Sitz und Stimme im Reichsstädtekollegium erhielt, hatte auf seine wirtschaftliche und kulturelle Entwicklung kaum Einfluß. Überhaupt darf man die Bedeutung der Reichsunmittelbarkeit für eine Stadt im 17./18. Jahrhundert nicht überschätzen. Sie konnte sogar zur Belastung werden, wenn benachbarte Territorien sie ökonomisch einschnürten und innere Machtverhältnisse politische und soziale Stagnation verursachten wie z. B. in Köln. Eine „demokratische", oft allerdings oligarchisch erstarrte Stadtverfassung hatten auch manche Landstädte; einige unter ihnen nahmen eine fast unabhängige Stellung ein, z. B. Hildesheim und Erfurt, Münster und Rostock. Im 18. Jahrhundert galten jedenfalls die meisten Reichsstädte nicht als die innerlich lebendigsten. Und der Stolz der Bürger auf die Reichsfreiheit ihrer Stadt, der durchaus noch vorhanden war und auf den jährlichen Schwörtagen Ausdruck fand, hatte in manchen Fällen doch auch kompensatorische Züge.

Reichsstädte zahlten direkte Reichssteuern und waren auf Grund ihrer einstigen Finanzstärke in den Reichs- und Kreismatrikeln relativ hoch veranschlagt. Die gewählten Magistrate der Reichsstädte übten die Landeshoheit aus; wieweit sie Gerichtshoheit besaßen, muß im Einzelfalle geprüft werden. Der Wehrhoheit, also dem Recht der Verteidigung, kam im 17. / 18. Jahrhundert kaum noch größere Bedeutung zu, wenngleich sie für die innere Organisation der Stadt noch eine Rolle spielte. Zu unterscheiden ist zwischen Städten, in denen noch das ältere Patriziat, und anderen, in denen die Zünfte die Macht in den Händen hielten, was meistens der Fall war. Praktisch aber besetzten auch in ihnen nur die vornehmeren Zünfte und oft eine Reihe von versippten Familien die wichtigsten Ämter.

Natürlich besaßen auch in den Reichsstädten nicht alle Bewohner das Bürgerrecht – in Augsburg sollen es im 18. Jahrhundert von 30000 nur rund 6000 gewesen sein. Das Bürgerrecht konnte durch Kauf erworben werden, und die Magistrate versuchten oft, die Bürgerzahl zu steigern, wobei ihnen allerdings die wirtschaftlichen Möglichkeiten Grenzen setzten. Die innere Gliederung der Städte konnte sich an die Kirchspiele anlehnen oder sich auf Korporationen und Zünfte gründen. Bürgerversammlungen waren kaum noch aktive oder gar ausschlaggebende Institutionen, statt dessen fungierten vielerlei Ausschüsse, um deren Besetzung es nicht selten Auseinandersetzungen gab. Die hauptsächliche Reibungszone in den größeren Städten lag zwischen den am Stadtregiment direkt beteiligten Gruppen und den darunter rangierenden, die sich vom Rat und Magistrat ausgeschlossen sahen. In einigen der großen oberdeutschen Reichsstädte hatte das alte Kaufmannspatriziat die Nobilitierung erreicht und war damit weitgehend aus dem Handel ausgeschieden. In Ulm z. B. zogen diese Familien aus der Stadt heraus in das Stadtterritorium, um hier ein adeliges Landleben zu führen, ohne allerdings ihren politischen Einfluß ganz aufzugeben.

Im 17. und 18. Jahrhundert waren die meisten Reichsstädte von der Erstarrung ihrer Verfassung bedroht. Gerade dort, wo die Zünfte die Stadt beherrschten – so z. B. in Köln und Aachen –, war man weithin reformfeindlich, bekämpfte unternehmerische Initiativen, die aus der Zunftordnung hinausdrängten, und schloß konfessionelle Minderheiten noch immer aus der Bürgerschaft aus. In konfessionell paritätisch regierten Reichsstädten wie Augsburg und Biberach lähmte die Doppelbesetzung aller Ämter und das eifersüchtige Wachen über den jeweiligen Besitzstand das städtische Leben. Manche Städte schleppten schwere Schuldenlasten mit sich, die in einigen Fällen die Einsetzung kaiserlicher Regulierungskommissionen notwendig machten. Dennoch haben die Reichsstädte, zumal die größeren, etwas vom älteren Geist bürgerlicher Selbständigkeit und Selbstverantwortung bewahrt, der in den Landstädten durch landesherrliche Kontrolle und Verwaltung zunehmend erstickt oder verdrängt wurde. Ratswahlen hielten die Erinnerung an vergangene Größe und daran wach, daß die Regierung durch Männer stattfinden sollte, die man selber damit beauftragt hatte. Kein Zweifel, daß es gerade in Reichsstädten Sinn für das Gemeinwesen gab, aber der Handlungsspielraum war klein, und die bürgerliche Aktivität hing schließlich doch weniger von der Verfassung als von den wirtschaftlichen Bedingungen ab.

Die Reichsritterschaft bildete eine eigentümliche Korporation innerhalb des Reiches. Ihre Mitglieder unterstanden nur dem Kaiser und waren weder auf dem Reichstag noch auf den Kreistagen vertreten, zahlten weder Reichs- noch Kreissteuern, sondern leisteten dem Kaiser aus der gemeinsamen Ritterschaftskasse ein subsidium caritativum, das nur von Fall zu Fall bewilligt wurde, um seine Freiwilligkeit zu betonen. Nicht in die Reichs- und Kreismatrikel einbezogen zu sein, erschien der Reichsritterschaft so wichtig, daß sie gelegentliche Versuche, die Reichsstandschaft zu erlangen, ohne großen Nachdruck betrieben.

Ihre Reichsunmittelbarkeit gründete nicht auf Hoheits-, sondern auf Besitzrechten, nämlich dem Besitz eines Gutes, das in den Matrikeln der Reichsritterschaft verzeichnet war und seinem Besitzer die Zugehörigkeit zur Genossenschaft des unmittelbaren und freien Reichsadels verlieh. Der Ritterschaft, die in Ritterkreise und Ritterkantone gegliedert war, stand ein Generaldirektorium vor, das alternierend von einem der Ritterkreise wahrgenommen wurde. Über eine Regierungsgewalt verfügte es nicht, die Befugnisse der Direktoren der drei Kreise waren auf die Erledigung von Angelegenheiten gemeinsamen Interesses begrenzt. Größere Bedeutung besaßen die Kantone: Genossenschaften zum Zwecke der Behauptung ritter-

schaftlicher Rechte und zur Erfüllung ihrer Pflichten, wozu der einzelne Ritter nicht wohlhabend und mächtig genug war.
Auf den in der Ritterschaftsmatrikel verzeichneten Gütern, nicht aber auf anderen, die ihnen zusätzlich gehörten, besaßen die Reichsritter die Landesherrschaft, die allerdings im Einzelfall, z. B. im Hinblick auf die Gerichtsbarkeit, eingeschränkt sein konnte. Oft versuchten die fürstlichen Nachbarn, Reichsritter zu Landsässigen zu machen. Aber auch wenn die Güter von aussterbenden ritterschaftlichen Familien auf dem Erbwege an fürstliche Familien fielen, wenn Ritter in den Grafenstand aufstiegen, wenn reichsritterschaftliche Güter an Nicht-Reichsritter verkauft wurden, bedeutete dies einen Verlust für die reichsritterschaftliche Korporation. Um ihren Güter- und Familienstand zu erhalten, hat sie durch kaiserliches Mandat besondere Schutzvorkehrungen erreicht. Reichsritterschaftliche Güter sollten nicht an andere als an Reichsritter veräußert werden oder, wenn dies geschehen war, zu einem gerechten Preis zurückgekauft werden können. Noch wichtiger war das Retraktrecht: Verkaufsabsichten sollten dem Ritterdirektorium mitgeteilt und die betreffenden Güter anderen Reichsrittern, schließlich der gesamten Korporation angeboten werden, denen drei Jahre Zeit bleiben sollte, in den Kauf einzutreten, der nicht abgelehnt werden durfte. Mit solchen und anderen Maßnahmen sollte der Bestand der Reichsritterschaft, dieses staatsrechtlichen Kuriosums, gesichert werden.
Welche Bedeutung hatte sie im 17./18. Jahrhundert noch? In der Kritik vor allem des letzten Jahrhundertdrittels ist nicht selten behauptet worden, reichsritterschaftliche Territorien seien am Grad der Verlotterung, Armut und Rückständigkeit der Bevölkerung zu erkennen. Dieser Vorwurf läßt sich gewiß nicht qualifizieren; es kann jedoch auch nicht bestritten werden, daß in vielen Fällen den Rittern die Mittel fehlten, Verbesserungen durchzuführen und Hilfen zu leisten. Im besten Falle praktizierten sie einen wohlwollenden Patriarchalismus, im negativen vernachlässigten sie ihren Besitz und ihre Untertanen. Infolge der engen Verhältnisse drängten viele Reichsritter über den Rahmen ihres Besitzes und der Korporation hinaus in den kirchlichen und vor allem in den Reichs- und kaiserlichen Dienst. So gehörten sie nicht nur zum sozialen Substrat des Reiches; ihre politische Bedeutung war auch insgesamt größer, als Zahl und Besitz annehmen lassen.

4. Regierung, Verwaltung, Behördenorganisation im Zeichen des Absolutismus

Die Grundzüge der deutschen Territorialstaaten hatten sich bereits im späten 15. und 16. Jahrhundert ausgebildet. Mit Vorschriften, mit „Landes- und Policeyordnungen", griff der „frühmoderne Staat" (G. Oestreich) regulierend in immer weitere Gebiete des menschlichen Zusammenlebens ein, um Frieden zu sichern, gerechte Justiz zu garantieren und für hinreichende „Nahrung" zu sorgen. Hinzu traten die Sorge für den rechten Glauben und das kirchliche Leben und für die Vereinheitlichung des Rechts. Aber es fehlte noch weithin an den Instrumenten, um die landesherrlichen Verordnungen in die Praxis umzusetzen. Zwar ist auch in jener Zeit schon der Aufbau von Behörden vorangekommen. Kollegiale Hofräte oder Hofgerichte mit administrativen und gerichtlichen Befugnissen, eine landesherrliche Finanzverwaltung mit Hof- und Rentkammern als obersten Behörden, der Geheime Rat als oberste Zentralbehörde des aufsteigenden modernen Staates entstanden. Damit wuchs der Bedarf an Amtsträgern und Fürstendienern, die in dieser Zeit vornehmlich nichtadeliger Herkunft waren. Die fürstlichen Räte kamen oft aus dem Patriziat der Städte und hatten studiert. Seit dem 17. Jahrhundert ist dann der Adel wieder stärker hervorgetreten. Der Behördenausbau auf unterer Ebene erfolgte allerdings nur sehr langsam, wenn er überhaupt schon in Gang kam.

Der Dreißigjährige Krieg und seine Folgen führten zu einer neuen Zunahme der Regierungs- und Verwaltungstätigkeit. Ihren wichtigsten Ausdruck fand sie in der Stärkung der Zentrale des Staates, also des Regierungsapparats. Absolutismus ist in der Praxis zunächst Zentralisierung der staatlichen Gewalt mit dem Ziel gewesen, die Kräfte des Landes zu erschließen und zu nutzen, Widerstand im Innern auszuschalten und Gefahr von außen abzuwehren.

Tatsächlich ist der „Absolutismus" in vielen Fällen über die Zentralisierung der Gewalt und den Ausbau des zentralen Regierungs- und Verwaltungsapparats kaum hinausgelangt. Der nachgeordnete Behördenzug eines umfassenden Verwaltungssystems und die dafür erforderliche Beamtenschaft, zu deren Unterhaltung beträchtliche Mittel nötig waren, sind in den deutschen Staaten nur in sehr unterschiedlichem Maße, meist überhaupt nur in allerersten Anfängen entstanden. Die bekannteste Entwicklung, diejenige in Brandenburg-Preußen, war exzeptionell in der Energie, mit der sie durchgesetzt wurde, und in dem Erfolg, den sie erreichte. Als Beispiel kann sie nur insofern dienen, als sie im 18. Jahrhundert zunehmend zum Vorbild geworden ist. Vor allem ist es von nachhaltiger Bedeutung gewesen, daß dieser Staat den Beweis lieferte, der Aufstieg zu äußerer Macht und innerer Ordnung könne „von oben" organisiert und erreicht werden.

Einer der stärksten Antriebe absolutistischer Politik war zweifellos das Bemühen, den erhöhten Finanzbedarf für Heer, Verwaltung und Beamtenschaft zu decken. Hier ist das Geflecht von Ursachen und Wirkungen besonders komplex. Da die Geldbeschaffung durch Hofjuden und Subsidienbezug allenfalls für Duodezhofhaltungen und Soldatenspielerei ausreichte, versuchten die Fürsten, mehr aus den Untertanen herauszuholen, zugleich aber auch, sie zahlungskräftiger zu machen. In Brandenburg-Preußen geschah die Geldbeschaffung erstens durch planmäßige Steigerung der Einkünfte aus dem Domänenbesitz, zweitens durch Erhebung neuer Steuern bzw. Umwandlung von bisher nur in Sonderfällen erhobenen Steuern in dauernde, drittens in der Anlage von Manufakturen. Im Bestreben, eine von den Ständen unabhängige Steuerhoheit auch in den Gebieten zu erlangen, in denen der Monarch nicht zugleich Grundherr war, nutzte er Verschuldung und innere Differenzen in den Städten aus, um ihre Verwaltung unter seine Kontrolle zu bringen.

Auch in Brandenburg-Preußen war der miles perpetuus eine Berufsarmee von Angeworbenen aus dem In- und Ausland. Friedrich Wilhelm I. gab ihr mit dem Kantonsreglement von 1733 insofern eine spezifische Entwicklung, als den Regimentern bestimmte Ergänzungsbezirke zugewiesen wurden. Adelige, angesehene Bürger, Beamte, Studierende, Hofbesitzer und Hoferben blieben von der „Enrollierung" ausgenommen. Daneben bestand die freie Werbung weiter, deren oft brutale Methoden dem Lande weit über die Grenzen hinaus einen schlechten Ruf eintrugen. Friedrich II. hat 1752 in seinem politischen Testament mit Rücksicht auf den ländlichen Arbeitskräftebedarf geraten, die Kompanien nur zur Hälfte mit Landeskindern aufzufüllen. Das für diese Armee eingerichtete eigene Militärfinanzwesen ist zum Ausgangspunkt der modernen preußischen Verwaltung geworden.

Es nahm seinen Anfang mit dem neuen „Institut des Kommissarius als eines außerordentlichen Organs der Staatsgewalt" (O. Hintze). Seine Besonderheit bestand in der Beauftragung von Personen für bestimmte Aufgaben allein durch den Landesherrn, also ohne Mitwirkung oder Berücksichtigung der Stände. Mit dem stehenden Heer wurden die Kriegskommissare ständige Beamte. Seit 1660 gab es einen Generalkommissar für den gesamten Staat, ihm wurde einige Zeit später die Feldkriegskasse unterstellt, in die die Einkünfte aus der Kontribution flossen. Da die Kommissariatsverwaltung die Aufgabe bekam, alle Finanz- und Wirtschaftskräfte im Lande zu entwickeln, die der Unterhaltung einer großen Armee dienen konnten, wurde sie ein wichtiges Element der gesamten Wirtschaftspolitik. Als diese Militärfinanzverwaltung mit den älteren, noch ständisch bestimmten Finanzbehörden unter dem Generalfinanzdirektorium vielfach kollidierte, schuf Friedrich Wilhelm I. 1723 als neue zentrale Behörde das General-Ober-Finanz-Kriegs- und Domänendirektorium, kurz Generaldirektorium genannt. Es wurde die wichtigste Instanz für die gesamte innere Verwaltung, aber auch für die Wirtschaftspolitik. Untergliedert war es in vier Provinzialdepartments, in denen die einstige Selbständigkeit der verschiedenen Teile des Staates noch zum Ausdruck kam. Als Schlesien preußisch wurde, erhielt es ebenfalls ein besonderes Provinzialministerium im Generaldirektorium. Jedes dieser Provinzialdepartements fungierte zugleich als Fachressort für den Gesamtstaat. Dieses Nebeneinander zweier Verwaltungsprinzipien kann als Etappe auf dem Wege zum zentralisierten Staat verstanden werden. Nach 1740 wurden weitere Fachdepartements gebildet und ihnen Teile der Aufgaben der Provinzialdepartements übertragen. Auch für die auswärtigen Angelegenheiten, die früher im Geheimen Rat behandelt worden waren, entstand eine selbständige Behörde, das Kabinettsministerium, mit zwei bis drei kollegial arbeitenden Ministern. Dem alten Geheimen Rat verblieben die Justiz- und geistlichen Angelegenheiten, womit er sich ebenfalls in ein Fachdepartement verwandelte; sein Leiter erhielt 1737 den Titel eines Großkanzlers.

Zusammengehalten wurden diese drei obersten Behörden durch den Monarchen, und zwar nicht bloß nominell, sondern persönlich. Dieses „persönliche Regiment" hat in Preußen unter Friedrich II. die besondere Form der Regierung „aus dem Kabinett" angenommen. Der König zog sich aus seinen obersten Behörden zurück und verkehrte mit ihnen nur schriftlich. Auf die von den Ministern vorgelegten Immediatberichte entschied er durch Weisungen (Kabinettsordres), die von den Kabinettssekretären auf seinen mündlichen Befehl oder auf Grund von Randbemerkungen ausgefertigt wurden. Alle Fäden liefen beim König zusammen, der die gesamte Politik durch einsame Entscheidungen lenkte; er war tatsächlich Selbstherrscher. Es liegt auf der Hand, daß dieses System, wenn es nicht korrumpieren sollte, fleißige und fähige Herrscher verlangte, ebenso aber, daß es lähmend auf selbständige Köpfe in der Verwaltung wirken mußte.

Mit der Stärkung der Zentralbehörden sank die Bedeutung der Regierungskollegien der ehemaligen Länder. Ihnen blieb im wesent-

lichen nur die Rechtsprechung auf der provinzialen Ebene. Sie wurden zu Appellationsgerichten über den Stadt- und Patrimonialgerichten und zu Gerichten erster Instanz für die Privilegierten. Dagegen gewannen die auf der Provinzialebene ebenfalls zusammengelegten Kriegs- und Domänenkammern zunehmende Bedeutung. Sie übten auch eine umfangreiche Verwaltungsgerichtsbarkeit aus, durch die sie das Interesse des Fiskus zur Geltung bringen konnten. Die Lokalverwaltung lag in den Händen der Stadträte, der Rittergutsbesitzer oder der Domänenamtmänner. Zwischen der Provinzialverwaltung und der ländlichen Lokalverwaltung durch die Rittergutsbesitzer erhielt sich auf der Kreisebene der Kreisdirektor, seit 1701 der Landrat. Analog dazu war für mehrere Städte der Steuerrat zuständig – anders als der Landrat ein rein landesherrlicher Beamter, der die Verwaltung der Akzise und zunehmend die gesamte Verwaltung der Städte kontrollierte.
Die preußische Verwaltung im 18. Jahrhundert demonstriert beispielhaft die Wendung von einer Unrecht und Unsittlichkeit verhindernden und Schaden für das gemeine Wohl abwehrenden zu einer aktiven, das wirtschaftliche und soziale Leben entwickelnden Tätigkeit. Mit ihr entstand eine Staatsdienerschaft, ein Beamtentum, das durch den „obrigkeitlichen" Charakter des Systems geprägt wurde. Einheitlich war es noch lange nicht; für die höheren Positionen genossen seit 1740 die Adeligen einen deutlichen Vorzug, andererseits gab es noch keine scharfe Grenze zwischen Subalternbeamten und höheren Beamten. In den unteren Positionen fanden viele ehemalige Unteroffiziere Verwendung, vor allem in der Akziseverwaltung. Mit oft rabiaten Mitteln wurde die Beamtenschaft zur Pflichterfüllung angehalten und mit dem Bewußtsein des „travailler pour le roi de Prusse" erfüllt. Die Praxis, Ämter gegen Zahlungen in die Rekrutenkasse zu vergeben – eine Art von Ämterkauf! –, wurde nach 1740 abgeschafft. Gewiß gab es auch in der preußischen Beamtenschaft Korruption, aber doch bemerkenswert wenig. Auch preußische Beamte haben nicht nur das Interesse des Staates im Auge gehabt; insgesamt aber entwickelten sie sich zu einer leistungsfähigen Gruppe, die, streng kontrolliert und diszipliniert, hohe Geltung im Staat erreichte. Sie hat jedoch auch die Neigung zu permanenter Bevormundung der Bevölkerung ausgebildet.
Die preußische Verwaltung und Beamtenschaft stellen einen Sonderfall dar, dennoch lassen sich an ihnen gewisse Grundlinien der allgemeinen Entwicklung erkennen. Ältere, ständisch und territorial geprägte Behörden wurden nicht einfach aufgehoben, sondern der landesherrlichen Aufsicht unterstellt oder andere Behörden mit

besonderen Aufträgen neben ihnen errichtet. Die Zahl der Kompetenzen der nur dem Landesherrn verantwortlichen Amtsträger nahm zu, und die „Policey“ erhielt mehr und mehr den Charakter einer nicht mehr nur erhaltenden, sondern auch gestaltenden Politik.

Auch in Österreich gab es seit dem 16. Jahrhundert einen Geheimen Rat beim Herrscher. Als engere Behörde hatte sich daraus die Geheime, seit 1709 die Ständige Konferenz entwickelt, ohne allerdings zu einer echten Zentralbehörde zu werden. Die österreichische Hofkanzlei erhielt 1655 eine kollegialische Organisation und war für Außenpolitik, innere Verwaltung und Rechtswesen zuständig, nicht aber für Finanzen und Heer. Neben ihr gab es in Wien die böhmische und die ungarische, später auch die italienische und die niederländische Hofkanzlei. Auch die Hofkammer (als Finanzbehörde) und der Hofkriegsrat bestanden für Österreich, Böhmen und Ungarn getrennt. Die Regierungen und Kammern in den einzelnen Ländern waren dagegen sehr weitgehend von den Landständen beherrscht, die auch die Verwaltung der direkten Steuern in den Händen hatten. Dadurch blieben die lokalen Verwaltungen dem direkten Zugriff des Landesherrn entzogen, abgesehen von den Gebieten in den österreichischen Erbländern, in denen er selber grund- und gerichtsherrliche Rechte besaß. Vor allem während der neuen Türkenkriege oder des Spanischen Erbfolgekrieges wuchs das Konglomerat der Habsburgischen Länder enger zusammen.

Um der Gefahr neuer Desintegration bei unsicherer Erbfolge vorzubeugen – das spanische Beispiel schreckte! – ließ Leopold I. 1703, als sein zweiter Sohn Karl nach Spanien ging, um dort die ausgestorbene spanische Linie der Habsburger zu erneuern, ein pactum mutuae successionis ausarbeiten. In beiden Linien sollte grundsätzlich die männliche Primogenitur gelten; nach dem Aussterben des Mannesstammes einer der beiden Linien sollte der Mannesstamm der anderen Linie und, falls auch dieser ausstürbe, die älteste Tochter des letzten Mannes dieser Linie, dann wieder deren männliche Nachkommen folgen. Als 1711 Joseph I. (1705–1711) ohne männlichen Erben starb, folgte ihm sein „spanischer“ Bruder. Noch kinderlos verfügte Karl VI. testamentarisch, daß, wenn bei seinem Tode keine ehelichen Söhne, sondern nur Töchter vorhanden sein würden, die älteste die Nachfolge antreten solle. 1713 ließ er die sog. „Pragmatische Sanktion“, welche die Erbfolge festlegte, als Hausgesetz verkünden, nachdem er zuvor die Unteilbarkeit der habsburgischen Länder festgestellt hatte. Als 1716 sein einziger Sohn starb und damit die älteste Tochter Maria Theresia zur Erbin wurde, verlangte Karl von den Landständen aller Erbländer und auch Mailands die ausdrückliche Versicherung, bei den zu erwartenden internationalen Verwicklungen für die Erbfolgeordnung der Pragmatischen Sanktion einzutreten. Damit wurde diese zum ersten und einzigen Gesetz für alle habsburgischen Länder: ein Staatsgrundgesetz, das die Einheit der Monarchie sichern sollte. Auf dieser Grundlage haben sich dann Maria Theresia und Joseph II. bemüht, die Länderunion zu einem Staat zu machen und die zentrale Verwaltung auszubauen. Auch dabei bildete das stehende Heer und dessen Versorgung den Ansatzpunkt zunächst für Abkommen mit den Ständen, dann für institutionelle Änderungen.

Die Staatsreform von 1749 – eine Verwaltungsreform, für die Graf Friedrich Wilhelm v. Haugwitz die Grundlinien entwickelte – griff auf Lehren der österreichischen Kameralisten zurück und orientierte sich z.T. am preußischen Beispiel, konnte allerdings nur in den österreichisch-böhmischen Erbländern durchgeführt werden. Bemerkenswerterweise setzte Haugwitz bei den Mittelinstanzen an. Für die Militär-, Finanz- und Wirtschaftsangelegenheiten der Länder wurden sog. Repräsentationen eingerichtet, deren Beamte nicht mehr auf die Stände, sondern die Königin vereidigt waren. Darunter standen die Kreisämter; sie waren – anders als in Preußen – rein staatliche Behörden und für Land und Stadt zuständig. Damit reichte auf dem platten Land die direkte Einwirkung des Staates weiter herab als in Preußen. Wenn er vor allem für den Schutz der Bauern sorgte, so standen dabei militärische Bedürfnisse im Vordergrund; denn auch in Österreich ging man zu einem Rekrutierungssystem über, das dem preußischen Kantonalsystem ähnelte. Der sog. Theresianische Kataster schuf die Grundlage für eine allgemeine direkte Besteuerung, in die auch der Adel einbezogen wurde. Auf der zentralen Ebene kam es zur Vereinigung der österreichischen und der böhmischen Hofkanzlei unter dem neuen Namen „Directorium in publicis et cameralibus". Daneben stand, bei noch immer nicht gelöster Verbindung von Justiz und Verwaltung, die „Oberste Justizstelle" als Ministerium und oberster Gerichtshof. In Analogie zum preußischen Generaldirektorium wurden das Generalkriegskommissariat und die Kommerzienhofkommission in das Direktorium einbezogen. Allerdings blieb es nicht dabei. Unter dem Einfluß des Außenministers Graf Kaunitz wurde die Finanzverwaltung wieder ausgegliedert und auf der Landesebene eine Anzahl von „Gubernien" geschaffen, Ämter mit begrenzten Ressorts. An die Spitze trat ein Staatsrat ohne exekutive Funktion. Diese Dezentralisierung bedeutete jedoch nicht Rückkehr zum Ständestaat, sondern bürokratische Ressortgliederung. Eine persönliche Regierung von gleicher Konsequenz, wie sie Friedrich in Preußen ausübte, hat

Maria Theresia weder angestrebt, noch wäre sie in Wien möglich gewesen. Der Einfluß der Stände in den Ländern des „Hauses Österreich" blieb erheblich größer, und eine Beamtenschaft, die einen bürokratischen Absolutismus hätte funktionsfähig machen können, stand noch nicht in hinreichendem Umfang zur Verfügung.

5. Absolutismus und aufgeklärter Absolutismus

Die absolute Monarchie wie auch die aufgeklärte monarchische Regierung sind europäische Erscheinungen gewesen. Sieht man die Herrschaft Ludwigs XIV. von Frankreich als Paradigma der absoluten Monarchie an, dann hat es Vergleichbares in Deutschland nicht gegeben. Der Absolutismus ist jedoch nicht nur in *einer* Gestalt aufgetreten. Zu ihm gehört nicht notwendig die hohe Stilisierung monarchischer Herrschaft, wie sie Ludwig in Versailles zelebrierte, und auch nicht die prunklos-prosaische, rücksichtslose und fromme Machtvollkommenheit, mit der Friedrich Wilhelm I. in Preußen regierte. Beide waren extreme Erscheinungen einer oft mehr angestrebten als realisierten, mehr beanspruchten als praktizierten, im wesentlichen sich auf die obere Staatsebene erstreckenden, nicht aber bis in die Lebenswelt der ländlichen Untertanen hineinreichenden Herrschaftsform. Nur der Theorie nach beruhte sie auf der ungeteilten und uneingeschränkten Gewalt einer Person, die als Gesetzgeber nicht den Gesetzen unterworfen ist, keiner Kontrolle unterliegt und bei der Herrschaftsausübung an keine Mitwirkung von Organen gebunden ist, es sei denn, sie habe sie selbst eingesetzt.

Absolute Gewalt ist souveräne Gewalt, „summa perpetuaque potestas", wie Jean Bodin sie definiert hat. Begrifflich und rechtlich schließt sie Konkurrenz und Widerstand aus – und tatsächlich hat das Bedürfnis nach einer Gewalt, die Bürgerkriege zu verhindern, Ordnung, Besitz, Nahrung zu sichern, Wiederaufbau und Verbesserung der Lebensverhältnisse zu bewirken in der Lage war, der absoluten Monarchie im Europa des 17. Jahrhunderts Vorschub geleistet, ja politische Berechtigung verliehen. Und in dem Maße, wie sie innerstaatliche Ruhe herstellte, konfessionellen Frieden sicherte, zum Teil auch grundherrliche Übergriffe verhinderte – wozu sie jedoch durchaus nicht immer in der Lage war –, das wirtschaftliche Leben förderte und einen administrativen Apparat von tendenziell einheitlicher Organisation aufbaute, stellte sie eine wesentliche Etappe auf dem Wege zum modernen Staat dar. Sie hat den Begriff und in Ansätzen auch die Praxis einer einheitlichen Staatsgewalt gegenüber der Vielfalt historisch begründeter Hoheitsrechte zur Geltung gebracht, ebenso die Vorstellung und rechtliche Konzeption des einheitlichen Staatsgebietes als Wirkungsraum dieser Staatsgewalt wie als Begründung der Herrschergewalt über das ganze Staatsgebiet. Die Anerkennung einer noch höheren politischen und rechtlichen Ordnung war damit ebenso ausgeschlossen wie die Anerkennung einer Teilhabe der Landstände an der Staatsgewalt. Innerhalb der absoluten Monarchie konnten die Funktionen und Rechte der Stände nur als überlassene, zugestandene und aufgetragene interpretiert werden.

In das Selbstverständnis absoluter Herrscher sind unterschiedliche Elemente eingegangen. Mit der prinzipiell rationalen Souveränitätslehre konnte die Lehre vom göttlichen Recht des Herrschers verknüpft sein, aber auch neben ihr stehen; sie konnte sich ebenso mit der naturrechtlichen Vorstellung verbinden, wonach Herrschaft im Gesellschaftsvertrag begründet ist und im Auftrage der Regierten ausgeübt wird. Diese aufgeklärten Theorien konnten allerdings auch mit einem wohlwollenden Paternalismus zusammengehen. In allen Fällen ließ sich auf solcher gedanklichen Grundlage „absolutistische" Politik rechtfertigen. Auch der sog. aufgeklärte Absolutismus ist Absolutismus geblieben! Denn auch er schloß eine Mitwirkung der Regierten an der Regierung aus. In mancher Hinsicht haben aufgeklärte Regierungen noch ausdrücklicher auf uneingeschränkter Regierungsgewalt bestanden und sie gegen den Widerstand der an Traditionen und Gewohnheiten hängenden Untertanen zur Geltung gebracht, um Reformen durchzusetzen und die gesellschaftliche und politische Entwicklung in Bahnen zu lenken, die den Forderungen der Vernunft entsprachen. In diesem Sinne konnte aufgeklärte Regierung sich als Treuhänderschaft, Vormundschaft und Erziehung verstehen.

Hier wird das Fortwirken des älteren protestantischen Amtsverständnisses von Herrschaft und des Paternalismus des wohlgeordneten Polizeistaates sichtbar, und zwar verbunden mit der Aufklärungsüberzeugung, daß Regierung den Zweck habe, die Menschen zu vernünftig denkenden und handelnden, aufgeklärten und mündigen Bürgern zu machen. Aufgeklärte Regierung sollte Herrschaft für das Volk, aber nicht auf die Zustimmung des Volkes bzw. seiner Mehrheit angewiesen sein, weil die Voraussetzung dafür, die Aufklärung, erst bewerkstelligt werden müsse. Der Zustimmung der wenigen schon Aufgeklärten allerdings, so wurde angenommen, dürfe eine solche Regierung versichert sein. Und diejenigen, die sich zu den Aufgeklärten zählten, erwarteten im System des aufgeklärten Absolutismus, daß ihnen die Rolle der Vermittler von aufgeklärten Ideen, der Erzieher und Kritiker zufalle – wohlwollender Kritiker, da die Ziele aufgeklärter Regierungen mit denen der aufgeklärten Kritik identisch sein müßten.

Wenn ein wesentliches Motiv für die Forderung nach einer aufgeklärten Regierung von hoher Handlungsfähigkeit die Rückständigkeit der gesellschaftlichen Verhältnisse und der staatlichen Organisation gewesen ist, so hätte es in der Konsequenz einer aufgeklärten Politik liegen müssen, ihre absolutistischen Elemente in demselben Maße abzubauen und zu überwinden, wie Aufklärung und politisches Bewußtsein sich verbreiteten. Der Beweis dafür war unter deutschen Verhältnissen in der hier behandelten Zeit nicht zu erbringen. Bis zum Ende des Siebenjährigen Krieges war und konnte „aufgeklärter Absolutismus" nichts anderes sein als die Regierung eines Monarchen, der seine Herrschaft nicht auf göttliches Recht gründete, sondern aus der Natur des Menschen, aus sozialen Notwendigkeiten und aus der Geschichte herleitete, den Staat als rationale Institution, Politik als vernünftiges Handeln verstand und sich bemühte, das fortgeschrittene „aufgeklärte" Denken seiner Zeit in seinem Staate zur Geltung zu bringen, nämlich in Reformen umzusetzen. Reformen freilich, die das bestehende soziale und politische System nicht auflösen, sondern modernen Anforderungen anpassen sollten.

Für die Erwartungen, die auf diese aufgeklärte monarchische Regierung gesetzt wurden, ist die Person Friedrichs II. von Preußen von entscheidender Bedeutung gewesen. Schon als Kronprinz hatte er europäische Aufklärungsideen aufgenommen; als König bemühte er sich, die Festigung und Erweiterung der Macht des Staates mit der Förderung des Wohlstands und der Bildung der Bürger zu verbinden. Mochte schon die Tatsache, daß er sich mit der Philosophie der Zeit beschäftigte, mit Philosophen Umgang pflegte und selber schrieb, ihm das Ansehen eines Philosophenkönigs geben, und mochte Kriegsruhm dieses Bild noch ausschmücken, so kamen bereits in den ersten Jahren seiner Herrschaft politische Maßnahmen und ein Regierungsstil hinzu, die Erwartungen weckten: seine tolerante Kirchenpolitik auch und gerade im eroberten Schlesien, die Reform der Gerichtsverfassung und die Ingangsetzung einer Gesetzeskodifikation für den gesamten Staat. Damit waren die Härten des Militär- und Verwaltungsstaates nicht gemildert, und Selbstherrschaft wurde von Friedrich im gleichen Maße wie von seinem Vater wahrgenommen; dennoch hat er durch sein Auftreten und Handeln nicht nur das faszinierende und für die Entwicklung des politischen Bewußtseins in Deutschland wichtige Beispiel eines

Monarchen von europäischem Ansehen gegeben, sondern auch an die Möglichkeit von umfassenden Verbesserungen im öffentlichen und privaten Leben durch bessere Politik glauben lassen. Diese Hoffnung wie die tatsächliche Regierungsaktivität haben allerdings auch dazu beigetragen, das politische Denken in Deutschland verstärkt auf den Staat zu fixieren.

V.

KRIEGE, KRISEN UND KONFLIKTE

Vorbemerkung: Deutschland und Europa

Mehr als frühere Friedensschlüsse war der Westfälische Friede von 1648 ein europäisches Ereignis. Er ging aus Verhandlungen hervor, an denen Gesandte fast aller europäischen Mächte teilnahmen, und stellte den ersten der für die europäische Diplomatie kennzeichnenden Kongreßfrieden dar. Wenn die Vertragschließenden versicherten, daß der Friede ein „christlicher, allgemeiner und ewiger" sein sollte, so hat er doch keine Zeit des Friedens eröffnet. Zwar ist es bis 1740 zu keinen innerdeutschen Kriegen mehr gekommen, aber in Kriege verwickelt wurden deutsche Dynastien immer wieder aufs neue, vor allem Habsburg mit seinen vielfältigen, große Teile Europas um- und übergreifenden Interessen. Allerdings war Deutschland nicht mehr der Hauptkriegsschauplatz. Mehr noch als vorher schon lagen die politisch relevanten Entscheidungen für ein Jahrhundert außerhalb Mitteleuropas. Zu keiner Zeit war die auswärtige Politik der deutschen Staaten so sehr von der Politik der großen europäischen Mächte bestimmt; und das hatte direkte, allerdings widersprüchliche Rückwirkungen auf ihre innere Politik. Konnte im einen Falle das Bestreben des Landesherrn, an der großen Politik teilzunehmen, Ansehen zu gewinnen und Gebietsvergrößerungen zu erreichen, zu schweren Auseinandersetzungen mit den Ständen führen und damit die auswärtige Politik zum Hebel für die Erweiterung der Regierungsgewalt im Innern werden, so konnte es im anderen dem Lande Unruhe und Unheil, dem Fürsten Rückschläge einbringen. Es ist kein Zufall, daß sich in der Zeit größter Abhängigkeit deutscher Politik von der europäischen Mächtekonstellation und des deutlichsten einzelstaatlichen Egoismus in einer Reihe von Staaten der Absolutismus, also jene obrigkeitszentrierte Regierungsweise ausbildete, die unter den Bedingungen der deutschen sozialen und politischen Verhältnisse besonders folgenreiche Wirksamkeit erlangt hat.

Dieser Befund darf nicht in der Perspektive nationalstaatlichen Denkens gesehen werden; vor allem darf den Reichsständen nicht der pauschale Vorwurf eines Mangels an nationaler Gesinnung gemacht werden. Es gab Regungen des Reichspatriotismus und der nationalen Empörung, z.B. bei der Besetzung Straßburgs durch die Franzosen 1681, und die Erinnerung an eine große Vergangenheit wie das Bewußtsein einer nationalen Kultur verstärkten sich im Laufe des 18. Jahrhunderts. Politische Konsequenzen jedoch in dem Sinne, daß Rücksicht auf nationale „Interessen" genommen oder gar nationale Ziele zur Richtschnur der Politik gemacht wurden, lagen noch außerhalb der deutschen Realität. Die Reichsstände waren am Dezentralismus des Reiches und an weitestgehender Unabhängigkeit interessiert. Die Erhaltung dieses Zustandes galt ihnen als die Bewahrung der „teutschen Libertät", und so dachten auch die europäischen Großmächte. Denn eine wesentliche Veränderung im Reich, die nach Lage der Dinge, zumindest bis 1740, nicht anders als durch Ausdehnung der Macht des Hauses Habsburg geschehen konnte, hätte das politische System Europas aus den Fugen bringen müssen. Überdies hätte ein Vordringen Habsburgs sofort die Sorge vor einem neuen Vorstoß der Gegenreformation geweckt.

So war denn die europäische Diplomatie darauf bedacht, das „Corps Germanique", zu erhalten. Auch in der politischen Literatur des 18. Jahrhunderts ist die Bedeutung des Reiches für den Frieden in Europa betont worden. Kein anderer als Jean-Jacques Rousseau schrieb in seinem „Auszug aus dem Plan des Ewigen Friedens des Herrn Abbé von Saint-Pierre" 1756/1761: „Was in Wirklichkeit das europäische Staatensystem aufrechterhält, so gut das gehen mag, ist in der Hauptsache das Spiel der Verhandlungen, die sich nahezu allzeit im Gleichgewicht halten; aber dieses System hat noch eine andere wirksamere Stütze: nämlich das Deutsche Reich, das vom Herzen Europas aus alle andren Mächte im Zaume hält und vielleicht der Sicherheit der anderen noch mehr dienen kann als seiner eigenen; durch seine Größe und die Zahl und Tapferkeit seiner Völker ein achtungsgebietendes Reich, dessen Verfassung allen von Nutzen ist, die, indem sie ihm die Mittel und den Willen zu Eroberungen unterbindet, es zugleich zu einer Klippe der Eroberer macht. Unerachtet der Fehler dieser Reichsverfassung ist es doch gewiß, daß, solange sie besteht, das Gleichgewicht Europas nicht verletzt werden kann, daß kein Herrscher zu befürchten hat, von einem anderen entthront zu werden, und daß der Westfälische Friedensvertrag vielleicht für immer die Grundlage des politischen Systems unter uns bleiben wird. Das öffentliche Recht, das die Deutschen so gründlich studieren, ist somit noch weit wichtiger, als sie glauben, denn es ist nicht allein das germanische öffentliche Recht, sondern in gewissem Sinne das von ganz Europa." Das war gewiß keine hinreichende Analyse der Reichsverfassung und der politischen Rolle des Reiches in Europa oder gar eine treffende Prognose, aber doch eine bemerkenswert positive Einschätzung des Reiches als Garant des europäischen Systems und als Modell einer übernationalen föderativen Ordnung. Gewiß stand dem Genfer Bürger Rousseau der Kleinstaat innerhalb eines föderativen Systems als die am meisten Freiheit ermöglichende Staatsform vor Augen. Aber auch den pragmatischer denkenden Diplomaten war bewußt, daß das „Gleichgewicht" in Europa – dieser Begriff wurde zu Beginn des 18. Jahrhunderts in ihrer Terminologie üblich! – von der Existenz des Reiches abhing.

Auch in der zweiten Hälfte des 17. Jahrhunderts und noch darüber hinaus spielten konfessionelle Gemeinsamkeiten oder Gegensätze in der deutschen und europäischen Politik eine Rolle, aber doch eine deutlich geringere. Interkonfessionelle Bündnisse waren jetzt nichts Außergewöhnliches mehr, ebensowenig Bündnisse deutscher Reichsstände mit auswärtigen Mächten vor allem gegen Habsburg, Bündnisse, von denen natürlich immer behauptet wurde, sie seien nicht gegen Kaiser und Reich gerichtet; umgekehrt konnte Habsburg seine Kriege weniger zu Reichskriegen machen. Tatsächlich ist das Reich als Ganzes selten in Kriege eingetreten, während einzelne Reichsstände häufig als Bündnispartner oder infolge dynastischer Interessen hineingezogen wurden oder sich selbst ins Spiel brachten. Gab es doch nirgendwo so viele regierende Häuser, deren familiären Verbindungen in der Zeit des dynastischen Erbrechts hohe politische Bedeutung zukam. In welchem Umfange Erbfolgefragen politische Krisen und Konflikte auslösen konnten, das hat gerade das Jahrhundert nach 1648 demonstriert: die spanische, polnische, österreichische Erbfolge führten zu europäischen Konflikten.

Diese wie andere Kriege, an denen deutsche Staaten teilnahmen, sind nicht alle Teil der deutschen Geschichte gewesen und brauchen deshalb hier nicht ausführlich behandelt zu werden. Aber es muß sichtbar gemacht werden, in welcher Weise die Kriege, Krisen und Konflikte Europas die geschichtliche Entwicklung Deutschlands beeinflußt haben.

1. Die Vorherrschaft Frankreichs und der Aufstieg des Hauses Österreich

Als sich mit dem Frieden von Prag (1635) eine Hegemonie des Hauses Österreich in Mitteleuropa abzeichnete, war Frankreich auf der Seite seines Bundesgenossen Schweden in den Krieg eingetreten; sah es sich doch nun von einem umfassenden Angriff der österreichischen und der spanischen Habsburger bedroht. 1648 hatte sich das Blatt gewendet: der Westfälische Friede dokumentierte einen schweren Rückschlag der habsburgischen Politik, und der Pyrenäenfriede von 1659 unterstrich dessen europäisches Ausmaß. In der großen Auseinandersetzung zwischen Habsburg und Frankreich, die seit dem späten 15. Jahrhundert eine Dominante der Politik im europäischen Staatensystem ausmachte, neigte sich die Waage Frankreich zu, das nun – nachdem mit der Niederwerfung der Fronde die innere Opposition ausgeschaltet war – zur Vormacht in Europa aufstieg. Daß es versuchen würde, seine Grenzen weiter nach Norden und Osten vorzuschieben, mußte erwartet werden; die im Pyrenäenfrieden vereinbarte Heirat Ludwigs XIV. mit der Infantin Maria Theresia aber öffnete die noch viel weitergehende, für das Staatensystem bedrohliche Perspektive einer bourbonischen Herrschaft über den spanischen Besitz. Bedrohlich war allerdings auch die andere Möglichkeit, nämlich die Wiederherstellung der habsburgischen Gesamtherrschaft durch den Übergang der Länder der spanischen Linie an die österreichische. Auch für sie sollte eine Heirat – Kaiser Leopolds I. mit der zweiten Tochter Philipps IV., der Infantin Margareta Theresia – die Weichen stellen. In der Tat hat die Frage der spanischen „Sukzession" die große Politik des späten 17. Jahrhunderts zunehmend überschattet.

Ludwig hat sie nicht nur diplomatisch vorbereitet, sondern versucht, schon vor ihrem Eintritt politische Tatsachen zu schaffen. Die folgenden Jahrzehnte waren erfüllt von französischen Vorstößen nach Flandern und zum Rhein. Zwar schlugen seine Bemühungen um die Kaiserwahl 1658 fehl, aber es war ein Erfolg für ihn, daß Leopold in seiner Wahlkapitulation auf die Unterstützung Spaniens Verzicht leisten mußte und daß der von Mainz geführte sog. „Rheinbund" durch den Beitritt Frankreichs unter seinen Einfluß geriet und damit die Rolle einer dritten Kraft zwischen Reich und Frankreich, die ihm Johann Philipp von Schönborn zugedacht hatte, nicht spielen konnte. Schon 1665 beim Tode Philipps IV., der einen schwächlichen Sohn hinterließ, rückten französische Armeen unter fragwürdiger Berufung auf das altbrabantische private Erbrecht der „Devolution" in Flandern und die ebenfalls spanische Freigrafschaft Burgund ein. Nicht Spanien, nicht der Kaiser und die Reichsstände leisteten Widerstand; ja der Kaiser fand sich sogar zu einem geheimen Teilungsvertrag mit Ludwig bereit, während die rheinischen Fürsten österreichischen und spanischen Truppen den Durchmarsch verweigerten. Es waren vielmehr die

Seemächte England und Holland, denen später auch Schweden beitrat, die Frankreich zum Frieden von Aachen (1668) veranlaßten. Es räumte die Franche Comté, behielt aber zwölf flandrische Festungen – Vorposten für weitere Aktionen! – und konnte die spanische Erbfrage offenhalten.
War dieser Friede auch nur ein vorübergehender Waffenstillstand und im übrigen ein französischer Erfolg, so zeigte er doch auch eine Konfiguration der Kräfte an, die in die Zukunft wies: Angesichts der drohenden Hegemonie einer einzelnen Macht stellten andere Mächte ihre Gegensätze vorübergehend zurück, wobei die Seemächte eine führende Rolle spielten. Die „Universalmonarchie" Ludwigs XIV. – vor der damals am deutlichsten der österreichische Diplomat Franz von Lisola warnte – war eben nicht nur ein propagandawirksames Schlagwort, sondern eine reale Gefahr. Wie sehr, das zeigte bereits Ludwigs Angriff auf die Niederlande im Jahre 1672, also gegen das Land, das am konsequentesten die „Universalmonarchie" zu verhindern suchte und deshalb für eine Aufteilung des spanischen Erbes eintrat.
Dem neuen Krieg waren eine diplomatische Offensive Frankreichs und einer jener abrupten Bündniswechsel vorausgegangen, wie sie für das Staatensystem jener Zeit charakteristisch sind. Die Tripel-Allianz löste sich auf; der englische König und Schweden traten auf die Seite Frankreichs, das mit den rheinischen Fürsten, mit Bayern und Hannover Verträge schloß. Der pfälzische Kurfürst verheiratete seine Schwester Liselotte an den Bruder Ludwigs XIV., den Herzog von Orléans; Bayern ließ sich neben österreichischen Gebieten die Kaiserkrone in Aussicht stellen, allerdings erst, nachdem Ludwig sie getragen hatte, und der wittelsbachische Erzbischof von Köln öffnete sein Land für den Aufmarsch französischer Truppen. 1670 fiel eine französische Armee in Lothringen ein und vertrieb, ein zweites Mal, den Herzog Karl IV. Militärischer Druck und das Geld Frankreichs ließen kein gemeinsames Handeln oder gar einen Widerstand der deutschen Fürsten aufkommen, welche überdies im Banne der politischen Macht und Kultur Frankreichs standen. 1671 schloß sogar der Kaiser ein Neutralitätsabkommen mit dem großen Gegner.
Der Vorstoß der überlegen ausgerüsteten und glänzend geführten französischen Armeen nach Holland blieb trotz aller militärischen Erfolge letztlich erfolglos, obwohl England zugleich seinen 3. Seekrieg gegen die Niederlande begann. Wichtiger als das Öffnen der Schleusen waren einerseits die Revolte gegen die Patrizierherrschaft und die Ernennung des oranischen Prinzen Wilhelm (III.) zum Statthalter der Provinz Holland, andererseits der erneute

Wandel der Mächtekonstellation. Schon war 1673 in Köln ein Friedenskongreß zusammengetreten, auf dem Schweden vermitteln wollte, als sich unter dem Druck der öffentlichen Meinung die englische Regierung mit Holland und der Kaiser mit Spanien, Lothringen und Holland verständigten, Dänemark und Brandenburg der antifranzösischen Koalition beitraten und der Reichskrieg erklärt wurde, von dem sich allerdings Hannover und Bayern fernhielten. Frankreich konnte dieser großen Koalition gegenüber nur auf Schweden, Polen und die Türkei als Bundesgenossen zählen, verfügte allerdings über die besseren Armeen, die bessere Diplomatie und die entschlossenere Führung, so daß es nach vorübergehenden Rückschlägen vor allem am Oberrhein sein Übergewicht allmählich wiedergewinnen konnte.

Ende 1674 versuchte es, Schweden zum Einfall in die Mark Brandenburg zu veranlassen. Kurfürst Friedrich Wilhelm eilte mit seinen Truppen vom Oberrhein zurück und siegte im Juni des folgenden Jahres bei Fehrbellin, nutzte, da auch Dänemark sich gegen das Nachbarland wandte, die Gelegenheit, Vorpommern und Stettin zu erobern, und verfolgte schwedische Truppen bis vor Riga. Im europäischen Krieg nur eine Nebenaktion, die die französische Politik nicht aus dem Konzept brachte, zumal sie die Rheinfront entlastete und Brandenburg schließlich Pommern doch nicht eintrug, da Frankreich seinen alten Bundesgenossen Schweden nicht im Stich ließ, hat dieser Feldzug doch die Schwäche der schwedischen Position an der deutschen Ostseeküste offenbart und den brandenburgischen Kurfürsten als einen ernstzunehmenden militärischen Faktor im Norden sichtbar gemacht. Die Entscheidungen in der großen Auseinandersetzung mit und um Frankreich sind im Mittelmeer, am Rhein und in Flandern gefallen, wo Frankreich überall noch einmal zum Angriff überging, um freilich erfahren zu müssen, daß es sein Ziel, den Gewinn der Niederlande, nicht zu erreichen vermochte. Aber auch die Front seiner Gegner zerfiel, so daß es bei den unter englischer Vermittlung 1677 in Nymwegen beginnenden Friedensverhandlungen mit ihnen einzelne Verträge abschließen konnte – zuerst mit den Generalstaaten, die fast ohne Verluste davonkamen, dann mit Spanien, das den größten Preis – die Freigrafschaft Burgund und 13 Grenzfestungen in den spanischen Niederlanden – zahlen mußte, schließlich mit Kaiser und Reich. Sie mußten zustimmen, daß Frankreich Freiburg und und die strategisch wichtige Festung Hüningen behielt, praktisch auch Lothringen, da Herzog Karl auf die drückenden und entehrenden Bedingungen des Friedens nicht einging; außerdem mußten sie auf jegliche Unterstützung der Feinde Schwedens Verzicht leisten. Tief erbittert sah sich der brandenburgische Kurfürst gezwungen, im Vertrag von St. Germain-en-Laye (1679) auf fast alle Eroberungen in Pommern zu verzichten. Frankreich hatte seine Stellung in Flandern und am Rhein ausgebaut, an keiner Stelle selber Opfer bringen und auch nicht auf seine spanischen Fernziele verzichten müssen. Ludwig XIV. stand auf dem Höhepunkt seiner Macht; sein Handeln bestimmte in Aktion und Reaktion weithin die europäische Politik, vor allem das Verhalten der deutschen Reichsstände.

Daß auch der Friede von Nymwegen nur ein Waffenstillstand sein würde, darüber war sich die europäische Diplomatie ebensowenig im unklaren wie über die Richtung der nächsten Vorstöße Frankreichs. 1673 schon hatte es sich die zehn elsässischen Reichsstädte einverleibt, über die es seit 1648 die Landvogtei ausübte, und der Friede von 1679 hatte eine endgültige Klärung der Lage im Elsaß vermieden. Eben hier nahm Ludwig, mitten im „Frieden", im Rückgriff auf eine dem mittelalterlichen Lehnsrecht entnommene Rechtsauslegung Reichsgebiete in Besitz. Territorien und Orte, die einstmals von den an Frankreich abgetretenen Gebieten abhängig waren, sollten der französischen Krone gehören, und zum Nachweis dieses Anspruchs wurden 1679 besondere Gerichtshöfe, die sog. Reunionskammern, eingerichtet. Sobald sie ein solches Gebiet ausgemacht hatten, wurde ungeachtet aller Zweifel und Gegenbeweise der Besitzer aufgefordert, dem König von Frankreich den Lehnseid zu leisten, andernfalls erfolgte die Besetzung. So wurde die einer württembergischen Nebenlinie gehörende Grafschaft Mömpelgard als burgundisches Lehen der Oberherrschaft der französischen Krone unterstellt; dasselbe geschah mit Gebieten des Bischofs von Straßburg und des Erzbischofs von Trier, der Grafen von Salm und Lützelstein, ferner mit saarbrücker, zweibrücker und anderen Besitzungen. Ohne jeden Rechtsvorwand wurde Ende November 1681 Straßburg zur Übergabe aufgefordert und nach kurzer Belagerung kampflos besetzt, ein Vorgang, der starke patriotische Empörung auslöste, aber infolge der militärischen Schwäche des Reiches und der differierenden Sonderinteressen der Reichsstände nicht verhindert werden konnte.

Inzwischen hatte sich der enttäuschte brandenburgische Kurfürst völlig an Frankreich angeschlossen, um im Bündnis mit ihm zu erreichen, was er auf der Gegenseite nicht gewinnen konnte; andererseits distanzierten sich Sachsen und selbst Bayern von Frankreich. Der Reichstag beschloß 1681 eine Reform der Reichskriegsverfassung; die 1679 gebildete Frankfurter Assoziation weitete sich auf den oberrheinischen und fränkischen Reichskreis aus

und ging 1682 mit dem Kaiser in Laxenburg ein Verteidigungsbündnis ein, und im folgenden Jahr schloß der Kaiser eine Koalition mit Holland, Schweden und Spanien. Ein neuer europäischer Krieg schien vor der Tür zu stehen, da Spanien sich dem neuen Vordringen Frankreichs in den Niederlanden widersetzte. Der Kaiser aber war im Osten durch den Krieg gegen die Türken gebunden, die 1683 ein zweites Mal Wien belagerten, und Frankreich bewies mit der Eroberung der Festung Luxemburg erneut seine militärische Überlegenheit. So erkannte der Kaiser im Regensburger Stillstand (August 1684) für die Dauer von 20 Jahren die seit dem 1. August 1681 vollzogenen Reunionen und den französischen Besitz von Straßburg und Luxemburg an. Die Hoffnung freilich, damit für längere Zeit Ruhe im Westen erkauft zu haben, erwies sich schon bald als trügerisch. Der Druck Frankreichs auf die Westgrenze verstärkte sich aufs neue; seine militärischen Vorstöße erreichten jetzt ihre höchste Rücksichtslosigkeit und hinterließen die tiefste Erbitterung.
Dennoch überschritt Ludwig eben in diesen Jahren den Höhepunkt seiner Macht; zugleich vollzogen sich Veränderungen im Mächteverhältnis Europas, die sich nachträglich als Anfänge eines entscheidenden Wandels herausgestellt haben. Mit der Aufhebung des Edikts von Nantes (1685), die den monarchischen Absolutismus im Innern vervollständigen sollte, indem sie die Einheit des Staates durch die Einheit der Religion ergänzte, überspannte Ludwig den Bogen. Mußte er am Ende seines Lebens einsehen, daß er dieses Ziel nicht erreicht hatte, so konnte er die negativen außenpolitischen Folgen schon bald bemerken. Die Flucht vieler Protestanten löste Unruhe in Europa aus, steigerte in England gleichzeitig mit dem Regierungsantritt des katholischen Stuart Jakob II. die Sorge vor der Rekatholisierung und trug dazu bei, den von Frankreich keine Unterstützung gegen Schweden mehr erwartenden Friedrich Wilhelm von Brandenburg auf die Seite der Gegner zu führen. Das Edikt von Potsdam (1685), mit dem er Hugenotten eine Freistatt bot, und das erneute Bündnis mit Holland im gleichen Jahre waren Zeichen eines Konstellationswechsels in Norddeutschland, zumal Brandenburg sich nun mit Schweden, dem traditionellen Bundesgenossen Frankreichs, aber auch mit dem Kaiser verständigte. Der gemeinsame erfolgreiche Einspruch Brandenburgs, Hannovers, Schwedens und des Kaisers gegen die Besetzung Hamburgs durch die mit Frankreich verbündeten Dänen bestätigte diesen Wechsel (1686). Das gilt prinzipiell auch für die im gleichen Jahre zustandegekommene Augsburger Allianz des Kaisers mit süddeutschen Reichsständen, die zwar militärisch und politisch bedeu-

tungslos blieb, jedoch ein wachsendes Bewußtsein für die von Frankreich drohenden Gefahren anzeigte.
Sie erfuhren nun auch schon bald eine erneute Verschärfung. Als 1685 der letzte pfälzische Kurfürst aus dem Hause Simmern gestorben war und Philipp Wilhelm aus dem katholischen Hause Neuburg folgte, erhob Ludwig XIV. für seine Schwägerin Liselotte Ansprüche auf den Allodialnachlaß ihres Bruders, der mehrere Ämter umfaßte. Um seinen Forderungen Nachdruck zu verleihen, ließ er einige Forts auf dem rechten Rheinufer anlegen; zugleich verstärkte er seinen Druck auf das Kurfürstentum Köln, wo er seinem Parteigänger, dem Kardinal Wilhelm von Fürstenberg, die Nachfolge auf den Erzstuhl verschaffen wollte und bei der zwiespältigen Wahl von 1688 das Land besetzte, während der Papst im Einvernehmen mit dem Kaiser den Bayernprinzen Joseph Clemens bestätigte. Darauf ging Ludwig zur Offensive über und forderte die definitive Anerkennung der Reunionen und die Aufnahme Fürstenbergs in das Kurfürstenkolleg, während er sich bereiterklärte, auf seine pfälzischen Ansprüche gegen Geldabfindungen zu verzichten. Da der Kaiser diesmal nicht zurückwich, begann der Krieg erneut – abermals in europäischen Dimensionen, aber unter wiederum veränderten Bedingungen. Denn in England stürzte die Dynastie der Stuarts, und Wilhelm von Oranien, der große Gegner Ludwigs, bestieg den Thron des Inselreichs. Im Osten waren die Armeen des Kaisers nach dem Sieg von Kahlenberg am 12. November 1683 zur Offensive gegen die Türken übergegangen, die bei Ofen (1686) und Mohacs (1687) schwere Niederlagen einstecken mußten; im September 1688 war Belgrad erobert worden – für Ludwig XIV. das Zeichen zum Angriff, da nun das wirksame Zusammenspiel mit den Osmanen in Frage gestellt war, durch das Habsburg sich bisher immer wieder gezwungen gesehen hatte, einen Teil seiner Aufmerksamkeit auf den Osten zu richten. Nun hatte es nicht nur freiere Hand, obwohl der Türkenkrieg andauerte, sondern auch sein Selbstbewußtsein war gestärkt. Im Mai 1689 schlossen Kaiser und Reich mit Holland ein Bündnis, das sich durch den Beitritt Englands, Spaniens, Schwedens und Savoyens zur Großen Koalition erweiterte und dem Zwecke dienen sollte, den Westfälischen und den Pyrenäenfrieden wiederherzustellen.
Der nun beginnende Krieg, der die erste Phase einer bis 1714 andauernden Kriegsära ausmachte und als Vorspiel zum Spanischen Erbfolgekrieg angesehen werden muß, – dieser Konflikt, der nur ein Teil der Auseinandersetzung zwischen einer großen, aber keineswegs einheitlichen Koalition und dem isolierten, aber noch immer mächtigen und eine Hegemoniestellung beanspruchenden Frank-

reich bildete, wird im Zusammenhang der deutschen Geschichte oft als „Pfälzischer Krieg" bezeichnet. Waren Ansprüche auf pfalz-simmernsche Gebiete für Ludwig XIV. der Anlaß zum Handeln, so sind große Teile der Kurpfalz auch das Opfer dieses Krieges geworden. Angesichts der Formierung und des Aufmarsches seiner Gegner verzichtete der König darauf, über die Besetzung von Kurköln und die Eroberung von Philippsburg hinaus weiter vorzustoßen; stattdessen ließ er in den besetzten und solchen Gebieten, die in Reichweite der französischen Armeen lagen, die Festungen schleifen, Städte und Dörfer, die verteidigt werden konnten, planmäßig verwüsten. Neben Gebieten am Mittelrhein und an der Mosel wurde vor allem die Pfalz schwer getroffen; Städte wie Heidelberg und Mannheim gingen in Flammen auf: Zeichen einer ebenso rücksichtslosen wie verfehlten Strategie, denn der militärische Erfolg blieb gering, der politische Schaden aber hat im deutsch-französischen Verhältnis lange nachgewirkt.

Zwar konnten Mainz, Bonn und Kaiserswerth, die von den Franzosen als Stützpunkte verteidigt wurden, von den Reichstruppen erobert werden; zum Nachstoßen fehlten jedoch die Kraft und die Entschlossenheit. Mißtrauen unter den Reichsständen und die Disparatheit ihrer eigenen politischen Interessen verhinderten, trotz des erklärten Reichskrieges, die Mobilisierung des militärischen Potentials zu gemeinsamer Aktion. Wenn in den „vorderen" Reichskreisen der Gedanke der Assoziation unter den kleinen Reichsständen erneute Resonanz fand, so betrachtete man von Wien aus diese Entwicklung mit großer Skepsis; in Nord- und Mitteldeutschland ging der Plan einer dritten Partei um, und der Welfe Ernst August benutzte die Gelegenheit, seinem Verlangen nach der Kurwürde für sein Haus durch ein Bündnis mit Frankreich Nachdruck zu geben. Zwar hat die kaiserliche Zustimmung (1692) Hannover an die habsburgische Politik gebunden; es entstanden jedoch auch tiefe Mißhelligkeiten unter den Kurfürsten über die neunte Kur. So schleppte sich der Krieg ohne militärische Entscheidung hin, auch auf den außerdeutschen Kriegsschauplätzen. Da Frankreich militärisch nicht entscheidend geschlagen werden konnte und die Große Koalition zu zerfallen begann gelang es ihm, mit einzelnen Gegnern Verhandlungen anzuknüpfen. Unter schwedischer Vermittlung führten sie im September 1697 in Ryswijk zu Friedensschlüssen mit Großbritannien, Holland und Spanien. Dem Kaiser blieb nichts anderes übrig, als einige Wochen später diesen Friedensschlüssen, zugleich für das Reich, beizutreten.

Während Frankreich und die Seemächte ihre Eroberungen gegenseitig zurückerstatteten, Ludwig den Oranier als englischen König anerkannte und auch Spanien nur geringe Gebietsverluste erlitt, behielt Frankreich seine elsässischen Reunionen und Eroberungen einschließlich Straßburgs; allerdings gab es das Herzogtum Zweibrücken, Philippsburg, Breisach, Kehl und Freiburg zurück, ferner Lothringen in der Gestalt von 1670 an Herzog Karl V., wobei es sich ein Durchmarschrecht sicherte; schließlich ließ es den Kardinal Fürstenberg als Erzbischof von Köln fallen.

Gemessen an den Zielen Ludwigs bedeutete der Ryswijker Friede zweifellos einen Mißerfolg, gemessen an den Erwartungen und Zielen der großen Koalition eine Demonstration der Macht und Verteidigungsstärke der bourbonischen Monarchie. Immerhin hatte die Koalition, das Werk Wilhelms von Oranien, dem Expansionsstreben Frankreichs erstmals die Grenzen gewiesen, es aber nicht zum Rückzug auf den Stand von 1648 und 1659 und auch nicht zum Verzicht auf die Spanische Sukzession zwingen können. Es war abzusehen, daß Europa deswegen ein neuer Waffengang bevorstand. In ihm hat das Reich nur noch eine Nebenrolle gespielt, Österreich dagegen, als europäische Großmacht mit eigenen, vom Reich deutlich unterschiedenen Interessen, eine um so größere.

Während beim Abschluß des Pyrenäenfriedens der politische Niedergang Spaniens offenbar war, konnte der politische Aufstieg Österreichs im späten 17. Jahrhundert beim Abschluß des Westfälischen Friedens nicht vorausgesehen werden. Es war eine Folge von Entwicklungen im Südosten Europas, die bei aller Eigendynamik doch mit den Auseinandersetzungen in Westeuropa in einem Wirkungszusammenhang standen. Wie der türkische Druck im Osten die Handlungsfähigkeit Österreichs im Westen lange behinderte und damit Frankreichs Politik begünstigte, so hat ihm das Nachlassen dieses Drucks die Möglichkeit zu einem stärkeren Engagement im Westen gegeben, und zwar eben in dem geschichtlichen Moment, in dem die Frage der spanischen Erbfolge aktuell wurde.

Die Tatsache, daß das Osmanische Reich jahrhundertelang einen beträchtlichen Teil Europas beherrschte und – obwohl als nichtchristliche, orientalisch-despotisch regierte Macht außerhalb des jus publicum Europaeum stehend – einen bedeutsamen Faktor der europäischen Staatenpolitik ausmachte, war den Menschen im 17./18. Jahrhundert zweifellos sehr viel bewußter als dies heute der Fall ist. Nach dem Tode Solimans II. (1566) und der Niederlage in der Seeschlacht von Lepanto (1571) hatten die Türken ihren

Besitzstand in Europa im wesentlichen gehalten; dynastische Schwierigkeiten, Zerfall des Heeres, innere Unruhen und die Auseinandersetzungen mit Persien verhinderten lange Zeit weitere Vorstöße nach Westen. Sie beherrschten den größten Teil Ungarns und übten über Siebenbürgen und Moldau eine umstrittene Oberherrschaft aus. Erneut in Bewegung gerieten die Fronten, nachdem der Großwesir Mohammed Köprülü die staatliche Gewalt wieder stabilisiert hatte. Zwar konnte der erste türkische Angriff 1664 bei St. Gotthard a.d. Raab von dem kaiserlichen Feldherrn (und bedeutenden Militärtheoretiker) Montecuccoli zurückgeschlagen, der Sieg aber nicht ausgenutzt werden. Der schnell, noch im gleichen Jahr geschlossene Friede von Vasvár wie die Verwicklungen der Türkei in Kriege mit Polen und Rußland verschafften Österreich noch einmal zwei Jahrzehnte relativer Ruhe an dieser Front, der es für den Kampf gegen Frankreich dringend bedurfte. Allerdings blieb die Lage im habsburgischen Teil Ungarns unruhig, und die ungeschickte zentralistische und antiprotestantische Politik Leopolds hat noch dazu beigetragen, Widerstand und Aufstand vor allem unter dem Adel zu provozieren, die von Frankreich geschürt wurden. Emmerich Tököly, der Führer der Aufständischen, suchte Verbindung mit den Türken, die 1683 zu einem Großangriff auf die österreichischen Erbländer ansetzten. Gewiß wurde dieser Vorstoß, der eine Armee von 200000 Mann in kurzer Zeit vor Wien führte, durch die französische Politik begünstigt und unterstützt; sein Hauptantrieb aber ging von dem Willen des Großwesirs Kara Mustapha aus, die habsburgische Macht zu zerschlagen. Vor allem Papst Innozenz IX. war es zu verdanken, daß Polen auf die Seite des Kaisers trat; im Reiche dagegen hielten sich die Parteigänger Frankreichs, auch der brandenburgische Kurfürst, zurück. Drei Monate hielt Wien der Belagerung stand, dann wurde es durch den Sieg des Entsatzheeres unter dem polnischen König Johann Sobieski am Kahlenberge (12. September 1683) befreit. Entscheidender noch war es, daß sich – durch den „Regensburger Stillstand" mit Frankreich begünstigt – sofort eine großangelegte, von Herzog Karl von Lothringen geplante Offensive anschloß, die das Kräfteverhältnis im Osten definitiv veränderte. Im März des folgenden Jahres schloß Kaiser Leopold mit Polen, Venedig und dem Papst eine „Heilige Allianz" ab. Nach dem Sieg bei Mohácz, der ganz Ungarn befreite, erreichte Leopold auf dem Reichstag zu Preßburg die Anerkennung der Erblichkeit der Krone im Hause Habsburg und die Krönung seines Sohnes Joseph. Auch Siebenbürgen unterwarf sich. Im September des folgenden Jahres eroberte Max Emanuel von Bayern Belgrad; Markgraf Ludwig von Baden stieß nach Bosnien vor, während der Großwesir einem Janitscharenaufstand zum Opfer fiel. In diesem Moment, in dem der Weg für weiteres Vordringen offenstand, fiel Frankreich in die Pfalz ein. Daß Österreich, obwohl jetzt in einen Zweifrontenkrieg verwickelt, den Türkenkrieg trotzdem fortsetzte, beweist sein erheblich gewachsenes Kraftgefühl. Zwar blieb eine Behinderung der Operationen durch den Krieg im Westen nicht aus, ganz abgesehen davon, daß die Koalitionspartner eine Zurückstellung des Türkenkrieges forderten; es gab Rückschläge wie den Verlust Belgrads und Erfolge wie den Sieg bei Szlankamen (1691); dennoch hat schließlich die durch den Prinzen Eugen von Savoyen reorganisierte Armee mit dem Sieg bei Zenta (1697) und weiteren Zügen durch Bosnien eine Situation geschaffen, in der der Sultan die Friedensvermittlung der Seemächte annahm. Auch Österreich brauchte jetzt den Frieden, da der spanische Erbfall heranrückte. Im Frieden von Carlowitz am 26. Januar 1699 mußte die Pforte die habsburgische Herrschaft über ganz Ungarn, mit Ausnahme des Banats, über Siebenbürgen und größere Teile Slavoniens und Kroatiens anerkennen.

Seither ist das Osmanische Reich keine Bedrohung für Mitteleuropa mehr gewesen. Der bis ins 20. Jahrhundert sich hinziehende Prozeß seiner Zurückdrängung hatte eingesetzt, aus dem im 19. Jahrhundert die „orientalische Frage" hervorgegangen ist, nämlich der für Europa lebensgefährliche Wettbewerb um das Erbe des „kranken Mannes am Bosporus". In folgenreicher Weise zeichnete sich für die österreichische Politik der Südosten als eines ihrer wichtigsten Interessengebiete ab. Und tatsächlich ist der Ausbau der politischen Machtstellung Österreichs auf dem Balkan eine wesentliche Grundlage für seine Großmachtstellung gewesen, die es im Spanischen Erbfolgekrieg behauptet hat, obwohl den Habsburgern in Wien der größte Teil des Erbes der Habsburger in Madrid entging. Ganz auf der Linie österreichischer Großmachtpolitik, wie sie vor allem durch den Prinzen Eugen vertreten wurde, lag es deshalb, daß sie unmittelbar nach dem Spanischen Erbfolgekrieg den Krieg gegen die Türken wieder aufnahm. Als diese den Venezianern Morea abnahmen, griff Eugen an, schlug sie bei Peterwardein (1716), eroberte Temesvár und im August 1717 Belgrad. Der im folgenden Jahr unter englisch-holländisch-schwedischer Vermittlung auf der Basis des gegebenen Besitzstandes geschlossene Friede von Passarowitz trug Österreich das Banat, Nordserbien und die kleine Walachei ein, womit es erstmals weit über die Grenzen Ungarns hinausgriff.

Obwohl die Hauptlast erst der Türkenabwehr, dann des Angriffs gegen das Osmanische Reich vom Hause Österreich getragen wurde und obwohl dieses der große Gewinner in diesem Kampf war, ist der Türkenkrieg nie allein eine habsburgische Angelegenheit gewesen, allerdings auch kaum eine Angelegenheit des ganzen Reiches. Immer noch hatte er zu einem Teil den Charakter eines Kreuzzuges und eines Krieges zur Verteidigung der abendländischen Kultur. Söldner und Truppenführer aus vielen deutschen und europäischen Staaten haben in ihm gekämpft; viele der bedeutenden Heerführer des frühen 18. Jahrhunderts haben in ihm gelernt. Die Kaiserstadt Wien ist damals mehr als je zuvor eine europäische Stadt geworden, und der kaiserliche Dienst gewann an Glanz und Attraktivität für den deutschen und Teile des europäischen Adels.

Gewiß gehört dieser Aufstieg Österreichs mehr in die europäische als in die deutsche politische Entwicklung. Aber es war doch für die europäische Mitte, für das Reich, für Deutschland von erheblicher Bedeutung, daß sich hier ein politischer Machtkern mit eigenem Gewicht bildete. Er gab dem Reich Rückhalt in den Turbulenzen der ersten beiden Drittel des 18. Jahrhunderts. Das zeigte sich gerade im Spanischen Erbfolgekrieg, der in vieler Hinsicht wie eine Bündelung der politischen Entwicklungstendenzen und Handlungsmöglichkeiten des europäischen Staatensystems im Ringen um Hegemonie oder Gleichgewicht erscheint.

2. Das Reich in den europäischen Kriegen des frühen 18. Jahrhunderts

Obwohl europäische und durch die Einbeziehung der Meere und überseeischen Besitzungen weltweite Konflikte, behielten die Kriege des späten 17. und frühen 18. Jahrhunderts den Charakter von „Kabinettskriegen". Sie waren politisch kalkulierte Unternehmungen, Mittel zur Erreichung politischer Ziele, die unter Umständen schon durch drohende Truppenbewegungen, Besetzung strategisch wichtiger Punkte, Errichtung oder Belagerung von Festungen, Abschneiden von Operationslinien erreicht werden konnten. Die militärischen Operationen wurden dadurch eingeengt, daß sie mit ständig von Desertation und Disziplinlosigkeit bedrohten, oft von Krankheiten geplagten, schlecht zu versorgenden Söldnertruppen geführt werden mußten. Die Kriegstechnik der Zeit stand deshalb unter dem Zwang, die Truppen auch im

Gefecht unter strenger Kontrolle zu halten, sie also möglichst in geschlossenen Formationen operieren zu lassen – und im übrigen harte Strafen anzuwenden. Handelte es sich um stehende Heere, so kam hinzu, daß sie kostspielig und nicht leicht zu ersetzen waren. In der Kriegsführung galten deshalb die strikt berechneten Aktionen, die planmäßige Anlage von Festungssystemen als Inbegriff der „Kriegskunst", die sich gerade in dieser Zeit entfaltete und hohe Schätzung erfuhr. Das alles bewirkte, im Vergleich mit dem Dreißigjährigen Krieg, eine gewisse Beschränkung der Folgen von Kriegen für Land und Leute – abgesehen von unmittelbaren Kampfgebieten.

Der Kriegskunst entsprach die rationalistische Diplomatie, die in geradezu mechanistischer Weise Kriege erklärte und beendete, Friedensverträge schloß und brach, Allianzen organisierte und Heiraten plante. Suchten die Heerführer den Sieg, so die Diplomaten den Gewinn, den Ausgleich, die Entschädigung, die Erhaltung des „Gleichgewichts". Équilibre, concert, convenance waren charakteristische Begriffe in der Sprache einer Politik, die nicht bloß vom egoistischen Machtdenken beherrscht war, sondern auch Versuche kannte, die labilen und konfligierenden Kräfte im europäischen Staatenverein rational einzufangen, sie kalkulierbarer zu machen und unter Kontrolle zu bringen. Es war eine Politik der „Staatsräson" auf der Grundlage einer Interessenlehre. Man ging davon aus, daß jeder Staat seine Interessen verfolgen müsse; kollidierten sie untereinander, so mußten sie vertraglich oder kriegerisch ausgetragen werden. Es war die Räson der Regierung, ihre Politik an den Interessen des jeweiligen Staates zu orientieren, und es konnte diesen durchaus entsprechen, Bündnisse zu schließen und Frieden zu wahren. In der Tat ist dieses Zeitalter anscheinend unablässiger Kriege auch ein Zeitalter der Friedensschlüsse und Bündnisse, ja eher ein Zeitalter der Diplomaten als der Generäle gewesen.

Der Ryswijker Friede hatte die Frage der spanischen Erbfolge offengelassen; die Kinderlosigkeit Karls II. (1665–1700) aber rückte das Erlöschen der spanischen Linie des Hauses Habsburg in die Nähe. Alle Erfahrung des zu Ende gegangenen Krieges sprach dafür, daß es über der Beanspruchung des Gesamterbes durch einen der Anwärter zum Kriege kommen müsse. Deshalb bemühten sich die Diplomaten, noch vor dem Eintritt des Erbfalls zu vertraglichen Regelungen über eine Teilung zu gelangen. Auf dem Papier wurde die Beute vergeben, ehe sie zur Verfügung stand.

Erbberechtigt waren 1. Ludwig XIV. von Frankreich als Sohn der ältesten Tochter Philipps III. und als Gatte der ältesten Tochter

Philipps IV. von Spanien; 2. Kaiser Leopold I. als Sohn der jüngsten Tochter Philipps III. und Gatte der jüngsten Tochter Philipps IV., außerdem als Haupt der österreichischen Linie des Hauses Habsburg; 3. Kurprinz Joseph Ferdinand von Bayern als Urenkel Philipps IV. und Enkel Karls II. Den von Mutter und Gattin Ludwigs XIV. bei der Eheschließung geleisteten Verzicht auf ihre Thronansprüche hatte das Pariser Parlament für nichtig erklärt; überdies war die vereinbarte Mitgift nicht ordentlich geleistet worden; Leopolds Gattin dagegen hatte nicht verzichtet. Während Leopold im Sinne habsburgischer Gesamthauspolitik für seinen zweiten Sohn Karl Anspruch auf das ungeteilte Erbe erhob, fand sich Ludwig für seinen zweiten Enkel Philipp von Anjou zu einer Teilungsvereinbarung mit den eine solche Lösung anstrebenden Seemächten England und Holland bereit. Der im Oktober 1698 zur Erhaltung des Friedens in Europa geschlossene Vertrag sah vor, daß Philipp Neapel, Sizilien und dazugehörende Plätze in der Toskana, Karl nur das Herzogtum Mailand, Joseph Ferdinand den Löwenanteil, nämlich Spanien mit den Kolonien und die Niederlande erhalten sollten. Daß Karl II. dann den Bayernprinzen zum Universalerben einsetzte, blieb eine Episode, da Joseph Ferdinand 1699 starb. Damit aber verlor auch der Teilungsvertrag seine Grundlage, so daß die Seemächte und Frankreich ihn im März 1700 durch einen anderen ersetzten. Nun sollte Philipp Mailand dazubekommen und dieses gegen das Herzogtum Lothringen austauschen; den Anteil des Bayernprinzen sollte der Erzherzog Karl bekommen. Diese für Habsburg anscheinend günstige Lösung lehnte der Kaiser dennoch in der Hoffnung ab, man würde in Madrid nun den Erzherzog zum Universalerben bestimmen; stattdessen erreichte die französische Diplomatie dort die Übertragung des gesamten Erbes an Philipp. Kurz darauf starb Karl II., und Ludwig XIV. ließ, gegen den Teilungsvertrag, seinen Enkel Philipp V. zum König von Spanien ausrufen.

Die Entschlossenheit des Kaisers, seine Ansprüche militärisch zur Geltung zu bringen, fand Unterstützung bei den Seemächten. Die Haager Allianz von 1701 war das letzte Werk Wilhelms von Oranien; sein Gedanke einer Koalition gegen die hegemonialen Ansprüche Frankreichs hat ihn – er starb am 19. März 1701 – überdauert. Der Allianz schlossen sich Portugal, später auch Savoyen an, ferner die meisten, aber nicht alle Reichsstände; die wittelsbachischen Kurfürsten von Bayern und Köln standen im französischen Lager. Erneut und nicht zum letzten Mal sahen die Wittelsbacher in der habsburgischen Politik die größere Gefahr und die Schranke eigener Expansionswünsche. Bei den anderen Reichsständen gaben im einzelnen recht unterschiedliche Interessen den Ausschlag für die Parteinahme: Hannover blickte bereits auf die englische Thronfolge voraus; Sachsen-Polen mußte die Krise im Norden berücksichtigen, und Brandenburg-Preußen war an dem Erwerb des Familienbesitzes Wilhelms III. von Oranien interessiert, abgesehen davon, daß es für die Anerkennung der preußischen Königswürde dem Kaiser verpflichtet war. 1702 kam es zur Erklärung des Reichskrieges an Frankreich; allerdings hat das Reich als solches nur eine untergeordnete Rolle im Kriege gespielt – wie sehr, das zeigte sich exemplarisch im Frieden von Baden (26. 6. 1714): das Reich erkannte den Frieden von Rastatt zwischen dem Kaiser und Frankreich als verbindlich an. Schon dieser Friede (6. 3. 1714) aber war sozusagen nur das Nachspiel der Friedensschlüsse von Utrecht (1713), in denen sich die anderen am Kriege beteiligten Mächte über eine Regelung der Spanischen Erbfolge einigten, welche den Kaiser bitter enttäuschte. Die Fortführung des Krieges aber durch Österreich und das Reich allein, wobei Preußen bereits ausgeschieden war, enthüllte sehr bald ihre Schwäche gegenüber den französischen Armeen.

Das Auf und Ab des Krieges ist hier nicht im einzelnen zu verfolgen. Er begann mit dem Einmarsch einer österreichischen Armee in Mailand, sah glänzende Siege im Zusammenwirken des Prinzen Eugen mit John Churchill, Herzog von Marlborough, aber auch Vorstöße französischer Armeen nach Süddeutschland und gemeinsame Operationen mit bayerischen Truppen, militärische Mißerfolge der Reichstruppen am Oberrhein, Aufstände in Ungarn, Spannungen zwischen den Reichsständen und dem neuen Kaiser Joseph I. (1705–1711). Französischen Boden haben die Koalitionsheere nur vorübergehend betreten. Als nach der Schlacht bei Oudenaarde (1708) die Entscheidung zugunsten der Allianz gefallen und Frankreich zum Nachgeben gezwungen zu sein schien, haben die überzogenen Forderungen der Alliierten Ludwig zur Fortsetzung des Krieges getrieben, und als sich seine Lage erneut zum Schlechten wandte, rettete ihn die beginnende Auflösung der Koalition. In England stürzte Marlborough, die friedenswilligen Tories kamen zur Macht (1710/11) und eröffneten geheime Verhandlungen mit Frankreich. Kurz darauf starb Joseph I. ohne männliche Erben; so daß die Nachfolge seinem in Spanien zum König ausgerufenen Bruder Karl zufiel, der überdies noch im gleichen Jahre, 1711, zum Kaiser gewählt wurde. Damit zeichnete sich die Möglichkeit der Erneuerung des Reiches Karls V. ab – eine Konstellation, welche für Europa und zumal für die Seemächte noch weniger tragbar gewesen wäre als die Hegemonie Frankreichs.

Anfang 1712 trat auf englisches Drängen im Haag ein Friedenskongreß zusammen, während die Kampfhandlungen noch andauerten. An seinem Ende stand eine Reihe von Friedensschlüssen Frankreichs mit England, Holland, Portugal, Savoyen und auch Preußen. England setzte die Anerkennung der hannoverschen Erbfolge und den Verzicht auf Unterstützung der Stuarts, die Abtretung großer Gebiete Kanadas und Gibraltars, ferner die Schleifung der Festung Dünkirchen durch. Holland erhielt – unter komplizierten Austauschbedingungen mit Rücksicht auf den bayerischen Kurfürsten – das Besatzungsrecht für eine Reihe von festen Plätzen in den bis dahin spanischen, jetzt an Österreich fallenden Niederlanden, die sog. „Barriere", zur Sicherung seiner Grenze gegenüber Frankreich, und Preußen gewann den spanischen Anteil des Oberquartiers Geldern, die Anerkennung seiner Souveränität über Neufchâtel und Valengin (aus oranischer Erbschaft) sowie des preußischen Königstitels. Savoyen erhielt das Königreich Sizilien zugesprochen, ferner die Thronfolge in Spanien beim Aussterben der dortigen Bourbonen, und Österreich die spanischen Nebenländer Mailand, Neapel und Sardinien, das Ludwig XIV. vergebens für Max Emanuel von Bayern verlangt hatte. Frankreich aber erreichte die Anerkennung Philipps von Anjou als König von Spanien. Nach knapp dreiviertel Jahren sah sich der Kaiser gezwungen, den Utrechter Regelungen beizutreten; darüber hinaus wurde der Besitzstand von 1697 wieder hergestellt, allerdings blieben Stadt und Festung Landau bei Frankreich.

Weder Habsburg noch Frankreich hatten ihre Ziele erreicht; das Ergebnis des Krieges entsprach vielmehr dem Interesse der Seemächte, vorab Englands, dessen politischer Druck auf die europäischen Mächte im Sinne der Erhaltung eines Gleichgewichts unter ihnen nunmehr ausschlaggebend wurde. Das bedeutete zugleich den Beginn einer politischen Gewichtsverlagerung zum protestantischen Teil Europas. Dennoch blieb der alte Gegensatz zwischen Habsburg und Frankreich erhalten, den Österreich durch seine Erwerbungen nun auf ganzer Frontbreite, von den Niederlanden bis nach Italien, übernommen hatte. Das Reich spielte nur eine Nebenrolle; die großen Reichsstände drängten mehr noch als zuvor über es hinaus, wodurch sie in Konflikte hineingerieten, die für das Reich als ganzes peripher blieben. Das gilt vor allem für den sog. Nordischen Krieg, der, obwohl mit dem Spanischen Erbfolgekrieg parallel laufend, ein von ihm getrennter geblieben ist.

Die Unruhe im Norden und Nordosten gehört zu den großen, andauernden Themen der politischen Entwicklung Europas in der frühen Neuzeit. Am Ende des Dreißigjährigen Krieges besaß Schweden keinen ernsthaften Konkurrenten im Kampf um das dominium maris baltici; schwedische Besitzungen umringten die Ostsee. Als Karl X. Gustav aus dem Hause Pfalz-Zweibrücken, der 1654 seiner Cousine, der dem Thron entsagenden Königin Christina folgte, kurz darauf Polen angriff, veranlaßten ihn dazu sowohl die Schwäche Polens und das Vordrängen Rußlands zur Ostsee als auch der Wunsch, die Armee, auf der Schwedens Stellung beruhte, außer Landes zu beschäftigen. Durch seinen erfolgreichen Vorstoß und den Zusammenbruch Polens geriet der Kurfürst von Brandenburg in die demütigende Situation, das Herzogtum Preußen nun vom schwedischen statt vom polnischen König zu Lehen nehmen zu müssen (Januar 1656). Als freilich die Polen sich erhoben, die Russen vor Riga erschienen, Dänemark und Österreich für Polen eintraten und Schweden sich isoliert fand, gestand es dem Brandenburger im Vertrag von Labiau (November 1656) die volle Souveränität über Preußen und Ermland zu. Bald darauf aber schwenkte Friedrich Wilhelm wieder ab und erreichte durch kaiserliche Vermittlung im Vertrag von Wehlau (1657) von Polen dasselbe Zugeständnis (ohne Ermland). Nach wechselnden Kämpfen und Koalitionen führten französische Drohung, österreichische Erschöpfung, erneute schwedische Erfolge in Dänemark, aber auch der Tod Karls X. 1660 zum Frieden von Oliva. Er brachte Brandenburg die Bestätigung des Vertrags von Wehlau, Vorpommern jedoch mußte es wieder räumen. Schweden hatte im ganzen seine Vormachtstellung im Norden, auch seine Position in Norddeutschland behauptet, und der trotz aller militärischen Erfolge (Fehrbellin) für Brandenburg so enttäuschende Ausgang des schon früher erwähnten Krieges gegen Schweden 1675–78 änderte daran noch nichts. Gleichwohl hatte sich Brandenburg-Preußen unübersehbar in die Machtkämpfe des Nordens und Ostens eingeschaltet; hier lagen von nun an die Ziele seiner ehrgeizigen Politik.

Erst der Nordische Krieg hat Schweden seine Großmachtstellung gekostet und zugleich Rußland unmittelbar in die europäische Politik hineingeführt. Als Karl XII. (1697–1718) nur fünfzehnjährig zur Regierung kam und Dänemark angriff, schloß dieses Land ein Bündnis mit Polen-Sachsen, dem Rußland beitrat. Der nun ausbrechende Krieg stand zunächst ganz im Zeichen der ebenso schnellen wie kühnen Siege Karls, die ihm die Bewunderung Europas eintrugen. Dänemark wurde zum Frieden gezwungen und nur durch die Intervention Englands und Hollands erhalten, im gleichen Jahre (1700) das russische Heer bei Narwa geschlagen. Danach wandte sich Karl gegen Polen und eroberte 1702 Warschau und Krakau, wo August der Starke abgesetzt und Stanislaus Leszczyński an seiner Stelle zum polnischen König ausgerufen wurde. Aber erst nach langen Kämpfen und einem Vorstoß nach Sachsen selber konnte August zum Frieden von Altranstädt bei Leipzig (1706) gezwungen werden; er mußte auf die polnische Krone verzichten und sein Bündnis mit Rußland aufgeben. Sachsen erlebte eine drückende schwedische Einquartierung bis Karl abzog, um seinen gefährlichsten Gegner, Rußland, anzugreifen, das eben damals durch den Zaren Peter I. (1689–1725) rücksichtslos auf die Bahnen der Modernisierung und des Vordringens zur Ostsee getrieben wurde. Ohne eine Entscheidung erzwingen zu können und in die Ukraine ausweichend, erlitt das schwedische Heer bei Poltava (1709) eine schwere Niederlage, die Karl zur Flucht in die Türkei zwang. Jetzt schlossen sich seine Gegner Rußland, Dänemark, Polen – wo der Sachse restituiert war – zusammen; Hannover, das Bremen und Verden, und Preußen, welches die Odermündungen gewinnen wollte, traten dem Bündnis bei. Als Karl zurückkehrte und die Forderungen der Verbündeten ablehnte, brach der Krieg erneut aus, setzte jedoch bald infolge der Uneinigkeit der Verbündeten, vor allem der Sorge über das Vordringen Rußlands, komplizierte diplomatische Verhandlungen in Gang, in denen Georg I. von England und Hannover eine wichtige Rolle spielte und von schwedischer Seite außerordentliche Bündniskombinationen angestellt wurden. Da fiel Karl XII. im Dezember 1718 vor der Festung Frederikshall; sein Land stellte den Krieg ein und machte damit den Weg frei für die Befriedung im Norden, deren hauptsächliches Problem jetzt nicht mehr die Zurückdrängung Schwedens war, sondern die Begrenzung des vordringenden Rußland.

Die Friedensschlüsse von Stockholm, Friedrichsburg und Nystad können in Parallele zur Utrechter Friedensregelung gesehen werden. Auch sie schlossen eine lange Kriegsära ab und bestätigten eine veränderte Mächtekonstellation. Das Verhältnis zwischen Dänemark und Schweden wurde bereinigt, Rußland erhielt die schwedischen Provinzen Livland, Estland, Ingermanland und Teile Kareliens. In den Frieden mit Rußland war auch Polen einbezogen; die Verhandlungen, in denen August II. von Sachsen als polnischer König anerkannt wurde, fanden allerdings erst 1729 ihren Abschluß. Durch die Abtretung der Herzogtümer Bremen und Verden an Hannover verlor Schweden seine Stellung an der deutschen Nordseeküste; an Brandenburg-Preußen mußte es Vorpommern zwischen Oder und Peene abtreten, so daß ihm nur ein geringer Rest seiner deutschen Besitzungen – das Gebiet um Wismar mit

Sitz auf Reichs- und Kreistag – verblieb. Als das für die deutsche Geschichte wichtigste Ergebnis des Nordischen Krieges muß man einerseits die Stärkung Preußens, vor allem die Bestätigung des Selbstbewußtseins seiner Dynastie ansehen, andererseits den beginnenden Druck Rußlands auf Ostmitteleuropa, insbesondere auf Preußen, das bei seiner auswärtigen Politik von nun an in zunehmendem Maße auf das Zarenreich Rücksicht nehmen mußte.

Brachen nach Utrecht und Stockholm für eine – an den Erfahrungen eines halben Jahrhunderts gemessen – längere Zeit keine größeren offenen Kriege unter den europäischen Mächten aus, so fehlte es doch nicht an Konflikten, die, von starker diplomatischer Aktivität begleitet, dicht an den Rand des Krieges gerieten. Neue Unruhe ging von Spanien aus, wo Philipps V. Gemahlin Elisabeth Farnese von Parma für ihre Kinder die an Österreich gefallenen, einst spanischen Fürstentümer Parma, Piacenza und Toscana beanspruchte. Als mit der spanischen Besetzung Sardiniens und Siziliens (1718) das mühsam erreichte Gleichgewicht umgestoßen zu werden drohte, brachte England zur Aufrechterhaltung der Utrechter Friedensordnung ein Bündnis mit Frankreich und dem Kaiser zustande, dem sich auch Holland anschließen sollte („Quadrupelallianz"). Nach der Vernichtung einer spanischen Flotte und der Rückeroberung Siziliens endete diese Krise; Österreich behielt Sizilien, während dem Herzog von Savoyen Sardinien mit dem Königstitel zufiel und dem spanischen Prinzen Karl ein Erbrecht auf die Reichslehen Parma, Piacenza und Toscana zuerkannt wurde: ein charakteristisches Beispiel für die Politik des Interessenausgleichs, der doch jeweils nur auf Zeit funktionierte. Nachdem die „Quadrupelallianz" schon bald wieder zerfallen war, gab die Erbfolgefrage für die italienischen Fürstentümer Anlaß zu einem Kongreß der Großmächte in Cambrai (1724), in dessen Folge sich Österreich und Spanien gegen Frankreich und die Seemächte ververbündeten, wobei auch die österreichische Ostende-Kompanie, die den Seemächten ein Dorn im Auge war, eine Rolle spielte. Im Gegenzug organisierte die englische Politik das Defensivbündnis von Herrenhausen (1725) mit Frankreich, Hannover und Preußen. Als jetzt Rußland mit Sachsen sich dem österreichisch-spanischen Lager näherte, schloß sich ihm auch Preußen an (Vertrag von Wusterhausen 1726); Holland, Schweden und Dänemark stellten sich auf die Seite Englands.

Ein neuer europäischer Krieg schien vor der Tür zu stehen, bei dem die Frontlinien auch durch das Reich gelaufen wären. Ehe es dazu kam, formierten sich die Mächte wieder einmal neu. Spanien schlug sich auf die Seite der Westmächte, von denen es sich mehr erwartete und auch freie Hand für den Einmarsch in die italienischen Fürstentümer erhielt; umgekehrt suchte auch Österreich eine Verständigung mit England (1731), indem es auf eine Heiratsverbindung der Kaisertochter Maria Theresia mit einem bourbonischen Prinzen, auf die Ostender Handelskompanie wie auf jeden Handel von habsburgischen Untertanen mit Indien verzichtete. Es war eine für die Interessen Englands und Hollands kennzeichnende Forderung, auf die man in Wien einging, um dafür von England die Anerkennung der „Pragmatischen Sanktion" zu erhalten. Denn für die habsburgische Politik erhielt angesichts der Söhnelosigkeit Karls VI. die Frage der Erbfolgesicherung vorrangige Wichtigkeit. Ehe der Erbfall 1740 eintrat, kam es allerdings zu einer anderen weitausgreifenden Verwicklung, die als „Polnischer Thronfolgekrieg" eher mißverständlich benannt ist. Obwohl sie durch den Streit um die Nachfolge Augusts des Starken von Sachsen-Polen 1733 ausgelöst wurde, lag ihr tieferer Grund doch in der Sorge Frankreichs vor den österreichischen Plänen, die Kaisertochter mit dem Herzog Franz von Lothringen zu verheiraten. Als der Schwiegervater Ludwigs XV. von Frankreich, Stanislaus Leszczyński, von der Mehrheit des polnischen Reichstags zum König gewählt wurde, betrieben Rußland und Österreich die Wahl des Kurfürsten Friedrich August von Sachsen durch eine Minderheit und rückten in Polen ein. Darauf erklärte Frankreich, gemeinsam mit Spanien und Sardinien, Österreich den Krieg, in dem die Seemächte neutral blieben, das Reich zwar in den Krieg eintrat, jedoch kaum eine Unterstützung für Österreich bedeutete. Gekämpft wurde am Oberrhein und in Italien; die Franzosen besetzten Lothringen und eroberten Mailand, die Spanier Neapel und Sizilien. Von dem Glanz österreichischer Kriegführung aus der großen Zeit des Prinzen Eugen war nicht mehr viel vorhanden, und auch das Erscheinen russischer Truppen am Rhein hat keine Wendung bewirkt. Wieder bemühten sich die Seemächte um Vermittlung, wurden diesmal jedoch aus den Verhandlungen herausgehalten, da Österreich und Frankreich sich direkt verständigten. Der Wiener Präliminarfrieden von 1735 bestimmte eine erstaunliche Tauschaktion: Stanislaus Leszczyński mußte ein zweites Mal die polnische Krone aufgeben, die der sächsische Kurfürst behielt; als Entschädigung erhielt jener zunächst das Herzogtum Bar, dann auch das Herzogtum Lothringen, die beide nach seinem Tode an Frankreich fallen sollten. Der Herzog von Lothringen (und Gemahl Maria Theresias) hingegen trat (1737) die Nachfolge des letzten Medici im Großherzogtum Toscana an. Damit ging Lothringen – und ein Reichsgutachten von 1736 bestätigte den Verzicht – definitiv dem Reich verloren. Österreich mußte Neapel und Sizilien an den spanischen Prinzen Carlos abtreten, der hier eine Sekundogenitur errichtete, sowie einige Distrikte der Lombardei an Sardinien übergeben; selber erhielt es Parma und Piacenza. Diese Besitzverteilung in Italien, mit einer starken Position Österreichs in Ober- und Mittelitalien, ist bis zum Vordringen der französischen Revolutionsarmeen erhalten geblieben.

Mit der Durchsetzung des sächsischen Kurfürsten auf dem polnischen Thron, der Arrondierung des italienischen Besitzstandes Österreichs und der Anerkennung der Pragmatischen Sanktion durch Frankreich mochte die Wiener Diplomatie insgesamt nicht unzufrieden sein, zumal eine gewisse Bereinigung des alten Gegensatzes zu Frankreich erreicht schien. Tatsächlich aber lag das Aktivitätszentrum der europäischen Politik dieser Jahre in Paris, wo der Kardinal Fleury die Fäden zog. Und das um so mehr, als Österreich 1736 in den Krieg Rußlands gegen die Türkei eintrat – nicht zuletzt, um die Anerkennung der Pragmatischen Sanktion durch die Zarin Katharina I. zu erhalten, aber doch auch mit der Absicht, Bosnien und die Walachei zu gewinnen. Nach unglücklichem Verlauf des Feldzugs und bei mangelhafter Zusammenarbeit der Verbündeten ging Österreich auf den von Frankreich vermittelten Separatfrieden von Belgrad (1739) ein, bei dem es die Gebiete südlich von Donau und Save einschließlich Belgrads wieder an die Türken verlor, also – abgesehen vom Banat – auf die Grenzen von 1699 zurückfiel und einen schweren Rückschlag seines Ansehens einstecken mußte, den es auf dem Balkan nie wieder hat ausgleichen können, wo man jetzt zunehmend auf Rußland als entscheidenden Gegner des Osmanenreichs blickte.

Militärisch und politisch angeschlagen, eine Macht, die ihre wirtschaftlichen und finanziellen Kräfte infolge mangelnder Zentralisierung und unzureichender Energie der Regierung nicht zu mobilisieren vermochte, ist Österreich beim Tode Karls VI. (20. 10. 1740) auf eine schwere Belastungsprobe seiner staatlichen Existenz gestellt worden. Schlagartig zeigte sich, wie wenig die Bemühungen um vertragliche Absicherung der Pragmatischen Sanktion wirklich eingebracht hatten. Kurfürst Karl Albert von Bayern erhob auf Grund seiner Abstammung von Kaiser Ferdinand I. und seiner Ehe mit Kaiser Josephs I. jüngerer Tochter Maria Amalia Ansprüche zumindest auf einen Teil des habsburgischen Besitzes, obwohl die Erzherzogin die Thronfolgeregelung anerkannt und auf alte Erbansprüche verzichtet hatte. Überdies strebte er die

Kaiserkrone an, wozu er sich die Unterstützung Frankreichs zusichern ließ; 1738 erklärte dieses vertraglich, daß seine Anerkennung der Pragmatischen Sanktion unbeschadet bayerischer Rechte erfolgt sei. Mit französischer Rückendeckung und einem Bündnis mit Spanien (1741) hat Karl Albert die Auseinandersetzung mit Österreich vom Zaun gebrochen, deren Verlauf dann durch eine unerwartete zweite militärische Aktion, den preußischen Überfall auf Schlesien (1740), wesentlich bestimmt worden ist. Das Zusammentreffen des Regierungsantritts Maria Theresias in Österreich, der einen europäischen Konflikt um die Erbfolge auslöste, und des Regierungsantritts Friedrich II. in Preußen, der kurz danach den 1. Schlesischen Krieg eröffnete, hat das Jahr 1740 zu einem Schicksalsjahr für Deutschland und darüber hinaus für Europa gemacht. Ging doch aus den hier einsetzenden Ereignissen eine weitreichende Veränderung der politischen Konstellation hervor: Mit dem „renversement des alliances" von 1756 wurde der alte habsburgisch-französische Gegensatz überbrückt; in Norddeutschland trat mit Preußen eine zweite deutsche Großmacht hervor. Es entstand der österreichisch-preußische „Dualismus", der bis 1866 ein beherrschender Faktor der deutschen politischen Geschichte geblieben ist; zugleich aber gewann – mit Österreich *und* Preußen – die europäische Mitte ein neues politisches Gewicht. Wenn dadurch Frankreichs Einfluß eine wesentliche Minderung erfuhr, so hat andererseits der Gegensatz der beiden deutschen Vormächte dem nach Westen vordringenden Rußland Einwirkungsmöglichkeiten geboten, die erstmals völlig zutage traten, als der russische Frontwechsel 1762 – „le miracle de la maison de Brandenbourg" – den Ausgang des Siebenjährigen Krieges entschied.
Beide Mächte sind aus der ersten Phase ihrer Rivalität innerlich modernisiert hervorgegangen. Der langsame, zu Beginn des zweiten Drittels des 18. Jahrhunderts aber spürbar durchschlagende wirtschaftliche Aufstieg ist durch die Kriegsfolgen nicht wesentlich aufgehalten worden. Im Gegenteil, die Kriege haben in beiden Ländern erhebliche Energien für die Steigerung der finanziellen und militärischen Leistungsfähigkeit und der administrativen Effizienz, für Wiederaufbau und Reformen mobilisiert.

3. Der Aufstieg Preußens und der deutsche Dualismus

Die außerordentliche, ja entscheidende Rolle, die Preußen seit der 2. Hälfte des 18. und vor allem im 19. Jahrhundert für die deutsche Geschichte gespielt hat, ist für die Historiker oft Anlaß gewesen, nach den Voraussetzungen und Bedingungen dieser Rolle und nach der Geschichte des Aufstiegs dieses Staates zu fragen. Eines Staates, der infolge seiner geringen Größe und Bevölkerungszahl, seiner vorwiegend kargen Böden und kleinen Städte, seiner unvorteilhaften geographischen Lage und des vergleichsweise niedrigen kulturellen Niveaus seiner Bevölkerung im ganzen gesehen über wenige Voraussetzungen dazu verfügte – sicher weniger als etwa Kursachsen! Zwar stellte die Markgrafschaft Brandenburg auch schon vor der Mitte des 17. Jahrhunderts in Norddeutschland ein beträchtliches Territorium dar, das – anders als der Besitz des Hauses Braunschweig-Lüneburg – nicht durch Erbteilungen zersplittert war und dessen Herrscher die Kurwürde besaßen. Auf dem Erbwege waren den brandenburgischen Hohenzollern 1619 das unter polnischer Lehnshoheit stehende Herzogtum Preußen im Osten zugefallen, für das sie bereits 1569 die Mitbelehnung erhalten hatten und in dem sie seit 1605 die Administration führten; ferner schon 1609/1614 Kleve, Mark und Ravensberg im Westen.

Der Westfälische Friede trug Brandenburg die Bistümer Halberstadt, Minden und Cammin, dazu die Grafschaft Hohenstein, Hinterpommern und die Anwartschaft auf das Erzbistum Magdeburg ein, das 1680 von Kurfürst Friedrich Wilhelm in Besitz genommen wurde. Die Richtungen der weiteren Expansionswünsche und -versuche waren damit vorgezeichnet, aber auch verteidigungspolitische Sachzwänge gegeben, denen sich eine Regierung, welche entschlossen war, eine auf eigener Kraft beruhende Rolle in der Politik der Staaten zu spielen, nicht entziehen konnte. Dazu waren die Hohenzollern, zumindest seit dem Großen Kurfürsten, entschlossen, und zweifellos haben Wille und Ehrgeiz der Herrscher einen wesentlichen Anteil an dem Aufstieg Brandenburg-Preußens gehabt. Es war der Aufstieg eines nicht nur im üblichen Sinne monarchisch regierten, sondern eines Staates, der durch die Monarchie geformt und tief geprägt wurde.

Zunächst zum Westen: Beide erbenden Häuser, Brandenburg und Pfalz-Neuburg, hatten prinzipiell an der Einheit von Jülich-Kleve und den daraus sich ergebenden Ansprüchen festgehalten. 1651 versuchte Brandenburg vergeblich, auch Jülich und Berg an sich zu bringen und schloß 1660 einen definitiven Teilungsvertrag, in dem für den Fall des Aussterbens des einen die Nachfolge des anderen Hauses festgelegt wurde. Hier knüpfte Friedrich Wilhelm I. an, als er in den Verträgen von Wusterhausen und Berlin (1726 und 1728) mit dem Kaiser seine Ansprüche beim Tode des kinderlosen neuburgischen Herzogs absichern ließ. 1740 versuchte sein Nachfolger, für den Erwerb von Berg die Unterstützung Frankreichs und Englands zu erhalten, verzichtete dann aber zwei Jahre später im Breslauer Frieden zugunsten von Pfalz-Sulzbach. Längst lag das Schwergewicht der preußischen Staatsbildung im Osten; das zeitweilige stärkere Engagement des Kurfürsten Friedrich Wilhelm im Westen, der die wirtschaftliche Kraft der nördlichen Niederlande bewunderte, ist Episode geblieben. Auch ihm war der Erwerb Vorpommerns wichtiger, das ihm, trotz eines Erbvertrages von 1637, zu seiner tiefen Erbitterung 1648 entgangen war. Im Frieden von St. Germain-en-Laye (1679) konnte er nur die Abtretung des östlichen Oderufers erreichen, nicht aber diejenige Stettins und der Inseln Usedom und Wollin. Sie erfolgte erst 1720 im Frieden von Stockholm. Brandenburg-Preußen verfügte damit über die Odermündung und einen brauchbaren Hafen in der westlichen Ostsee. Zu dieser Zeit verfolgte die Regierung allerdings keine maritimen Ziele mehr wie unter dem Kurfürsten Friedrich Wilhelm. Auch der Erwerb des Fürstentums Ostfriesland (1744) mit Emden kehrte den Blick Preußens nicht stärker der See zu. Es blieb, am deutlichsten in seiner militärischen Rüstung, eine Festlandsmacht, und zwar mit extrem langen, schwer zu verteidigenden Grenzen und mit Außenposten, die im Konfliktfall überhaupt nicht zu verteidigen waren – wie der Siebenjährige Krieg gezeigt hat.

Es war nicht in erster Linie eine Folge seiner territorialen Erwerbungen, daß Preußen beim Regierungsantritt Friedrichs II. als eine „considerable" Macht dastand, sondern die Auswirkung der Tatsache, daß es über eine gut ausgebildete und ausgerüstete Armee von rund 80000 Mann und über einen beachtlichen Kriegsschatz verfügte. Friedrich Wilhelm I., „roi sergeant" und patriarchalisch-tyrannischer Haushalter, hat mit ihrem Aufbau seinem Lande eine schwere Bürde aufgelastet und dadurch, daß er ihr bei aller Staatstätigkeit absolute Priorität gab, die Voraussetzung für die militärischen Erfolge wie für die Durchhaltekraft des Staates in den drei Kriegen um Schlesien geschaffen, ihm allerdings auch die Züge des Militär- und Administrationsstaates aufgedrückt und jene durchdringende Militarisierung des sozialen Lebens eingeleitet, die unter sich verändernden Bedingungen und in unterschiedlichen Verbindungen mit anderen Elementen ein Charakteristikum Preussens geblieben ist. Daß sie nicht nur die Öde des Kasernenhofes erzeugt und ein unerträgliches Zwangssystem hat entstehen lassen, ist vor allem Friedrich II. zu danken, dem „roi philosophe", Feldherrn und aufgeklärt-absolutistischen Herrscher, der an die Mög-

lichkeit glauben ließ, daß Disziplin und Gerechtigkeit, Gehorsam und Freiheit, Macht und Geist vereinbar sein könnten.
Zunächst allerdings waren es kriegerische und politische Erfolge, die Europa aufhorchen ließen, und ein neuer Stil, der den preußischen Hof attraktiv machte. Friedrich Wilhelm hatte nach der verschwenderischen Hofhaltung seines Vaters, des ersten preußischen Königs, knauserig gewirtschaftet und versucht, die Einkünfte der Krone durch strengste Kontrolle zu erhöhen, um unabhängig von ausländischen Subsidien eine wachsende Armee zu unterhalten. Hatte er sie wegen ihrer Kostspieligkeit eher geschont, so benutzte sein Sohn sie noch im Jahr seines Regierungsantritts, nicht einmal zwei Monate nach dem Tode Kaiser Karls VI., zum Einmarsch in Schlesien.
Die Berufung auf Erbansprüche in Schlesien war mehr als ein bloßer Vorwand, aber doch auch nicht das Hauptmotiv des Vorstoßes. Das den Hohenzollern gehörende Herzogtum Jägerndorf hatte der Kaiser nach dem böhmischen Krieg 1621 eingezogen und an die Liechtensteins gegeben, und die Herzogtümer Liegnitz, Brieg und Wohlau waren den Hohenzollern nach dem Aussterben der piastischen Herzöge 1675 trotz eines Erbvertrags entgangen, weil Kaiser Leopold I. als Oberlehnsherr sie einbehielt. Kurz vor seinem Tod hatte Kurfürst Friedrich Wilhelm gegen den Erwerb des Kreises Schwiebus auf sie verzichtet, den sein Nachfolger jedoch wieder zurückgeben mußte. Diese demütigende Transaktion war nicht vergessen; ausschlaggebender aber war für den 28jährigen Friedrich einmal sein Verlangen, sich einen Namen zu machen, zum anderen die Gunst der politischen Situation, die er scharfsichtig erkannte. Als die österreichische Erbfolge eintrat, verhinderten die langjährigen Bemühungen Karls VI. um die Anerkennung der „sanctio pragmatica" doch nicht den Ausbruch des offenen Konflikts, weil unausgetragene und neu gesammelte Spannungen zusammentrafen: die habsburgisch-wittelsbachische Rivalität, der alte Gegensatz zwischen Habsburg und Frankreich und im Hintergrund die handels- und kolonialpolitische Konkurrenz zwischen England und Frankreich. Versuchte doch eben in diesen Jahren der Kardinal Fleury dem englisch-holländischen Konzept des europäischen Gleichgewichts ein französisches entgegenzusetzen, während England in Nordamerika und Indien den französischen Rivalen endgültig ausschalten wollte. Auf jeden Fall konnte, wer in dieser Situation zuerst handelte, damit rechnen, nicht völlig isoliert zu bleiben oder auf die geschlossene Abwehr der großen Mächte zu stoßen. Und doch war der schnelle preußische Angriff riskant, weil für Frankreich noch keineswegs fest-

stand, ob es die bayerischen Ansprüche aktiv unterstützen würde. Und in welche gefährliche Entwicklung er Preußen langfristig hineinführte, hat Friedrich sicher nicht geahnt, der in einer Blitzkriegsaktion Schlesien an sich bringen und damit Preußen definitiv die Basis der führenden Macht in Norddeutschland verschaffen, keineswegs aber Österreichs Existenz gefährden wollte. Dabei unterschätzte er die Entschlossenheit Maria Theresias, Schlesien zu verteidigen.

Entscheidend für den weiteren Verlauf wirkte sich der preußische Sieg bei Mollwitz (10.4.1741) aus. Jetzt erst trat Frankreich offen auf die Seite Bayerns und schloß mit Preußen im Juni ein Bündnis, in dem Friedrich gegen den Verzicht auf Jülich-Berg und die Zustimmung zur Kaiserwahl des Wittelsbachers den Besitz Niederschlesiens mit Breslau zugesichert erhielt. Ende Juli begannen bayerische Truppen mit der Besetzung Passaus und französische am Oberrhein ihren Vormarsch. Der preußische Angriff auf Schlesien hatte, als begrenzte Operation begonnen, den europäischen Krieg um die österreichische Erbfolge ausgelöst. Bayern, Sachsen, die Pfalz und Köln, auch Spanien operierten gemeinsam mit Frankreich; Schweden wurde zum Angriff auf Rußland gewonnen und selbst Georg II. von England gab gegen die Zusicherung der Neutralität Hannovers seine Stimme für die Wahl Karl Albrechts zum Kaiser. Sie erfolgte, nachdem Bayern und Franzosen nach Böhmen eingerückt waren, Prag erobert hatten und Karl Albrecht sich als König von Böhmen hatte huldigen lassen, am 14. Januar 1742. Wie wenig Friedrich II. seinen Griff nach Schlesien als Teil des Krieges um die österreichische Thronfolge verstand und wie mißtrauisch er die französische Politik beobachtete, zeigt der zeitweilige Waffenstillstand mit Österreich im Oktober 1741. Um diese Zeit war Österreich bereits zum Angriff vorgegangen und begann die Besetzung Bayerns, während die englische Politik Frankreich unter Druck setzte, gleichzeitig aber Wien zum Sonderfrieden mit Preußen drängte. Erst nach neuen militärischen Erfolgen Friedrichs willigte Maria Theresia in die Abtretung Niederschlesiens, des größten Teils Oberschlesiens und der Grafschaft Glatz ein, um freie Hand gegenüber ihren anderen Feinden zu erhalten (Präliminarfriede von Breslau 11.6.1742).

Dieser außerordentliche Gewinn, den Preußen mehr noch als der Entschlossenheit des Königs und der Stärke der Armee der außerordentlich günstigen Situation verdankte, wurde im selben Maße unsicher, wie sich das Blatt in der Auseinandersetzung um die österreichische Erbfolge wandte. Die Franzosen wurden aus Böhmen vertrieben, Sachsen zum Frieden gezwungen, England und Savoyen

traten in den Krieg ein, und eine „pragmatische" Armee aus englischen, holländischen, hannoverschen und österreichischen Truppen unter Georg II. schlug die Franzosen bei Dettingen am Main (1743). Maria Theresia dachte an eine Entschädigung für den Verlust Schlesiens durch den Erwerb Bayerns und verbündete sich mit England und Sardinien. Nun erneuerte Frankreich den Familientraktat mit Spanien und erklärte offen den Krieg, während es bisher nur zur Unterstützung Bayerns aufgetreten war. Im Augenblick noch wichtiger war sein neues Offensivbündnis mit Preußen.
Mit steigender Besorgnis hatte Friedrich das Erstarken Österreichs und das Debakel Kaiser Karls VII. beobachtet. Als die Österreicher den Rhein überschritten, ließ er seine Truppen Mitte August 1744 in Böhmen einmarschieren. Da jedoch Maria Theresia den Feldzug im Elsaß jetzt aufgab, die französische Armee nicht nachstieß und Sachsen sich Österreich anschloß, mußte Friedrich Prag aufgeben und sich nach Schlesien zurückziehen. Österreich, Sachsen, England und Holland schlossen sich zur Warschauer Quadrupelallianz zur „Befreiung" Deutschlands zusammen (1745), der auch Rußland beizutreten geneigt schien; kurz darauf starb Kaiser Karl VII., und sein Sohn Max Joseph verzichtete im Füssener Frieden (22. 4. 1745) für sich und seine Nachkommen auf jeden Anspruch auf die österreichische Erbfolge, sagte dem Gemahl Maria Theresias, dem Großherzog Franz Stephan von Toscana, seine Stimme bei der Kaiserwahl zu und erhielt dafür seine Stammlande zurück.
Zwar konnte Friedrich die Österreicher bei Hohenfriedberg schlagen, aber die Kaiserwahl Franz I., die Zurückhaltung des vom Gegensatz mit England beanspruchten Frankreich und die Hoffnung auf den Kriegseintritt Rußlands bestärkten Maria Theresia darin, jetzt gemeinsam mit Sachsen in Brandenburg einzufallen. Als ihr Friedrich mit dem Angriff auf die sächsische Armee und dem Sieg bei Kesselsdorf zuvorkam, fand sie sich jedoch bereit, auf die englische Vermittlung einzugehen. Der Weihnachten 1745 in Dresden geschlossene Friede sicherte Preußen den Besitz Schlesiens; umgekehrt erkannte es Franz I. als Kaiser an. Damit bestätigte das Ergebnis des zweiten Schlesischen Kriegs das des ersten. Aus dem Kampf um die österreichische Erbfolge aber schied Preußen aus, ohne sein Ziel – die Verhinderung des habsburgischen Kaisertums und die Stärkung Bayerns auf Kosten Österreichs – erreicht zu haben. Österreich blieb innerhalb des Reiches die stärkste Macht, die jedoch infolge ihrer vielfältigen europäischen Interessen und Verflechtungen und ihrer vergleichsweise lockeren inneren Struktur ihre Kräfte nur bedingt mobilisieren und nicht geschlossen gegen einen Gegner allein einsetzen konnte. Vor allem ihre militärische

Schwäche war unübersehbar, zumal im Vergleich mit dem kleineren Militärstaat Preußen. Österreich hatte einen Rivalen erhalten, wie es ihn in dieser Stärke neben der Kaisermacht vorher nicht gegeben hatte – einen Rivalen, der aus eigenem Interesse wie in der Konsequenz des Spannungsverhältnisses von Kaiser und Reich zum Exponenten reichsständischer Opposition, in gewisser Weise auch zum Protagonisten des protestantischen Deutschland gegenüber Österreich als katholischer Vormacht wurde. Zwar hat es im 18. Jahrhundert eine klare Frontlinie zwischen katholischen und protestantischen deutschen Staaten schon deshalb nicht mehr gegeben, weil die kleinen Reichsstände gegenüber den beiden Vormächten auf ihre Selbständigkeit bedacht blieben; aber für das politische Bewußtsein der Menschen und in ihrem Zeitverständnis bedeutete der Aufstieg des protestantischen Preußen neben der katholischen Kaisermacht sehr viel. Er bewirkte überdies eine folgenreiche Verstärkung des politischen Gewichts Norddeutschlands, welche die mit dem Aufstieg der Flügelmächte England und Rußland begonnenen Veränderungen im europäischen Kräftefeld ergänzte.
Der Dresdener Friede hat die Kriegshandlungen in Deutschland beendet. Angesichts der Defensivallianz Österreichs mit Rußland (1746) konnte Friedrich ein neues Eingreifen in den Krieg nicht wagen, und England stützte seine Neutralität. Maria Theresia setzte den Kampf gegen Frankreich fort, der indes längst zur großen, weit über Europa hinausgreifenden Auseinandersetzung zwischen Frankreich und England geworden war. Nach glänzenden französischen Erfolgen in Italien und den österreichischen Niederlanden, aber eindeutiger englischer Überlegenheit auf den Meeren kam 1748 im Frieden von Aachen ein weltpolitisches Remis zustande. Österreich mußte sich der vorausgegangenen Verständigung der Seemächte mit Frankreich widerstrebend anschließen und in die Abtretung Parmas an einen spanischen Prinzen einwilligen. Frankreich gab die besetzten Gebiete zurück, behauptete aber seinen Besitzstand und seine Stellung als stärkste Macht auf dem Kontinent. Die Ziele jedoch, für die es in den Kampf um die österreichische Erbfolge eingetreten war, hatte es ebensowenig wie Preußen erreicht. England erlangte die Anerkennung der hannoverschen Thronfolge, also den Verzicht auf Unterstützung des Stuart-Prätendenten, und die Garantie der deutschen Besitzungen des Hauses Hannover durch Frankreich. In der großen maritimen und kolonialen Auseinandersetzung beider Mächte bedeutete der Aachener Friede allerdings nur einen Waffenstillstand.
Die für Deutschland wichtigste Bestimmung dieses Friedens war die Garantie des preußischen Besitzes von Schlesien. Damit fanden

die deutsche Kräfteverschiebung und der Eintritt Preußens in den Kreis der „präpondierenden" Mächte europäische Anerkennung. Die Folgen dieser Entwicklung für das europäische Staatensystem haben sich schon bald gezeigt, als sich nämlich 1756 die lange vorherrschende Bündnisstruktur umkehrte. Die Folgen für das Deutsche Reich traten im Siebenjährigen Krieg hervor, als der Reichskrieg gegen den mächtigsten Reichsstand erfolglos blieb. Wer 1745 und 1748 gemeint hatte, der Ausgleich, vielleicht ein Gleichgewicht zwischen Österreich und Preußen gewähre dauerhaften Frieden, mußte erkennen, daß eine spannungsgeladene Rivalität, eine politische Zweipoligkeit, ein „Dualismus" in Deutschland entstanden war. Wenn er sich auf die Dauer verhängnisvoll ausgewirkt hat, so hat er doch, trotz des Siebenjährigen Krieges, bis in die Phase der Französischen Revolution und Napoleons Deutschland nicht geschwächt, ihm vielmehr durch die Existenz zweier Staaten europäischen Ranges, deren Herrscher sich kaum noch als Reichsfürsten, sondern als europäische Monarchen verstanden, eine völlig veränderte politische Bedeutung gegeben. Das Reich, dem beide angehörten, über das beide aber zugleich hinausragten, trat zunehmend hinter ihnen zurück.

Nach dem Dresdener Frieden ging Friedrich mit gewaltig gesteigertem Ansehen daran, nicht so sehr eine neue Politik zu entwickeln, als vielmehr einen neuen Regierungsstil zu praktizieren und der „absolutistischen" Politik der Erhaltung und Steigerung staatlicher Macht neue Ziele im Sinne der europäischen Aufklärung zu setzen: die Vermehrung des Glücks und die Hebung der Bildung der Menschen. Es bildete sich die Regierungsweise des „aufgeklärten Absolutismus" aus, für die in Deutschland das Preußen Friedrichs II. zum Paradigma wurde. Aber auch in Österreich kam, noch vor dem Aachener Frieden, eine energische Modernisierung der Organisation der Länderunion, vor allem ihrer Verwaltung, in Gang. Die „theresianische Staatsreform", die ihren Höhepunkt 1749 erreichte, sollte gewissermaßen die Ergebnisse absolutistischer Regierung nachholen und Österreich zu höherer wirtschaftlicher und militärischer Leistungsfähigkeit verhelfen. So begrenzt die Erfolge zunächst blieben – die innere Entwicklung Österreichs hatte neue Dynamik erhalten, die sich später im Zeichen des sog. „Josephinismus" noch gesteigert, allerdings auch überschlagen hat, da für sie doch noch zu viele Voraussetzungen fehlten.

4. Der Siebenjährige Krieg

Obwohl Maria Theresia den Verlust Schlesiens nicht auf Dauer hinzunehmen gewillt war und Friedrich weiteren Ländererwerb zur Konsolidierung der Stellung Preußens für notwendig hielt, und obwohl beide trotz des Friedens die Schlagkraft ihrer Armeen zu erhöhen suchten, war ein neuer Krieg zwischen ihnen nicht unvermeidlich. Wenn die österreichische Diplomatie unter dem maßgeblichen Einfluß des Grafen Kaunitz jetzt sogar die Verständigung mit Frankreich suchte, um Preußen zu isolieren, so war doch dieser Politik zunächst kein Erfolg beschieden. Es ist die sich wieder verschärfende Spannung zwischen Frankreich und England, der Zusammenstoß ihrer Handels- und Expansionsinteressen in Nordamerika und Indien gewesen, der den neuen Krieg zwischen Österreich und Preußen ausgelöst hat. Während England sich bemühte, im Interesse der Sicherheit Hannovers Österreich auf seine Seite zu ziehen, suchte Kaunitz erneut die Verständigung mit Frankreich, um dieses von der Seite Preußens abzuziehen. Daß er sie schließlich erreichte, war Folge der Hinwendung Friedrichs zum englischen Bündnis, mit dem er dem Druck Rußlands entgehen und Österreich isolieren zu können hoffte, da er an eine Verständigung Österreichs mit Frankreich nicht glaubte. Der Westminstervertrag im Januar 1756, in dem sich die beiden Partner zu gemeinsamer Verteidigung gegen jeden Einbruch einer fremden Macht und zur Erhaltung der Ruhe in Deutschland verpflichteten, hat jenes „renversement des alliances" bewirkt, aus dem die Konstellation des Siebenjährigen Krieges hervorging. Am 1. Mai schlossen Frankreich und Österreich in Versailles ein Neutralitäts- und Defensivbündnis, das ein Jahr später zu einem Offensivbündnis umgewandelt wurde. Danach sollte Schlesien für Österreich wiedergewonnen und Preußen vollständig aufgeteilt werden; die österreichischen Niederlande sollte Don Philipp, der Schwiegersohn Ludwigs XV., Österreich dafür Parma und Piacenza erhalten. Dieser „Kaunitzschen Koalition" trat das Reich – mit Ausnahme von Hannover, Braunschweig, Hessen und Gotha – bei; mit den wittelsbachischen Staaten Bayern, Pfalz und Köln wie mit Württemberg schloß Frankreich zusätzlich eigene Verträge. Schon vorher hatte sich, unter Einbeziehung Polens, die auf rasches Losschlagen drängende Zarin Elisabeth angeschlossen; in einem späteren Vertrag (1760) ließ sie sich für den Friedensschluß Ostpreußen zusichern, während Schweden für seinen Beitritt Anspruch auf Pommern erhielt. Ehe jedoch diese gefährliche Umklammerung zustande kam, die sich seit dem ersten österreichisch-französischen Vertrag abgezeichnet hatte, eröffnete Friedrich, um sie möglichst zu verhindern, auf jeden Fall aber dem Angriff seiner Gegner zuvorzukommen, am 29. August 1756 mit dem Einmarsch in Sachsen selbst den Krieg. Der Siebenjährige Krieg, der Preußen an den Rand seiner Existenz brachte, hat eindeutig als preußischer Präventivkrieg begonnen!

Politisch mißlang das Prävenire völlig: jetzt erst wurde aus der österreichisch-französischen Allianz eine Kriegskoalition von geradezu erdrückendem Ausmaß. Preußen hatte zwar England auf seiner Seite, das jedoch zunächst keine große Aktivität entfaltete, zumal man in Hannover neutral bleiben wollte. Erst 1758 engagierte es sich stärker, aber schon 1761, nach dem Sturz des älteren Pitt, überließ es den Bundesgenossen seinem Schicksal, den es ohnehin bloß finanziell, militärisch allenfalls indirekt durch eine hannoversche Armee unter dem Kommando des Herzogs von Braunschweig unterstützt hatte. Der Kontinent besaß für die englische Kriegsführung nur sekundäre Bedeutung, insofern Preußen französische Kräfte band; umgekehrt brachte der überseeische Krieg Preußen keine wesentliche Entlastung, da seine gefährlichsten Gegner, Österreich und Rußland, an ihm nicht teilhatten. Wirkten also beide Kriege wohl vielfach aufeinander ein, so sind sie in ihrem militärischen Geschehen weitgehend nebeneinander hergelaufen.

Dieses stand während der ersten drei Jahre im Zeichen der offensiven preußischen Kriegführung. Die sächsische Armee konnte noch im Herbst 1756 unter Abwehr eines österreichischen Entlastungsvorstoßes zur Kapitulation gezwungen und damit der Einmarsch nach Böhmen im Frühjahr des nächsten Jahres vorbereitet werden. Der Sieg über die Österreicher bei Prag brachte keine Entscheidung; vielmehr bewirkte die Niederlage bei Kolin durch ein Entsatzheer unter Daun – es war die erste, die Friedrich erfuhr! – eine gefährliche Wendung. Die Räumung Böhmens, der Vorstoß der Österreicher nach Niederschlesien und in die Lausitz, der Einfall der Russen in Ostpreußen und der Schweden in Pommern, der Sieg der Franzosen bei Hastenbeck über die zum Schutze Hannovers aufgestellte Armee und deren Auflösung, schließlich die Vereinigung einer anderen französischen Armee mit der Reichsarmee – sie bezeichnen die erste schwere Krise für Preußen in diesem Krieg. Friedrich konnte sie durch die Siege bei Roßbach über Franzosen und Reichstruppen und kurz darauf, Anfang Dezember 1757, bei Leuthen über die Österreicher unter Karl von Lothringen überwinden, allerdings nicht die Gegner zum Frieden veranlassen.

1758 mußte sich Friedrich nach einem ergebnislosen Vorstoß nach Mähren gegen die Russen wenden, die bei Zorndorf besiegt, aber nicht vernichtend geschlagen wurden, während Ferdinand von

Braunschweig die Franzosen bei Krefeld schlug. Obwohl es gelang, die Österreicher und Sachsen aus Schlesien zu verdrängen, und die Russen sich aus Hinterpommern, die Schweden aus der Mark zurückzogen, gingen die preußischen Armeen schwer angeschlagen in das dritte Kriegsjahr. Dennoch angreifend, erlitt Friedrich im August 1759 durch die vereinigten Russen und Österreicher bei Kunersdorf seine schwerste Niederlage, die allerdings von den Siegern nicht ausgenutzt wurde. Erfolge im Westen vermochten das düstere Bild der Lage Preußens nicht aufzuhellen; das geschah in gewissem Grade erst durch die Operationen des Jahres 1760, gegen dessen Ende die Österreicher bei Torgau eine schwere Niederlage hinnehmen mußten. Während Friedrich mit der Kriegsmüdigkeit seiner Gegner, diese mit der Erschöpfung Preußens rechneten, aber nicht zu einer großangelegten Operation ansetzten, allerdings im Winter 1761/62 Quartiere auf preußischem Boden nehmen konnten, suchte die englische Politik nach dem Sturz Pitts einen Ausgleich mit Frankreich, legte Friedrich den Verzicht Schlesiens nahe und stellte die Subsidienzahlung ein. In dieser verzweifelten Lage für Preußen brachte der Tod der Zarin Elisabeth I. Anfang 1762 völlig unerwartet die Rettung. Ihr Nachfolger, der Holstein-Gottorper Herzog Peter (III.), schloß Frieden mit Preußen und kurz darauf ein Bündnis; Katharina II., die noch im gleichen Jahr die Herrschaft in Rußland an sich riß, bestätigte es zwar nicht, kehrte aber auch nicht in den Krieg zurück. Nach dem Ausscheiden Rußlands schloß auch Schweden Frieden mit Preußen. An anderen Fronten entlastet, drangen die Preußen in Schlesien und Sachsen wieder vor; der Reichstag in Regensburg beschloß die Neutralität des Reiches, und im November 1762 verständigten sich Frankreich und England in Fontainebleau über die Beendigung ihrer weltweiten Auseinandersetzung. (Der definitive Friede wurde am 10. Februar 1763 in Paris geschlossen.) Allein sah Österreich sich nicht in der Lage, den Krieg um Schlesien fortzusetzen. Bezeichnend, daß der Friede von Hubertusburg, der fünf Tage nach dem Pariser Frieden zustande kam, nicht von einer der Großmächte, sondern von Sachsen vermittelt wurde. Er war sozusagen eine deutsche Angelegenheit geworden. In ihm kehrte man zum status quo ante zurück: Schlesien blieb preußisch; andere Territorialveränderungen fanden nicht statt. Beide Partner garantierten gegenseitig ihre Besitzstände und schlossen Sachsen in den Vertrag ein. In einem Geheimartikel versprach Preußen seine brandenburgische Kurstimme bei der Kaiserwahl des Erzherzogs Joseph.

Angesichts der gewaltigen Opfer dieses siebenjährigen Kampfes, der von beiden Hauptgegnern mit größerem Einsatz und größerer Erbitterung geführt worden war als frühere Kriege, vermag dieses Ergebnis absurd, aber auch gerecht zu erscheinen. König Friedrich hatte für Preußen das Recht der staatlichen Selbsterhaltung mit allen Mitteln zur Geltung gebracht und dafür seinem Lande ungeheure Opfer zugemutet, sogar die Aufbauarbeit der vorangegangenen Friedensjahre und seines Vorgängers weitgehend aufs Spiel gesetzt. Der endliche Erfolg, so teuer er erkauft und so sehr er durch glückliche äußere Umstände ermöglicht worden war, konnte als eine Rechtfertigung der Anstrengungen angesehen werden. Für die prestigeempfindliche politische Vorstellungswelt der Zeit bedeutete er einen gewaltigen Ansehenszuwachs für Preußen. Aber auch Österreich hatte eine militärische und politische Stärke entfaltet und eine Energie der Regierung bewiesen, wie man sie ihm seit den Tagen des Prinzen Eugen nicht mehr zutraute. In beiden Staaten hatte sich während des Krieges das Bewußtsein staatlicher Eigenexistenz gestärkt.

Schluß

DEUTSCHLAND AM ENDE DES SIEBENJÄHRIGEN KRIEGES

Wie der siebenjährige Doppelkrieg die Dimensionen der „Kabinettkriege" sprengte, so ragten die Friedensschlüsse von Paris und Hubertusburg in ihrer historischen Bedeutung aus dem Rahmen sogenannter „Kabinettspolitik" heraus. Bestätigte der erste die kolonialpolitische Überrundung Frankreichs und die bis zum Ende des 19. Jahrhunderts unbestrittene Dominanz Englands auf den Meeren, so der zweite den Aufstieg Preußens und die Koexistenz zweier rivalisierender Vormächte auf deutschem Boden. Grenzverschiebungen und Herrschaftswechsel waren dagegen in Deutschland nicht erfolgt. Österreich hatte Schlesien nicht wiedergewonnen und, gemeinsam mit seinen Bundesgenossen, Preußen nicht zerschlagen können. Preußen hatte sich behaupten, aber nicht die jahrelange russische Besetzung Ostpreußens verhindern, nicht seinen Gegner vernichtend schlagen und keine Gebietserwerbung als Kompensation für die Leiden des Krieges machen können.
Gemeinsam mit Hannover-England erwogene Pläne einer Säkularisation nordwestdeutscher Bistümer nach dem Tode des Kölner Kurfürsten (und Bischofs von Münster, Paderborn, Hildesheim) 1761 hatten sich zerschlagen. Obwohl nicht alle Reichsstände der Erklärung des Reichskrieges gegen Preußen Folge geleistet hatten, der Krieg selbst erfolglos geblieben und Preußen nicht „bestraft" worden war, hielt das Reichssystem stand; der preußische König blieb als Kurfürst von Brandenburg Reichsfürst. Allerdings mußte erwartet werden, daß der österreichisch-preußische Gegensatz das Reich belasten und die Reichsinstitutionen, vor allem den Reichstag, blockieren werde. Mit einer Polarisierung in eine „österreichische" und eine „preußische" Partei der Reichsstände war jedoch nicht zu rechnen. Zu tief saß das bayerische bzw. das hannoversche Mißtrauen gegenüber den mächtigen Nachbarn, und Sachsen, das 1763 nach dem Tode Friedrich Augusts II. die polnische Krone verlor – die Zarin setzte mit Unterstützung des preußischen Königs die Wahl Stanislaus Poniatowskis durch –, sah sich zwar stärker durch Preußen als durch Österreich bedroht, durfte jedoch aus Selbsterhaltungsgründen auch nicht ins Fahrwasser habsburgischer Politik geraten.

Versuche einer von Wien ausgehenden aktiveren Reichspolitik, die schon früher stets in Verdacht standen, den habsburgischen Interessen zu dienen, würden künftig in Preußen stets einen potentiellen Gegner und reichsständischer Widerstand gegen kaiserliche Ziele preußische Unterstützung finden. Lebensgefährlich für den Bestand des Reiches aber konnte ein Zusammengehen beider Vormächte mit der Absicht der Aufteilung des Reiches in Interessen- oder Herrschaftssphären werden. Mit einer solchen Entwicklung brauchte allerdings am allerwenigsten gerechnet zu werden. Andererseits vermochte, wie der Krieg gezeigt hatte, keine der beiden ohne die Unterstützung einer oder mehrerer der größeren europäischen Mächte das innerdeutsche Kräfteverhältnis umzustoßen. Diese aber waren so sehr von eigenen innen- und außenpolitischen Problemen beansprucht, daß ein stärkeres politisch-militärisches Engagement in Mitteleuropa ihnen völlig ungelegen sein mußte.

Hinzu kam, daß Frankreich mit dem Zurückdrängen der Türken, dem Zerfall der schwedischen Ostseeherrschaft, dem Vordringen Rußlands und dem Aufstieg Preußens seinen politischen Einfluß in Ost- und Nordeuropa weitgehend eingebüßt hatte und im Laufe des Siebenjährigen Krieges aus den innerdeutschen Entscheidungen praktisch ausgeschlossen worden war. Das englische Interesse in diesem Raum beschränkte sich im wesentlichen auf die Sicherheit Hannovers, dasjenige Rußlands, solange seine Expansionsabsichten sich vor allem auf das Schwarze Meer richteten, auf die Erhaltung seines Einflusses in Polen. So fand sich Mitteleuropa nach langer Zeit erstmals weitgehend vom Außendruck entlastet.

Das hat dazu beigetragen, daß in der nun beginnenden Phase deutsche Regierungen sich stärker innenpolitischen Aufgaben zuwandten. Die Antriebe dazu gingen zum Teil – so vor allem in Preußen und Sachsen – aus der Notwendigkeit hervor, die Folgen des Krieges zu überwinden. In Preußen kam erneut ein „Retablissement" in Gang. Auf andere deutsche Staaten wirkte das Beispiel preußischer – und auch österreichischer – Regierungsaktivität richtungsweisend und stilprägend. Obwohl die von „oben" ausgehenden Impulse im politisch-sozialen Leben Deutschlands auch in der Folgezeit, aufs Ganze gesehen, die wirksameren und ausschlaggebenden geblieben sind, setzt nun erstmals ein stärker werdender Druck der sich ausbildenden öffentlichen Meinung und auch der wirtschaftlichen und kulturellen Interessen mittlerer sozialer Schichten ein. Der innerdeutsche Krieg hatte das Bewußtsein dafür verstärkt, zum Teil erst geweckt, daß es in Deutschland wichtigere Aufgaben gebe, als untereinander Krieg zu führen, daß Rückstände gegenüber

Westeuropa aufzuholen seien und daß die im deutschen Volke liegenden unentwickelten Kräfte für gemeinsame Zwecke genutzt werden sollten.

In der Enge und Gedrücktheit deutscher politischer Verhältnisse mußten die kriegerischen Ereignisse des Siebenjährigen Krieges – vor allem die preußischen Siege über die Franzosen, das Auftreten von fähigen Heerführern auf preußischer und österreichischer Seite und insbesondere die Gestalt des Preußenkönigs – zu einem Anhalt für ein staatspatriotisches und nationales Selbstgefühl werden, das seit der Mitte des Jahrhunderts literarischen Ausdruck suchte. Gleims Kriegslieder und Ewald von Kleists Verherrlichung der preußischen Armee, Thomas Abbts „Vom Tode fürs Vaterland", aber auch der manchmal hochmütige Stolz der Preußen als Folge des Krieges sind Zeugnisse eines Patriotismus deutlich politischen Charakters. Daneben meldete sich, im positiven wie im negativen Sinne durch den Krieg herausgefordert und angeregt durch eine verstärkte Hinwendung zur Geschichte, durch die auch in Deutschland aufgegriffene Diskussion nicht um die beste, sondern die angemessene, historisch gewordene Staatsform und durch den Vergleich mit westeuropäischen Ländern ein nationales Bewußtsein zu Wort, das sich einmal stärker reichspatriotisch, ein andermal mehr kulturnational artikulierte. Kennzeichnend für diese Komponente der politischen Diskussion in Deutschland am Ende des Siebenjährigen Krieges ist Friedrich Karl Mosers Schrift „Von dem deutschen Nationalgeist" von 1765, die, von der politischen Mentalität des südwestdeutschen, reichs- und landesrechtlich ausgebildeten Juristen und Beamten, von den Erfahrungen württembergischer Ständekämpfe und dem Geist des schwäbischen Pietismus geprägt, einen zugleich emotionalen und moralisch-pragmatischen, in seiner Unmittelbarkeit neuen Ton des Stolzes auf die Vergangenheit, der Zuversicht in deutsche Möglichkeiten und der Anklage gegen die Kräfte der Uneinigkeit anschlug. „Wir sind ein Volk von einem Namen und Sprache, unter einem gemeinsamen Oberhaupt, unter einerlei unsere Verfassung, Rechte und Pflichten bestimmenden Gesetzen, zu einem gemeinschaftlichen großen Interesse der Freiheit verbunden, ... an innerer Macht und Stärke das erste Reich in Europa, ... und so, wie wir sind, sind wir schon Jahrhunderte hindurch ein Rätsel politischer Verfassung, ein Raub der Nachbarn, ... uneinig unter uns selbst, kraftlos durch unsere Trennungen, stark genug, uns selbst zu schaden, ohnmächtig, uns zu retten, ... ein großes und gleichwohl verachtetes, ein in der Möglichkeit glückliches, in der Tat selbst aber sehr bedauernswürdiges Volk."

Verantwortlich für diese Misere machte Moser vor allem den auf stehende Heere sich stützenden fürstlichen Absolutismus.

Staatspatriotismus, Reichspatriotismus und nationale Gesinnung sind unterschiedliche, sich aber nicht notwendig ausschließende Elemente der Entwicklung des politischen Bewußtseins in Deutschland im letzten Drittel des 18. Jahrhunderts gewesen, die sich ihrerseits wieder mit Antrieben der naturrechtlichen Aufklärung, aber auch des historisch-ständischen Denkens verbinden konnten. Setzten die einen ihre Erwartungen auf aufgeklärte Regierungen, so andere auf die Wiederbelebung und den Ausbau ständischer Institutionen und Strukturen. Beide aber hofften auf Reformen des sozialen und politischen Lebens, für die sie die Zeit gekommen glaubten.

ABKÜRZUNGSVERZEICHNIS

Arch Kulturg.	= Archiv für Kulturgeschichte
DVjs	= Deutsche Vierteljahrsschrift für Literaturwissenschaft und Geistesgeschichte
FBPG	= Forschungen zur brandenburgischen und preußischen Geschichte
GWU	= Geschichte in Wissenschaft und Unterricht
Hb.	= Handbuch
HJ	= Historisches Jahrbuch der Görres-Gesellschaft
HZ	= Historische Zeitschrift
Jb	= Jahrbuch
Jbb	= Jahrbücher
JbW	= Jahrbuch für Wirtschaftsgeschichte
LG	= Landesgeschichte
MIÖG	= Mitteilungen des Instituts für österreichische Geschichte
NF	= Neue Folge
VSWG	= Vierteljahrschrift für Sozial- und Wirtschaftsgeschichte
Zs.	= Zeitschrift
ZSRG (germ.)	= Zeitschrift der Savigny-Stiftung für Rechtsgeschichte. Germanistische Abteilung

BIBLIOGRAPHISCHE HINWEISE

Im Folgenden ist nur diejenige, vorwiegend neuere Literatur genannt, die dem Verfasser für seine Darstellung wichtig gewesen ist und für weiterführende Lektüre besonders geeignet erscheint.

Allgemeine Darstellungen: W. Näf, Die Epochen der neueren Geschichte. Staat und Staatengemeinschaft vom Ausgang des Mittelalters bis zur Gegenwart, Bd. 1 ^{2}1959. – Handbuch der Europäischen Geschichte, hg. von *Th. Schieder,* 4. Bd.: Europa im Zeitalter des Absolutismus und der Aufklärung, hg. von *F. Wagner,* 1968. (Vor allem: *F. Wagner,* Die Einheit der Epoche; *G. Oestreich,* Das Reich – Habsburgische Monarchie – Brandenburg – Preußen von 1648–1803). – The New Cambridge Modern History, Bde. V, 1961; VI, 1970; VII, 1957. – *F. Braudel,* Die Geschichte der Zivilisation, 15. bis 18. Jahrhundert. (Kindlers Kulturgeschichte), deutsch 1971. – *F. v. Bezold, E. Gothein, R. Koser,* Staat und Gesellschaft der neueren Zeit. (Die Kultur der Gegenwart, T. II, Abt. V,1) 1908. – *J. Mieck,* Europäische Geschichte der Frühen Neuzeit. Eine Einführung, 1970. – *F. Wagner,* Europa im Zeitalter des Absolutismus 1648–1789, 1948. – *W. Hubatsch,* Das Zeitalter des Absolutismus 1600–1789 (Geschichte der Neuzeit) ^{4}1975. – *G. N. Clark,* The Seventeenth Century, ^{2}1947. – *D. H. Pennington,* Seventeenth Century Europe, 1970. – *St. Anderson,* Eighteenth Century Europe. The 1680s to 1815, 1965. – *R. S. Dunn,* The Age of Religious Wars 1559–1689. (Hist. of Mod. Eur.) 1970. – *L. Krieger,* Kings and Philosophers 1689–1789. (Hist. of Mod. Eur.), 1970. – *R. Mandrou,* Staatsräson und Vernunft, 1649–1775. (Propyläen Geschichte Europas Bd. 3), 1976. – *B. Gebhardt,* Handbuch der deutschen Geschichte, Bd. 2: Von der Reformation bis zum Ende des Absolutismus. 16. bis 18. Jh., hg. von H. Grundmann, ^{9}1970. (Vor allem: *M. Braubach,* Vom Westfälischen Frieden bis zur Französischen Revolution; *G. Oestreich,* Verfassungsgeschichte vom Ende des Mittelalters bis zum Ende des alten Reiches; *W. Treue,* Wirtschaft, Gesellschaft und Technik in Deutschland vom 16. bis zum 18. Jh.) – *B. Erdmannsdörffer,* Deutsche Geschichte vom Westfälischen Frieden bis zum Regierungsantritt Friedrichs des Großen 1648–1740, 2 Bde., 1892/93. – *F. Hartung,* Neuzeit von der Mitte des 17. Jahrhunderts bis zur Französischen Revolution 1789, 1932. – Lehrbuch der Deutschen Geschichte, Bd. 4: *G. Schilfert,* Deutschland von 1648–1789, ^{3}1975. – *H. Holborn,* Deutsche Geschichte in der Neuzeit, Bd. 1: Das Zeitalter der Reformation und des Absolutismus, 1960. – *W. H. Bruford,* Germany in the Eighteenth Century. The social background of the literary revival. Cambridge 1934. Dt. Ausg. (Ullstein-Buch 3142) 1975. – *C. Hinrichs,* Das Reich und die Territorialstaaten im Zeitalter des Absolutismus 1648–1789. In: Dt. Gesch. im Überblick, hg. von

P. Rassow, [3]1973. – *G. Oestreich,* Von der deutschen Libertät zum deutschen Dualismus 1648–1789. In: Die dt. Einheit als Problem d. europ. Geschichte, hg. von C. Hinrichs u. W. Berges, 1960. – *R. Vierhaus,* Deutschland im 18. Jahrhundert: soziales Gefüge, politische Verfassung, geistige Bewegung. In: Lessing und die Zeit d. Aufklärung, 1968. – Handbuch der historischen Stätten Deutschlands, Bd. 1ff., 1958ff. – Geschichte der deutschen Länder („Territorien-Ploetz"), hg. von *G. Sante,* Bd. 1: Die Territorien bis zum Ende des alten Reiches, 1964. – Handbuch der Bayerischen Geschichte, hg. von *M. Spindler,* 2. Bd.: Das alte Bayern. Der Territorialstaat. Der Territorialstaat vom Ausgang des 12. Jahrhunderts bis zum Ausgang des 18. Jahrhunderts, 1969; 3. Bd.: Franken, Schwaben, Oberpfalz bis zum Ausgang des 18. Jahrhunderts, 1969. – Geschichtliche Grundbegriffe. Historisches Lexikon zur politisch-sozialen Sprache in Deutschland, hg. von *O. Brunner, W. Conze u. R. Koselleck,* Bd. 1ff, 1972ff.

Quellen und Literatur zu den einzelnen Kapiteln

Einleitung: F. Dickmann, Der Westfälische Frieden, 1959. – *F. Dickmann,* Der Westfälische Friede und die Reichsverfassung. In: Forsch. u. Stud. zur Gesch. d. Westf. Friedens, 1965. – *S. H. Steinberg,* Der Dreißigjährige Krieg und der Kampf um die Vorherrschaft in Europa 1600–1660, deutsch (Kl. Vandenhoeck-Reihe 261), 1967. – *G. Franz,* Der 30jährige Krieg und das deutsche Volk, [4]1979. – *K. v. Raumer,* Westfälischer Friede. In: HZ 195, 1962. – *F. L. Carsten,* The Empire after the Thirty Years War. In: New Cambridge Modern History Bd. 5, 1961. – *H. Kamen,* The Economic and Social Consequences of the Thirty Years War. In: Past and Present 39, 1968. – *F. Lütge,* Deutsche Sozial- und Wirtschaftsgeschichte, 3. Aufl. 1966. – *K. v. Raumer,* 1648/1815. Zum Problem der internationalen Friedensordnung im älteren Europa. In: Forsch. u. Stud. z. Gesch. d. Westf. Friedens, 1965. – *K. v. Raumer,* Das Erbe des Westfälischen Friedens. In: Pax Optima Rerum, hg. von E. Hövel, 1948.

I. Wirtschaftliche Entwicklung

Allgemeines: The Cambridge Economic History of Europe. Vol. 5: The Economic Organisation of Early Modern Europe, ed. by *E. E. Rich* and *C. H. Wilson,* 1977; Vol. 6: The Economy of Expanding Europe in the Sixteenth and Seventeenth Century, ed. by *E. E. Rich* and *C. H. Wilson,* 1967. – The Fontana Economic History of Europe. Vol. 2: The Sixteenth and Seventeenth Century, 1974; Vol. 3: The Industrial Revolution, 1973; Vol. 4,1: The Emergence of Industrial Societies, 1973 (darin: *K. Borchardt,* Germany 1700–1914). – Handbuch der deutschen Wirtschafts- und Sozialgeschichte, hg. von *H. Aubin* und *W. Zorn,* Bd. 1, 1971. (Darin: *W. Abel,* Landwirtschaft 1648–1800; *W. Zorn,* Gewerbe und Handel 1648–

1800; *W. Zorn,* Sozialgeschichte 1648–1800; *H. Hassinger,* Politische Kräfte und Wirtschaft 1350–1800). – *F. Lütge,* Deutsche Sozial- und Wirtschaftsgeschichte. Ein Überblick. (Enzykl. d. Rechts- und Staatswiss.), [3]1966. – *H. Kellenbenz,* Deutsche Wirtschaftsgeschichte Bd. 1: Von den Anfängen bis zum Ende des 18. Jahrhunderts, 1977. – *F.-W. Henning,* Das vorindustrielle Deutschland 800–1800. (Wirtsch.- u. Sozialgesch. Bd. 1, UTB 398), [3]1977. - *W. Treue,* Wirtschaftsgeschichte der Neuzeit im Zeitalter der industriellen Revolution 1700 bis 1960, 1962. – *H. Bechtel,* Wirtschafts- und Sozialgeschichte Deutschlands. Wirtschaftsstile und Lebensformen von der Vorzeit bis zur Gegenwart, 1967. – *E. Schremmer,* Die Wirtschaft Bayerns. Vom hohen Mittelalter bis zum Beginn der Industrialisierung. Bergbau, Gewerbe, Handel, 1970. – *F. Tremel,* Wirtschafts- und Sozialgeschichte Österreichs, 1969. – *E. Gothein,* Wirtschaftsgeschichte des Schwarzwaldes und der angrenzenden Landschaften, 1892. – *M. J. Elsas,* Umriß einer Geschichte der Preise und Löhne in Deutschland vom ausgehenden Mittelalter bis zum Beginn des 19. Jahrhunderts. 2 Bde in 3 Teilen, 1936–49.

I.1. Bevölkerungsentwicklung: Raum und Bevölkerung in der Weltgeschichte, Bd. 2, bearb. von *E. W. Buchholz* und *W. Köllmann,* 1956. – *C. M. Cipolla/K. Borchardt,* Bevölkerungsgeschichte Europas: Mittelalter bis Neuzeit (Serie Piper 19) 1971. – *K. H. Blaschke,* Bevölkerungsgeschichte von Sachsen bis zur industriellen Revolution, 1967. – *J. Augel,* Italienische Einwanderung und Wirtschaftstätigkeit in rheinischen Städten im 17. und 18. Jahrhundert, 1971. – *H. Erbe,* Die Hugenotten in Deutschland, 1937. – *C. F. Arnold,* Die Salzburger Protestanten und ihre Aufnahme bei den Glaubensgenossen, 2 Bde., 1900/01. – *R. Schmidmann,* Die Kolonien der Réfugiés in Hessen-Kassel und ihre wirtschaftliche Bedeutung im 17. und 18. Jahrhundert. In: Zs. f. d. Ver. f. Hess. Gesch. 57, 1929. – *E. Winter,* Die tschechische und slowakische Emigration in Deutschland im 17. und 18. Jahrhundert, 1955.

I.2. Landwirtschaft: B. H. Slicher van Bath, The Agrarian History of Western Europe A. D. 500–1850, 1962. – *W. Abel,* Landwirtschaft 1648–1800. In: Hb. d. dt. Soz. u. Wirtsch.gesch. 1, 1971. – *W. Abel,* Agrarkrisen und Agrarkonjunkturen. Eine Geschichte der Land- und Ernährungswirtschaft Mitteleuropas seit dem hohen Mittelalter, [2]1966. – *W. Abel,* Geschichte der deutschen Landwirtschaft vom frühen Mittelalter bis zum 19. Jahrhundert. (Deutsche Agrargeschichte II), [3]1978. - *R. Krzymowski,* Geschichte der deutschen Landwirtschaft, [3]1961. – *W. Abel,* Massenarmut und Hungerkrisen im vorindustriellen Deutschland. (Kl. Vandenhoeck-Reihe 1352), [2]1977. – *F.-W. Henning,* Bauernwirtschaft und Bauerneinkommen im 18. Jahrhundert, 1969. – *W. Achilles,* Die steuerliche Belastung der braunschweigischen Landwirtschaft und ihr Beitrag zu den Staatseinnahmen im 17. und 18. Jahrhundert, 1972. – *D. Saalfeld,* Bauernwirtschaft und Gutsbtrieb in der vorindustriellen Zeit, 1960. – *V. v. Arnim,* Krisen und Konjunkturen der Landwirtschaft in Schleswig-

Holstein vom 16. bis zum 18. Jahrhundert, 1957. – *A. Sandberger*, Die Landwirtschaft. In: Hb. d. bayer. Gesch. 2, 1969. – *F. Lütge*, Die bayerische Grundherrschaft, 1949. – *F. Lütge*, Die mitteldeutsche Grundherrschaft, ²1957. – *K. Winkler*, Landwirtschaft und Agrarverfassung im Fürstentum Osnabrück nach dem Dreißigjährigen Kriege, 1959. – *G. Gruell*, Bauernhaus und Meierhof. Zur Geschichte der Landwirtschaft in Oberösterreich, 1975.

I.3. Gewerbliche Wirtschaft: W. Zorn, Gewerbe und Handel 1648–1800. In: Hb. d. dt. Soz. u. Wirtsch.gesch. 1, 1971. – *H. Mauersberg*, Wirtschafts- und Sozialgeschichte zentraleuropäischer Städte in neuerer Zeit, 1960. – *F. Eulen*, Vom Gewerbefleiß zur Industrie. Ein Beitrag zur Wirtschaftsgeschichte des 18. Jahrhunderts, 1967. – *H. Krüger*, Zur Geschichte der Manufakturen und Manufakturarbeiter in Preußen, 1958. – *R. Forberger*, Die Manufaktur in Sachsen, 1958. – *E. Schremmer*, Gewerbe und Handel. Vom hohen Mittelalter bis zum Beginn des Merkantilismus. Die Epoche des Merkantilismus. In: Hb. d. bayer. Gesch. 2, 1971. – *G. Slawinger*, Die Manufakturen in Kurbayern, 1966. – *K.H. Kaufhold*, Das Handwerk der Stadt Hildesheim im 18. Jahrhundert, ²1980.– *P. Kriedte, H. Medick, J. Schlumbohm*, Industrialisierung vor der Industrialisierung. Gewerbliche Warenproduktion auf dem Land in der Formationsperiode des Kapitalismus. (Veröffentl. d. Max-Planck-Instituts f. Gesch. Bd.53), 1977. – *E. Wiest*, Die Entwicklung des Nürnberger Gewerbes zwischen 1648 und 1806. In: Forsch. z. Soz.- u. Wirtsch.gesch. 12, 1968. – *W. Zorn*, Augsburg. Geschichte einer deutschen Stadt, 1975. – *H. Proesler*, Das gesamtdeutsche Handwerk im Spiegel der Reichsgesetzgebung von 1530–1806, 1954. – *G. Jahn*, Zur Gewerbepolitik der deutschen Landesfürsten vom 16. bis zum 18. Jahrhundert, 1909. – *W. Henderson*, The Berlin Commercial Crisis of 1763. In: Ec. Hist. Rev. 15, 1962. – Zwei Jahrtausende Kölner Wirtschaftsgeschichte, hg. von *H. Kellenbenz*, 2 Bde., 1975. – *M. Barkhausen*, Staatliche Wirtschaftslenkung und freies Unternehmertum im westdeutschen und im nord- und südniederländischen Raum bei der Entstehung der neuzeitlichen Industrie im 18. Jahrhundert. In: VSWG 45, 1958. – *H. Kisch*, Das Erbe des Mittelalters, ein Hemmnis wirtschaftlicher Entwicklung: Aachens Tuchgewerbe vor 1790. In: Rhein. Vierteljahrsblätter 30, 1965.

I.4. Merkantilismus: H. Hassinger, Politische Kräfte und Wirtschaft 1350–1800. In: Hb. d. dt. Soz. u. Wirtsch.gesch. 1, 1971. – *E.F. Heckscher*, Der Merkantilismus, 2 Bde., 1932/33. – *F. Blaich*, Die Epoche des Merkantilismus, 1973. – *K. Zielenziger*, Die alten deutschen Cameralisten, 1913, Neudr. 1966. – *L. Sommer*, Die österreichischen Kameralisten in dogmengeschichtlicher Darstellung, 2 Bde., 1925. – *H. Hassinger*, Johann Joachim Becher, 1951. – *I. Bog*, Der Reichsmerkantilismus. Studien zur Wirtschaftspolitik des Heiligen Römischen Reiches im 17. und 18. Jahrhundert, 1959. – *F. Lütge*, Reich und Wirtschaft. Zur Reichsgewerbe- und Reichshandelspolitik vom 15.–18. Jahrhundert, 1961. – *F. Blaich*, Die Wirtschaftspolitik des Reichstags im Heiligen Römischen Reich, 1970. – *G. Schmoller* u. *O. Hintze,* Die preußische Seidenindustrie im 18. Jahrhundert. (Acta Borussia II, 1), 3 Bde., 1892. – *C. Hinrichs,* Die Wollindustrie in Preußen unter Friedrich Wilhelm I. (Acta Borussica II. 5), 1933. – *W. Söll,* Die staatliche Wirtschaftspolitik in Württemberg im 17. und 18. Jahrhundert, 1934. – *F. Facius,* Wirtschaft und Staat. Die Entwicklung der staatlichen Wirtschaftsverwaltung in Deutschland vom 17. Jahrhundert bis 1945, 1959.

II. Struktur der Gesellschaft
(Vgl. auch die für Kapitel I genannten Titel).

Allgemeines: K. Bosl/E. Weis, Die Gesellschaft in Deutschland. Bd. 1: Von der Fränkischen Zeit bis 1848, 1976. – *R. Engelsing,* Sozial- und Wirtschaftsgeschichte Deutschlands. (Kl. Vandenhoeck-Reihe 1381), 1973. – *W. Zorn,* Sozialgeschichte 1648–1800. In: Hb. d. dt. Soz. u. Wirtsch.gesch. 1, 1971. – *O. Brunner,* Neue Wege der Verfassungs- und Sozialgeschichte, [2]1968. – *W. Ebel,* Quellen zur Geschichte des deutschen Arbeitsrechts, 1964. – *J. Landau,* Die Arbeiterfrage in Deutschland im 17. und 18. Jahrhundert und ihre Behandlung in der deutschen Kameralwissenschaft, 1915. – *D. Albrecht,* Staat und Gesellschaft, 1500–1745. In: Hb. d. bayer. Gesch. 2, 1971. – *H. H. Hofmann,* Adelige Herrschaft und souveräner Staat. Studien über Staat und Gesellschaft in Franken und Bayern im 18. und 19. Jahrhundert, 1962. – *F. Dreyfus,* Sociétés et mentalités à Mayence dans la seconde moitié XVIIIe siècle, 1968.

II. 1. Fürsten und Höfe: N. Elias, Über den Prozeß der Zivilisation. Soziogenetische und psychogenetische Untersuchungen. 2 Bde. (suhrkamp tb wiss. 158/159), 1976. – *N. Elias,* Die höfische Gesellschaft. Untersuchungen zur Soziologie des Königtums und der höfischen Aristokratie (Soziologische Texte 54), 1969. – *J. v. Kruedener,* Die Rolle des Hofes im Absolutismus. (Forsch. z. Soz. u. Wirtsch.gesch. Bd. 19), 1973. – *P. Lafue,* La vie quotidienne des cours allemands au XVIIIe siècle, 1963. – *A. Lhotsky,* Kaiser Karl VI. und sein Hof im Jahre 1712/13. In: MIÖG 66, 1958. – Geschichte des preußischen Hofes, hg. von *G. Schuster,* Bde. 2 und 3, 1914.

II. 2. Alter und neuer Adel: The European Nobility in the Eighteenth Century, ed. by *A. Goodwin,* 1953. – Deutscher Adel 1555–1740, hg. von *H. Rössler* u. *G. Franz.* (Dt. Führungsschichten in der Neuzeit Bd. 2), 1966. – *W. Görlitz,* Die Junker. Adel und Bauern im deutschen Osten, [2]1957. – *F. L. Carsten,* Entstehung des Junkertums. In: Preußen. Epochen und Probleme seiner Gesch., hg. von R. Dietrich, 1964. – *H. Rosenberg,* Bureaucracy, Aristocracy and Autocracy. The Prussian Experience 1660–1815, 1958. – *O. Büsch,* Militärsystem und Sozialleben im alten Preußen, 1962. – *J. Lampe,* Aristokratie, Hofadel und Staatspatriziat in Kurhannover,

1714–1760, 2 Bde., 1963. – *F.K. Martiny*, Über die Hauptzüge der niederösterreichischen Adelsgeschichte in den letzten Jahrhunderten. In: Dt. Arch. f. Landes- u. Volksforsch. 4, 1940. – *W. Zorn*, Unternehmer und Aristokratie in Deutschland. In: Tradition 8, 1963.

II.3. Geistlichkeit: P. Drews, Der evangelische Geistliche in der deutschen Vergangenheit, 1905. – *R.v. Thadden*, Die brandenburgisch-preußischen Hofprediger im 17. und 18. Jahrhundert. Ein Beitrag zur Geschichte der absolutistischen Staatsgesellschaft in Brandenburg-Preußen, 1959. – *M. Hasselhorn*, Der altwürttembergische Pfarrstand im 18. Jahrhundert, 1958. – *M. Leube*, Die Geschichte des Tübinger Stifts, 2 Bde., 1930/1954. – *N.v. Preradovich*, Die soziale Herkunft der österreichischen Bischöfe 1648–1918. In: Festschr. f. K. Eder, 1959. – *A.L. Veit*, Der stiftsmäßige deutsche Adel im Bilde seiner Ahnenproben, 1935. – *A.L. Veit*, Mainzer Domherren vom 16. bis zum Ausgang des 18. Jahrhunderts, 1924. – *M. Domarus*, Würzburger Kirchenfürsten aus dem Hause Schönborn, 1959. – *E. Krausen*, Die Herkunft der bayerischen Prälaten des 17. und 18. Jahrhunderts. In: Zs. f. bayer. LG 27, 1964. – *M. Braubach*, Kölner Domherren im 18. Jahrhundert. In: Zs. Gesch. u. Kunst im Ebm. Köln, 1960. – *F. Keinemann*, Das Domkapitel zu Münster im 18. Jahrhundert. Verfassung, persönliche Zusammensetzung, Parteiverhältnisse, 1967.

II.4. Die bäuerliche Bevölkerung: F.Lütge, Geschichte der deutschen Agrarverfassung vom frühen Mittelalter bis zum 19. Jahrhundert (Deutsche Agrargeschichte III), ²1967. – *G. Franz*, Geschichte des deutschen Bauernstandes vom frühen Mittelalter bis zum 19. Jahrhundert. (Deutsche Agrargeschichte IV), ²1976. – *W.A. Boelcke*, Wandlungen der dörflichen Sozialstruktur während Mittelalter und Neuzeit. In: Wege u. Forsch. d. Agrargesch., 1967. – *F.-W. Henning*, Dienste und Abgaben der Bauern im 18. Jahrhundert, 1969. – *F.-W. Henning*, Herrschaft und Bauernuntertänigkeit. Beiträge zur Geschichte der Herrschaftsverhältnisse in den ländlichen Bereichen Ostpreußens und des Fürstentums Paderborn vor 1800, 1964. – *J. Peters*, Ostelbische Landarmut. Sozialökonomisches über landarme und landlose Agrarproduzenten im Spätfeudalismus. In: JbW, 1967. – *E. Lennhoff*, Das ländliche Gesindewesen in der Kurmark Brandenburg vom 16.–18. Jahrhundert, 1906. – *H. Heitz*, Die sozialökonomische Struktur im ritterschaftlichen Bereich Mecklenburgs zu Beginn des 18. Jahrhunderts, 1963. – *H. Goldschmidt*, Die Grundbesitzverteilung in der Mark Brandenburg und in Hinterpommern vom Beginn des Dreißigjährigen Krieges bis zur Gegenwart, 1910. – *G. Aubin*, Zur Geschichte der gutsherrlich-bäuerlichen Verhältnisse in Ostpreußen, 1910. – *F. Terveen*, Gesamtstaat und Retablissement. Der Wiederaufbau des nördlichen Ostpreußen 1714–1740, 1954. – *H.H. Müller*, Domänen und Domänenpächter in Brandenburg-Preußen im 18. Jahrhundert. In: JbW, 1965. – *F. Mager*, Geschichte des Bauerntums und der Bodenkultur im Lande Mecklenburg, 1955. – *J. Nichtweiss*, Das Bauernlegen in Mecklenburg, 1954. – *K. Blaschke,* Soziale Gliederung und Entwicklung der sächsischen Landbevölkerung im 16.–18. Jahrhundert. In: Zs. f. Agrargesch. u. Agrarsoz. 4, 1956. – *K. Blaschke,* Grundzüge und Probleme einer sächsischen Agrarverfassungsgeschichte. In: ZSRG (germ) 82, 1965. – *Th. Ludwig,* Der badische Bauer im 18. Jahrhundert, 1896. – *M. Tischler,* Die Leibeigenschaft im Hochstift Würzburg vom 13. bis zum beginnenden 19. Jahrhundert, 1963. – *H.W. Eckardt,* Herrschaftliche Jagd, bäuerliche Not und bürgerliche Kritik. Zur Geschichte der fürstlichen und adligen Jagdprivilegien vornehmlich im südwestdeutschen Raum. (Veröfftl. d. Max-Planck-Inst. f. Gesch. Bd. 48), 1976. – *G. Gruell,* Bauer, Herr und Landesfürst. Sozialrevolutionäre Bestrebungen der oberösterreichischen Bauern von 1650–1848, 1963. – *E.M. Link,* The Emancipation of the Austrian Peasant 1740–1798, 1949. – *W. Stark,* Die Unabhängigkeitsverhältnisse der gutsherrlichen Bauern Böhmens im 17. und 18. Jahrhundert. In: Jb. f. Nat. ök. u. Stat. 164, 1952.

II.5. Ländliche Gewerbetreibende und Manufakturarbeiter: E. Schremmer, Standortausweitung der Warenproduktion im langfristigen Wirtschaftswachstum. Zur Stadt-Land-Arbeitsteilung im Gewerbe des 18. Jahrhunderts. In: VSWG 59, 1972. – *A. Skalweit,* Das Dorfhandwerk vor Aufhebung des Städtezwanges, 1942. – *K. Hinze,* Die Arbeiterfrage zu Beginn des modernen Kapitalismus in Brandenburg-Preußen, 1927. – *H. Eichler,* Zucht- und Arbeitshäuser in den mittleren und östlichen Provinzen Brandenburg-Preußens. In: JbW 1970. – *F. Furger,* Zum Verlagssystem als Organisationsform des Frühkapitalismus im Textilgewerbe, 1927. – *H. Kisch,* The Textile Industries in Silesia and the Rhineland: A Comparative Study in Industrialization. In: Journ. of Econ. Hist. 19, 1959. – *H. Kisch,* From Monopoly to Laissez faire: The Early Growth of the Wupper Valley Textile Trades. In: Journ. of Europ. Econ. Hist. 1, 1972. – *W. Troeltsch,* Die Calwer Zeughandlungskompagnie und ihre Arbeiter. Stud. z. Gewerbe- u. Sozialgesch. Altwürttembergs, 1897. – *G. Otruba,* Zur Geschichte der Frauen- und Kinderarbeit im Gewerbe und den Manufakturen Niederösterreichs. In: Jb. f. Landeskd. v. Niederösterr. NF 34, 1958/60. – *W. Abel, G. Franz* u. *G. Cascorbi,* Der deutsche Landwarenhandel, 1960.

II.6. Die städtische Bevölkerung: H. Möller, Die kleinbürgerliche Familie im 18. Jahrhundert. Verhalten und Gruppenkultur, 1969. – *R. Engelsing,* Zur Sozialgeschichte deutscher Mittel- und Unterschichten (Krit. Stud. z. Gesch.wiss. 4), [2]1978. – *M. Walker,* German Home Towns, Community, State and General Estate 1648–1871, 1971. – Deutsches Patriziat 1430–1740, hg. von *H. Rössler* und *G. Franz.* (Dt. Führungsschichten in der Neuzeit Bd. 3), 1968. – *P.E. Schramm,* Neun Generationen. Dreihundert Jahre deutscher Kulturgeschichte im Lichte der Schicksale einer Hamburger Bürgerfamilie (1648–1948), 1. Bd., 1963. – *G. Schmoller,* Das Städtewesen unter Friedrich Wilhelm I. In: Dt. Städtewesen in ält. Zeit, 1922. – *G.v. Glinsky,* Die Königsberger Kaufmannschaft im 17. und 18. Jahrhundert,

1964. – *R. Walther,* Die Danziger Bürgerschaft im 18. Jahrhundert nach Herkunft und Beruf. In: Zs. d. Westpreuß. Gesch. ver. 73, 1937. – *L. Lenk,* Augsburger Bürgertum im Späthumanismus und Frühbarock 1580–1700, 1968. – *F. Herre,* Das Augsburger Bürgertum im Zeitalter der Aufklärung, 1951. – *O.K. Roller,* Die Einwohnerschaft der Stadt Durlach im 18. Jahrhundert, 1907. – *W. Laufer,* Die Sozialstruktur der Stadt Trier in der frühen Neuzeit, 1971.

II.7. Sonder- und Randgruppen, Außenseiter, unterste Schichten: S. Stern, The Court Jew. A Contribution to the History of the Period of Absolutism in Central Europe, 1950. – *H. Schnee,* Die Hoffinanz und der moderne Staat. Geschichte und System der Hoffaktoren an deutschen Fürstenhöfen im Zeitalter des Absolutismus, 6 Bde., 1953–67. – *F. Priebatsch,* Die Judenpolitik des fürstlichen Absolutismus im 17. und 18. Jahrhundert. In: Festschr. f. D. Schäfer, 1915. – *H.M. Graupe,* Die Entstehung des modernen Judentums. Geistesgeschichte der deutschen Juden 1650–1942, 1969. – *St. Schwarz,* Die Juden in Bayern im Wandel der Zeiten, 1963. – *S. Stern,* Der preußische Staat und die Juden, 3 Bde in 8 Teilen, 1962–1975. – *S. Stern,* Jud Süß, 1929. – *L. Geiger,* Die jüdische Gesellschaft Berlins im 18. Jahrhundert. In: Jb. f. jüd. Gesch. u. Lit. 1, 1898. – *F.L. Kroel,* Die Entwicklung der Waisenhäuser in Deutschland seit der Reformation, 1921. – *G. Schubart-Fikentscher,* Zur Stellung der Komödianten im 17. und 18. Jahrhundert, 1963. – *G. Schubart-Fikentscher,* Die Unehelichen-Frage in der Frühzeit der Aufklärung, 1967. – *C. Küther,* Räuber und Gauner in Deutschland. Das organisierte Bandenwesen im 18. und frühen 19. Jahrhundert (Krit. Stud. z. Gesch.wiss. Bd. 20), 1976.

II.8. Neue bürgerliche Schichten: Universität und Gelehrtenstand 1400–1800, hg. von *H. Rössler* und *G. Franz.* (Dt. Führungsschichten in der Neuzeit Bd. 4), 1970. – *O. Hintze,* Der Beamtenstand. (Vortr. d. Gehe-Stiftung Bd. 3), 1911. – *B. Wunder,* Die Sozialstruktur des Geheimratskollegiums in den protestantischen Fürstentümern 1660–1720. In: VSWG 58, 1971. – *B. Bleek,* Von der Kameralistenausbildung zum Juristenprivileg. Studium, Prüfung und Ausbildung der höheren Beamten des allgemeinen Verwaltungsdienstes in Deutschland im 18. und 19. Jahrhundert, 1972. – *E. Opgenoorth,* Ausländer in Brandenburg-Preußen als leitende Beamte und Offiziere 1604–1871, 1967. – *H. Liermann,* Die rechtsgelehrten Beamten der fränkischen Fürstentümer Ansbach und Bayreuth im 18. Jahrhundert. In: Jb. f. fränk. LG 8/9, 1943. – *C.-A. Agena,* Der Amtmann im 17. und 18. Jahrhundert. Ein Beitrag zur Geschichte des Richter- und Beamtentums. Diss. jur. Göttingen 1972.

III. Kulturelles Leben

Allgemeines: A. Hauser, Sozialgeschichte der Kunst und Literatur, 1953. – *K. Vorländer,* Philosophie der Neuzeit: Die Aufklärung (Geschichte der Philosophie V), bearb. von K. Knittermeyer (rowohlts dt. enz. 281/282),

1967. – *W. Flemming*, Deutsche Kultur im Zeitalter des Barock. (Hb. d. Kulturgeschichte), ^{2}1960. – *E. Ermatinger*, Deutsche Kultur im Zeitalter der Aufklärung. (Hb. d. Kulturgesch.), ^{2}1969. – *R. Newald*, Vom Späthumanismus zur Empfindsamkeit 1570–1750. (Gesch. d. dt. Lit. von den Anfängen bis zur Gegenwart Bd. 5), ^{6}1967. – *R. Newald*, Von Klopstock bis zu Goethes Tod 1750–1832. (ebd. Bd. 6,1), ^{5}1967. – *G. Kaiser*, Aufklärung, Empfindsamkeit, Sturm und Drang. (Gesch. d. dt. Lit. Bd. 3, UTB 484), ^{2}1976. – *W. Dilthey*, Studien zur Geschichte des deutschen Geistes. (Ges. Schr. Bd. 3, hg. von P. Ritter), ^{2}1959. – *E. Troeltsch*, Aufsätze zur Geistesgeschichte und Religionssoziologie. (Ges. Schr. Bd. 4, hg. von H. Baron), 1925. – *K. S. Guthke*, Literarisches Leben im 18. Jahrhundert in Deutschland und in der Schweiz, 1975. – *H. Schöffler*, Deutsches Geistesleben zwischen Reformation und Aufklärung, ^{2}1956. – *H. Schöffler*, Deutscher Geist im 18. Jahrhundert. Essays zur Geistes- und Religionsgeschichte. (Kl. Vandenhoeck-Reihe 256), ^{2}1967. – *W. Lepenies*, Melancholie und Gesellschaft, 1969. – *O. Brunner*, Adeliges Landleben und europäischer Geist. Leben und Werk Wolf Helmhards von Hohberg 1612–1688, 1949.

III. 1. Koexistenz der Konfessionen: K. D. Schmidt, Grundriß der Kirchengeschichte, ^{3}1960. – *K. Bihlmeyer*, Kirchengeschichte, neu besorgt von *H. Tüchle*, Bd. 3: Die Neuzeit und die neueste Zeit, ^{15}1956. – Handbuch der Kirchengeschichte, hg. von *H. Jedin*, Bd. 5: Die Kirche im Zeitalter des Absolutismus und der Aufklärung. 1970. – Handbuch der Kirchengeschichte, Bd. 4: Die Neuzeit. 2. Aufl. neubearbeitet von *H. Stephan* und *H. Leube*, 1931. – *J. Wallmann*, Kirchengeschichte Deutschlands II: Von der Reformation bis zur Gegenwart. (Ullstein Buch 3854) 1973. – *E. Hirsch*, Geschichte der neueren evangelischen Theologie im Zusammenhang mit der allgemeinen Bewegung des europäischen Denkens. Bde. 1 u. 2, 1949/1951. – *F. Heyer*, Die katholische Kirche von 1648 bis zum ersten Vatikanischen Konzil. (Die Kirche in ihrer Geschichte Bd. 4,1), 1963. – *D. Albrecht*, Die kirchlich-religiöse Entwicklung, 1500–1745. In: Hb. d. bayer. Gesch. 2, 1971. – *E. Tomek*, Kirchengeschichte Österreichs, Bd. 3: Das Zeitalter der Aufklärung und des Absolutismus 1648–1848, erg. von *H. Hantsch*, 1959. – *H. Rumpel*, Das Staatskirchentum des Absolutismus und die Französische Revolution. In: Staat u. Kirche im Wandel d. Jhe., hg. von *W. P. Fuchs*, 1966. – Klassiker des Protestantismus. Bd. 5: *W. Zeller*, Der Protestantismus im 17. Jahrhundert, 1962; Bd. 6: *M. Schmidt* u. *W. Jannasch*, Das Zeitalter des Pietismus, 1962; Bd. 7: *W. Philipp*, Das Zeitalter der Aufklärung, 1963.

III. 2. Kirchlicher und weltlicher Barock; höfische Kultur: P. Chaunu, Europäische Kultur im Zeitalter des Barock, 1968. – Aus der Welt des Barock, hg. von *R. Alewyn* u. a., 1957. – Deutsche Barockforschung. Dokumentation einer Epoche, hg. von *R. Alewyn*, 1970. – Die Kunstform des Barockzeitalters. Vierzehn Vorträge, hg. von *R. Stamm*, 1956. – Stadt – Schule – Universität – Buchwesen und die deutsche Literatur im 17. Jahrhundert, hg. von *A. Schöne*, 1976. – *W. Hager*, Barock: Skulptur und

Malerei, 1969. – *W. Hager*, Barock: Architektur, 1968. – *A. E. Brinkmann/ M. Wackernagel*, Die Baukunst des 17. und 18. Jahrhunderts in den romanischen und germanischen Ländern, [4]1922. – *E. Hempel*, Baroque art and architecture in Central Europe, 1965. – *H. Tintelnot*, Barocktheater und barocke Kunst, 1939. – *R. Alewyn u. K. Sälzle*, Das große Welttheater. Die Epoche der höfischen Feste in Dokument und Deutung, 1959. – *W. Barner*, Barockrhetorik. Untersuchungen zu ihren geschichtlichen Grundlagen, 1970. – *V. Sinemus*, Poetik und Rhetorik im frühmodernen deutschen Staat (Palaestra 269), 1978. – *R. Haas*, Die Musik des Barocks. (Hb. d. Musikwiss.), 1934. – *S. Benker*, Die Kunstentwicklung vom 16. bis zum Ende des 18. Jahrhunderts. In: Hb. d. bayer. Gesch. 2, 1971. – *H. Pörnbacher*, Literatur und Theater von 1550–1800. In: Hb d. bayer. Gesch. 2, 1971. – *H. Schmid*, Musik. In: Hb. d. bayer. Gesch. 2, 1971.

III.3. Wissenschaft, Bildung, Erziehung: Der Akademiegedanke im 17. und 18. Jahrhundert, hg. von *F. Hartmann* und *R. Vierhaus* (Wolfenbütteler Forschungen Bd. 3), 1977. – *A. Harnack*, Geschichte der königlich preußischen Akademie der Wissenschaften, 4 Bde., 1900. – *L. Hammermayer*, Gründungs- und Frühgeschichte der Bayerischen Akademie der Wissenschaften, 1959. – *O. Feil*, Geschichte der Universität Jena 1548/58–1958, Bd. 1, 1962. – *W. Schrader*, Geschichte der Friedrichs-Universität zu Halle, 2 Bde, 1894. – *G. v. Selle*, Die Georg-August-Universität zu Göttingen, 1937. – *E. F. Rössler*, Die Gründung der Universität Göttingen, 1855. – *F. Eulenburg*, Die Frequenz der deutschen Universitäten von ihrer Gründung bis zur Gegenwart, 1904. – *W. Zorn*, Hochschule und höhere Schule in der deutschen Sozialgeschichte der Neuzeit. In: Spiegel der Geschichte, Festg. f. M. Braubach, 1964. – *H. Schneppen*, Niederländische Universitäten und deutsches Geistesleben. Von der Gründung der Universität Leiden bis ins späte 18. Jahrhundert, 1960. – *R. Haas*, Die geistige Haltung der katholischen Universitäten Deutschlands im 18. Jahrhundert, 1952. – *N. Hammerstein*, Jus und Historie. Ein Beitrag zur Geschichte des historischen Denkens an deutschen Universitäten im späten 17. und 18. Jahrhundert, 1972. – *L. Boehm*, Das Hochschulwesen in seiner organisatorischen Entwicklung. In: Hb. d. bayer. Gesch. 2, 1971. – *M. Wundt*, Die deutsche Schulmetaphysik des 17. Jahrhunderts. 1939. – *M. Wundt*, Die deutsche Schulphilosophie im Zeitalter der Aufklärung, 1945, Neudr. 1964. – Leibniz. Sein Leben, sein Wirken, seine Welt, hg. von *W. Totok u. C. Haase*, 1966. – Leibniz zu seinem 300. Geburtstag, hg. von *E. Hochstetter*, 6 Teile, 1946–51. – *W. Schneiders*, Sozietätspläne und Sozialutopie bei Leipniz. In: Studia Leibnitiana 1, 1975. – *J. O. Fleckenstein*, G. W. Leibniz. Barock und Universalismus, 1958. – *W. Frauendienst*, Chr. Wolff als Staatsdenker, 1927. – *A. Kraus*, Bayerische Wissenschaft in der Barockzeit, 1579–1750. In: Hb. d. bayer. Gesch. 2, 1971. – *F. Wieacker*, Privatrechtsgeschichte der Neuzeit, [2]1967. – *H. Coing*, Epochen der Rechtsgeschichte in Deutschland. (Beck'sche Schwarze Reihe 48), [2]1971. – Staatsdenker im 17. und 18. Jahrhundert. Reichspublizistik, Politik, Naturrecht, hg. von *M. Stolleis*, 1977. – *H. Welzel*, Die Naturrechtslehre Samuel Pufendorfs,

1958. – *H. Rabe,* Naturrecht und Kirche bei S. v. Pufendorf, 1958. – *E. Wolf,* Große Rechtsdenker der deutschen Geistesgeschichte, [3]1951. – *H. Maier,* Die ältere deutsche Staats- und Verwaltungslehre (Polizeiwissenschaft). Ein Beitr. z. Gesch. d. politischen Wissenschaft in Deutschland, [2]1980. – *F. Paulsen,* Das deutsche Bildungswesen in seiner geschichtlichen Entwicklung (1908), mit einem Nachwort zum Neudruck von W. Flitner, 1966. – *F. Paulsen,* Geschichte des gelehrten Unterrichts auf den deutschen Schulen und Universitäten vom Mittelalter bis zur Gegenwart, 2 Bde., [3]1921. – *A. Heubaum,* Geschichte des deutschen Bildungswesens seit der Mitte des 17. Jahrhunderts Bd. 1, 1905. – *Th. Ballauf u. K. Schaller,* Pädagogik. Eine Geschichte der Bildung und Erziehung, 2. Bd: Vom 16. bis zum 19. Jahrhundert, 1970. – *F. Kapp und J. Goldfriedrich,* Geschichte des deutschen Buchhandels, Bde 2 u. 3, Neudr. 1970. – *Margot Lindemann,* Deutsche Presse bis 1815. Geschichte der deutschen Presse, Teil 1. (Abh. u. Mat. z. Publizistik, Bd. 5), 1969. – *R. Engelsing,* Analphabetentum und Lektüre, Zur Sozialgeschichte des Lesens in Deutschland zwischen feudaler und industrieller Gesellschaft, 1973. – Stadt, Schule, Universität, Buchwesen und die deutsche Literatur im 17. Jahrhundert, hg. von *A. Schöne,* 1976. – *H. Kiesel/P. Münch,* Gesellschaft und Literatur im 18. Jahrhundert. Voraussetzungen und Entstehung des literarischen Markts in Deutschland, 1977.

III. 4. Pietismus: A. Ritschl, Geschichte des Pietismus, 3 Bde. 1880–1886, Neudr. 1966. – *M. Schmidt,* Pietismus (Urban Taschenbücher 145), 1972. – *H. Lehmann,* Pietismus und weltliche Ordnung in Württemberg vom 17. bis zum 20. Jahrhundert, 1969. – *J. Wallmann,* Philipp Jacob Spener und die Anfänge des Pietismus, 1970. – *C. Hinrichs,* Preußentum und Pietismus. Der Pietismus in Brandenburg-Preußen als religiös-soziale Reformbewegung, 1971. – *K. Deppermann,* Der hallesche Pietismus und der preußische Staat unter Friedrich III (I.), 1961. – *G. Bondi,* Der Beitrag des halleschen Pietismus zur Entwicklung des ökonomischen Denkens in Deutschland. In: JbW 1964, T. III/IV. – *E. Beyreuther,* A. H. Francke und die Anfänge der ökumenischen Bewegung, 1957. – *E. Beyreuther,* Zinzendorf und die Christenheit 1732–1760, 1961. – *P. Baumgart,* Leibniz und der Pietismus, ArchKulturg. 48, 1966. – *G. Kaiser,* Pietismus und Patriotismus im literarischen Deutschland. Ein Beitrag zum Problem der Säkularisation, 1961. – *G. Mälzer,* Johann Albrecht Bengel, Leben und Werk, 1970.

III. 5. Aufklärung: H. Stuke, Aufklärung. In: Geschichtliche Grundbegriffe. Historisches Lexikon zur politisch-sozialen Sprache in Deutschland, hg. von O. Brunner, W. Conze, R. Koselleck, Bd. I, 1972. – *E. Cassirer,* Die Philosophie der Aufklärung, 1932. – *F. Valjavec,* Geschichte der abendländischen Aufklärung, 1961. – *P. Hazard,* Die Herrschaft der Vernunft. Das europäische Denken im 18. Jahrhundert, deutsch 1949. – *W. Kraus,* Perspektiven und Probleme. Zur französischen und deutschen Aufklärung und andere Aufsätze, 1965. – *F. Venturi,* Utopia and Reform in the Enlightenment, 1971. – *P. Gay,* The Enlightenment. An Interpretation. Vol 1: The Rise of Modern Paganism, 1966. Vol. 2: The Science of Freedom, 1969. – *G. Funke,* Das sokratische Jahrhundert. Einleitung zu: Die Aufklärung, hg. von Funke, 1963. – *R. Seeberg,* Aufklärung, Idealismus und Religion, 1925. – *W. Philipp,* Das Werden der Aufklärung in theologiegeschichtlicher Sicht, 1957. – *F.W. Kantzenbach,* Protestantisches Christentum im Zeitalter der Aufklärung. (Evangelische Enzyklopädie Bd. 516), 1965. – *S. Merkle,* Die kirchliche Aufklärung im katholischen Deutschland, 1910. – Das Weltbild der deutschen Aufklärung. Philosophische Grundlagen und literarische Auswirkung, hg. von *F. Brüggemann,* 1930. – Aufklärung, Absolutismus und Bürgertum in Deutschland, hg. von *F. Kopitzsch,* 1976. – *W. Martens,* Die Botschaft der Tugend. Die Aufklärung im Spiegel der deutschen moralischen Wochenschriften, 1968. – *W. Martens,* Bürgerlichkeit in der frühen Aufklärung. In: Jb. f. Gesch. d. oberdt. Reichsstädte 16, 1970. – *H.-J. Schings,* Melancholie und Aufklärung. Melancholiker und ihre Kritiker in Erfahrungsseelenkunde und Literatur des 18. Jahrhunderts. 1977. – *E. Winter,* Frühaufklärung. Der Kampf gegen den Konfessionalismus in Mittel- und Osteuropa und die deutsch-slawische Begegnung, (Beitr. z. Gesch. d. relig. u. wiss. Denkens Bd. 6), 1966. – E. W. von Tschirnhaus und die Frühaufklärung in Mittel- und Osteuropa, hg. von *E. Winter,* (Quellen u. Studien z. Gesch. Osteuropas Bd. 7), 1960. – *E. A. Blackall,* Die Entwicklung des Deutschen zur Literatursprache 1700–1775, deutsch 1966.

III. 6. Bürgerliche Welt- und Lebensanschauung: L. Balet u. E. Gerhard, Die Verbürgerlichung der deutschen Kunst, Literatur und Musik im 18. Jahrhundert (1936), hg. von G. Mattenklott (Ullstein-Buch 2995), 1973. – *J. Habermas,* Strukturwandel der Öffentlichkeit. Untersuchungen zu einer Kategorie der bürgerlichen Gesellschaft, ^{5}1971. – *L. Krieger,* Germany. In: National Consciousness, History and Political Culture in Early-Modern Europe, ed. by O. Ranum (The Johns Hopkins Symposia in Comparative History Vol. 5), 1975. – *C. Hinrichs,* Das Bild des Bürgers in der Auseinandersetzung zwischen Christian Thomasius und August Hermann Francke. In: Festschr. f. P. Rassow, 1961. – *R. Koselleck,* Kritik und Krise. Einführung zur Pathogenese der bürgerlichen Welt, 1959. – *R. Engelsing,* Der Bürger als Leser. Lesergeschichte in Deutschland 1500–1800, 1974. – *A. Menhennet,* Order and Freedom. Literature and Society in Germany from 1720 to 1805, 1973. – *K. S. Guthke,* Das bürgerliche Trauerspiel. (Sammlung Metzler 116), ^{2}1976. – *G. v. Graevenitz,* Innerlichkeit und Öffentlichkeit. Aspekte deutscher ‚bürgerlicher' Literatur im frühen 18. Jahrhundert. In: DVjs 49, 1975. – *F. Hertz,* The Development of German Public Mind. A Social History of German Public Sentiments Aspirations and Ideas. The Age of Enlightenment, 1962. – *U. A. J. Becher,* Politische Gesellschaft. Studien zur Genese bürgerlicher Öffentlichkeit in Deutschland (Veröffl. d. Max-Planck-Inst. f. Gesch. Bd. 59), 1978.

Allgemeines: E.N. Williams, The Ancien Régime in Europe. Government and Society in the Major States 1648–1789, 1970. – *O. Hintze,* Staat und Verfassung. Gesammelte Abhandlungen zur allgemeinen Verfassungsgeschichte. (Ges. Abh. Bd. 1, hg. von G. Oestreich), [2]1962. – *F. Hartung,* Deutsche Verfassungsgeschichte vom 15. Jahrhundert bis zur Gegenwart, [9]1950. – *G. Oestreich,* Geist und Gestalt des frühmodernen Staates. Ausgewählte Aufsätze, 1969. – *H. Conrad,* Deutsche Rechtsgeschichte. Ein Lehrbuch, Bd. 2: Neuzeit bis 1806, 1966. – *H.O. Meissner,* Staats- und Regierungsform in Deutschland seit dem 16. Jahrhundert. In: Arch. f. öffl. Recht 77, 1951. – *F. Meinecke,* Die Idee der Staatsräson in der neueren Geschichte, [3]1929. – *O.v. Gierke,* Johannes Althusius und die Entwicklung der naturrechtlichen Staastheorien. Zugleich ein Beitrag zur Geschichte der Rechtssystematik, [5]1958. – *K. Wolzendorff,* Der Polizeigedanke des modernen Staats. Ein Versuch zur allg. Verwaltungsgesch. unter bes. Berücksichtigung d. Entwicklung in Preußen, 1918. – *H. Maier,* Ältere deutsche Staatslehre und westliche politische Tradition (Recht und Staat 321), 1966. – *G. Oestreich,* Politischer Neustoizismus und niederländische Bewegung in Europa und besonders in Brandenburg-Preußen. In: Bijdragen en Medelingen van het Historisch Genootschap 79, 1965. *G. Frühsorge,* Der politische Körper. Zum Begriff des Politischen im 17. Jahrhundert und in den Romanen Christian Weises, 1974.

IV.1. Kaiser und Reich: H.E. Feine, Zur Verfassungsentwicklung des Heil. Röm. Reiches seit dem Westfälischen Frieden. In: ZSRG (germ) 52, 1932. – Quellen zum Verfassungsorganismus des Heiligen Römischen Reiches Deutscher Nation, hg. von *H.H. Hofmann* (Frhr. vom-Stein-Gedächtnisausgabe Bd. 13), 1976. – *F.H. Schubert,* Die deutschen Reichstage in der Staatslehre der frühen Neuzeit, 1966. – *R. Smend,* Das Reichskammergericht, 1. Bd.: Geschichte und Verfassung, 1911. – *O.v. Gschliesser,* Der Reichshofrat. Bedeutung und Verfassung, Schicksal und Besetzung einer obersten Reichsbehörde von 1559 bis 1806, 1942. – *F. Hertz,* Die Rechtsprechung der höchsten Reichsgerichte im römisch-deutschen Reich und ihre politische Bedeutung. In: MIÖG 69, 1961. – *L. Gross,* Die Geschichte der deutschen Reichshofkanzlei 1559–1806, 1933. – *E.v. Puttkamer,* Föderative Elemente im deutschen Staatsrecht seit 1648, 1955. – *F. Hartung,* Die Wahlkapitulationen der deutschen Kaiser und Könige. In: Volk u. Staat in der dt. Geschichte, 1940. – *G. Scheel,* Die Stellung der Reichsstände zur Römischen Königswahl seit den westfälischen Friedensverhandlungen. In: Forsch. zu Staat u. Verfassung, Festg. f. F. Hartung, 1959. – Der Kurfürst von Mainz und die Kreisassoziationen 1648–1746. Zur verfassungsmäßigen Stellung der Reichskreise nach dem Westfälischen Frieden, hg. von *K.O. Frhr. v. Aretin,* (Veröff d. Inst. f. Europ.Gesch. Mainz, Abt. Universalgesch., Beiheft 2), 1975. – *H.H. Hofmann,* Reichsidee und Staatspolitik. Die vorderen Reichskreise im 18. Jahrhundert. In: Zs. f. bayer. LG 33, 1970. – *K.S. Bader,* Der Schwäbische Kreis in der Verfassung des Alten Reiches. In: Mitt. d. Ver. f. Kunst u. Altertum in Ulm u. Oberschwaben 37, 1964. *W. Schneider*, Die Politik des Fränkischen Kreises nach dem 30jährigen Kriege, 1931. – *H. Angermeier*, Die Reichskriegsverfassung in der Politik der Jahre 1679–1681. In: ZSRG (germ) 82, 1965. – *E.R. Huber*, Reich, Volk und Staat in der Reichsrechtswissenschaft des 17. und 18. Jahrhunderts. In: Zs. f. d. ges. Staatswiss. 102, 1942. – *G. Masur*, Deutsches Reich und deutsche Nation im 18. Jahrhundert. In: Preuß. Jbb. 229, 1932. – *R. Schnur*, Der Rheinbund von 1658 in der deutschen Verfassungsgeschichte, 1955. – *G. Mentz*, Johann Philipp von Schönborn, Kurfürst von Mainz, Bischof von Würzburg und Worms 1605–1673. Ein Beitrag zur Geschichte des siebzehnten Jahrhunderts, 1896. – *H. Kesting*, Geschichte und Verfassung des niedersächsischen Reichsgrafenkollegiums. In: Westfäl. Zs. 106, 1956.

IV.2. Fürsten und Landstände: Die Entstehung des modernen souveränen Staates, hg. von *H.H. Hofmann*. (Neue wiss. Bibl. Bd. 17), 1967. – Ständische Vertretungen in Europa im 17. und 18. Jahrhundert, hg. von *D. Gerhard*, (Veröffl. d. Max-Planck-Inst. f. Gesch. Bd. 27), ²1974. – Herrschaftsverträge, Wahlkapitulationen, Fundamentalgesetze, hg. von *R. Vierhaus*, (Veröffl. d. Max-Planck-Inst. f. Gesch. Bd. 56), 1977. – *O. Brunner*, Vom Gottesgnadentum zum monarchischen Prinzip. Der Weg der europäischen Monarchie seit dem hohen Mittelalter. In: Das Königtum. Seine geistigen und rechtlichen Grundlagen (Vorträge u. Forschungen Bd. 3), 1956. – *F. Hartung*, Staatsbildende Kräfte der Neuzeit. Gesammelte Aufsätze, 1961. – *F.L. Carsten*, Princes and Parliaments in Germany. From the Fifteenth to the Eighteenth Century, 1959. – *D. Gerhard*, Regionalismus und ständisches Wesen als ein Grundthema europäischer Geschichte. In: HZ 174, 1952. – *D. Gerhard*, Amtsträger zwischen Krongewalt und Ständen. Ein europäisches Problem. In: Alteuropa und die moderne Gesellschaft, Festschr. f. O. Brunner, 1963. – *D. Gerhard*, Ständische Vertretungen und Land. In: Festschr. f. H. Heimpel. (Veröffl. d. Max-Planck-Inst. f. Gesch. Bd. 36/1), 1971. – *G. Oestreich*, Ständetum und Staatsbildung in Deutschland. In: Der Staat 1, 1967. – *R. Vierhaus*, Land, Staat und Reich in der politischen Vorstellungswelt deutscher Landstände im 18. Jahrhundert. In: HZ 223, 1976. – *R. Vierhaus*, Ständewesen und Staatsverwaltung in Deutschland im späten 18. Jahrhundert. In: Dauer und Wandel der Geschichte. Festgabe f. K. v. Raumer, 1966. – *F.L. Carsten*, Die Ursachen des Niedergangs der deutschen Landstände, In: HZ 192, 1961. – Geschichte Schleswig-Holsteins, hg. von *O. Klose*, Bde. 5 und 6, 1960. – *M. Hamann*, Das staatliche Werden Mecklenburgs, 1962. – *H.-J. Ballschmieter*, Andreas Gottlieb von Bernstorff und der mecklenburgische Ständekampf 1680–1720, 1962. – *P. Wick*, Versuche zur Errichtung des Absolutismus in Mecklenburg in der ersten Hälfte des 18. Jahrhunderts, 1964. – *H. Backhaus*, Reichsterritorium und schwedische Provinz. Vorpommern unter Karls XI. Vormündern, 1660–1672. (Veröffl. d. Max-Planck-Inst. f. Gesch. Bd. 25), 1969. – *O. Hintze*, Die Hohenzollern und ihr Werk, 1915. – *B. Schumacher*, Geschichte Ost- und Westpreußens, [2]1957. – *E. v. Meier*, Hannoversche Verfassungs- und Verwaltungsgeschichte 1680–1866, 2 Bde. 1898/99. – *R. Renger*, Landesherr und Landstände im Hochstift Osnabrück in der Mitte des 18. Jahrhunderts. Untersuchungen zur Institutionengeschichte des Ständestaates im 17. und 18. Jahrhundert. (Veröffl. d. Max-Planck-Inst. f. Gesch. Bd. 19), 1968. – *H. Lücke*, Die landständische Verfassung im Hochstift Hildesheim 1643–1802. Ein Beitr. z. territorialen Verf.gesch., 1968. – *R. Kötzschke, u. H. Kretzschmar*, Sächsische Geschichte, Bd. 2: Geschichte der Neuzeit, 1935. – *C. Gurlitt*, August der Starke, 2 Bde. 1926. – *R. Lehmann*, Geschichte der Niederlausitz, 1963. – Geschichte Thüringens, hg. von *H. Patze* u. *W. Schlesinger*, Bd. 4: Kirche und Kultur in der Neuzeit, 1972. – *K. E. Demandt*, Geschichte des Landes Hessen, 1959. – *M. Braubach*, Vom Westfälischen Frieden bis zum Wiener Kongreß. In: Rheinische Geschichte Bd. 2: Neuzeit, 1976. – *M. Doeberl*, Entwicklungsgeschichte Bayerns, Bd. 2: Vom Westfälischen Frieden bis zum Tode König Maximilians I., [2]1928. – *K. Bosl*, Die Geschichte der Repräsentation in Bayern. Landständische Bewegung, landständische Verfassung, Landesausschuß und altständische Gesellschaft, 1974. – *L. Hüttl*, Max Emanuel. Der Blaue Kurfürst 1697–1726. Eine politische Biographie, 1976. – *H. Rall*, Kurbayern in der letzten Epoche der alten Reichsverfassung 1745–1801, 1952. – *K. S. Bader*, Der deutsche Südwesten in seiner territorialstaatlichen Entwicklung, 1950. – *K. Weller*, Württembergische Geschichte, hg. von A. Weller, [5]1963. – *W. Grube*, Der Stuttgarter Landtag 1457–1957. Von den Landständen zum demokratischen Parlament, 1957. – *S. Bachmann*, Die Landstände im Hochstift Bamberg, 1962. – *L. Häusser*, Geschichte der rheinischen Pfalz, Bd. 2, 1845. – *K. v. Wogau*, Die landständische Verfassung des vorderösterreichischen Breisgau 1679–1742. Diss. jur. Freiburg i. Br. 1973. – *H. Schmidt*, Kurfürst Karl Philipp von der Pfalz als Reichsfürst. 1963. – *H. Demandt*, Die hessischen Landstände im Zeitalter des Frühabsolutismus. In: Hess. Jb. f. LG 15, 1965.

IV.3. Reichskirche, Reichsstädte und Reichsritterschaft: *H. E. Feine*, Kirchliche Rechtsgeschichte, Bd. 1: Die katholische Kirche, [5]1972. – *H. E. Feine*, Die Besetzung der Reichsbistümer vom Westfälischen Frieden bis zur Säkularisation, 1921. – *R. Vierhaus*, Wahlkapitulationen in den geistlichen Staaten des Reiches im 18. Jahrhundert. In: Herrschaftsverträge, Wahlkapitulationen, Fundamentalgesetze, hg. von *R. Vierhaus* (Veröffl. d. Max-Planck-Inst. f. Gesch. Bd. 56), 1977. – *M. Braubach*, Kurköln. Gestalten und Ereignisse aus zwei Jahrhunderten rheinischer Geschichte, 1949. – *M. Braubach*, Kurkölnische Miniaturen [2]1954. – *W. Kohl*, Christoph Bernhard von Galen. Politische Geschichte des Fürstbistums Münster 1650–1678, 1964. – *H. Jedin*, Die Reichskirche der Schönbornzeit. In: Trierer Theol. Zs. 65, 1966. – *O. Meyer*, Kurfürst Lothar Franz von Schönborn, 1957. – *K. H. Frhr. Roth v. Schreckenstein*, Geschichte der ehemaligen Reichsritterschaft in Schwaben, Franken und am Rheinstrome. 2 Bde., 1871. – *H. H. Hofmann*, Der Staat des Deutschmeisters. Studien zu einer Geschichte des Deutschen Ordens, 1964. – *G. Pfeiffer*, Studien zur Geschichte der fränkischen Reichsritterschaft. In: Jb. f. fränk. Landesforsch. 22, 1962. – *O. Brunner,* Souveränitätsprobleme und Sozialstruktur in den deutschen Reichsstädten der frühen Neuzeit. In: VSWG 50, 1963. – *R. Hildebrandt,* Die Verfassungskonflikte in den Reichsstädten des 17. und 18. Jahrhunderts. In: Zs. f. Stadtgesch., Stadtsoz. und Denkmalpflege 1, 1974. – *Ingrid Bátori,* Die Reichsstadt Augsburg im 18. Jahrhundert. Verfassung, Finanzen und Reformversuche. (Veröffl. d. Max-Planck-Inst. f. Gesch. Bd. 22), 1969. – Die Stadt Goethes. Frankfurt am Main im XVIII. Jahrhundert, hg. von *H. Voelcker,* 1932.

IV.4. Regierung, Verwaltung, Behördenorganisation im Zeichen des Absolutismus: O. Hintze, Regierung und Verwaltung. Gesammelte Abhandlungen zur Staats-, Rechts- und Verfassungsgeschichte Preußens. (Ges. Abh. Bd. 3, hg. von G. Oestreich), [2]1967. – *F. Hartung,* Studien zur Geschichte der preußischen Verwaltung. In: *Ders.,* Staatsbildende Kräfte der Neuzeit, 1961. – *R. A. Dorwart,* The Administrative Reforms of Frederik William I. of Prussia, 1953. – *H. Helfritz,* Geschichte der preußischen Heeresverwaltung, 1938. – *F. Hartung,* Die Ausbildung des absoluten Staates in Österreich und Preußen. In: Das Reich u. Europa, hg. von Th. Mayer, 1941. – *H. O. Meisner,* Das Regierungs- und Behördensystem Maria Theresias und der preußische Staat. In: FBPG 53, 1941. – *F. Hartung,* Der preußische Staat und seine westlichen Provinzen. In: *Ders.,* Staatsbildende Kräfte der Neuzeit, 1961. – *W. Mertineit,* Die Friedericianische Verwaltung in Ostpreußen, 1958. – *E. C. Hellbling,* Österreichische Verfassungs- und Verwaltungsgeschichte, 1956. – *F. Walter,* Die Theresianische Staatsreform von 1749. (Oesterreich Archiv), 1958. – *O. Regele,* Der österreichische Hofkriegsrat 1556–1848, 1949. – Die österreichische Zentralverwaltung. 1. Abt., 1. Bd.: *Th. Fellner/H. Kretschmayr,* Von Maximilian I. bis zur Vereinigung der österreichischen und böhmischen Hofkanzlei 1749, 1907. – 2. Abt., 1. Bd.: *F. Walter,* Die Geschichte der österreichischen Zentralverwaltung in der Zeit Maria Theresias 1740–1780, 1938. – *R. Reinhardt,* Zur Kirchenreform in Österreich unter Maria Theresia. In: Zs. f. Kirchengesch. 77, 1966. – *H. Haussherr,* Verwaltungseinheit und Ressorttrennung vom Ende des 17. bis zum Beginn des 19. Jahrhunderts, 1953. – *G. Schmidt,* Die Staatsreform in Sachsen in der ersten Hälfte des 18. Jahrhunderts, 1966. – *J. Dürichen,* Geheimes Kabinett und Geheimer Rat 1704–1720. In: Neues Arch. f. sächs. Gesch. 51, 1930. – *F. Facius,* Staat, Verwaltung und Wirtschaft in Sachsen-Gotha unter Herzog Friedrich II. 1691–1732, 1932/33. – *F. Wintterlin,* Geschichte der Behördenorganisation in Württemberg, 2 Bde., 1902/06.

IV.5. Absolutismus und aufgeklärter Absolutismus: St. Skalweit, Das Zeitalter des Absolutismus als Forschungsproblem. In: DVjs 35, 1961. – *F. Hartung u. R. Mousnier,* Quelques Problèmes concernant la Monarchie Absolue. In: Relazioni, X Congr. Internaz. di Science Storiche Roma. Bd. 4, 1955. – *R. Vierhaus,* Montesquieu in Deutschland. Zur Geschichte seiner

Wirkung als politischer Schriftsteller im 18. Jahrhundert. In: Collegium Philosophicum. Studien Joachim Ritter zum 60. Geburtstag, 1965. – *Absolutismus*, hg. von *W. Hubatsch* (Wege der Forschung Bd. 314), 1973. – *F. Hartung*, Die Epochen der absoluten Monarchie in der neueren Geschichte. In: HZ 145, 1931. – *G. Oestreich*, Strukturprobleme des europäischen Absolutismus. In: VSWG 55, 1968. – *R. Vierhaus*, Absolutismus. In: Sowjetsystem u. Demokrat. Gesellsch. Bd. 1, 1966. – *G. Oestreich*, Calvinismus, Neustoizismus und Preußentum. In: Jb. f. Gesch. Mitteldeutschlands 5, 1956. – *St. Skalweit*, Das Herrscherbild des 17. Jahrhunderts. In: HZ 184, 1957. – Der aufgeklärte Absolutismus, hg. von *K. O. Frhr. v. Aretin.* (Neue Wiss. Bibl. Bd. 67), 1974. – *F. Hartung*, Der aufgeklärte Absolutismus. In: HZ 180, 1955. – *J. Gagliardo*, Enlightened Despotism, 1968. – *L. Krieger*, An Essay on the Theory of Enlightened Despotism, 1975. – *E. Walder*, Zwei Studien über den aufgeklärten Absolutismus. In: Schweizer Beitr. z. Allg. Gesch. 15, 1957. – *J. Kunisch*, Der kleine Krieg. Studien zum Heerwesen des Absolutismus. (Frankf. Hist. Abh. Bd. 4), 1973.

V. Kriege, Krisen und Konflikte

Allgemeines: M. Immich, Geschichte des europäischen Staatensystems von 1660–1789, 1905. – *E. Kaeber*, Die Idee des europäischen Gleichgewichts in der publizistischen Literatur vom 16. bis zur Mitte des 18. Jahrhunderts, 1907. – *L. Dehio*, Gleichgewicht oder Hegemonie. Betrachtungen über ein Grundproblem der neueren Staatengeschichte, 1948. – *C. Schmitt*, Der Nomos der Erde im Völkerrecht des Jus Publicum Europaeum, 1950. – *E. Reibstein*, Völkerrecht. Eine Geschichte seiner Ideen in Lehre und Praxis. Bd. 1: Von der Antike bis zur Aufklärung, 1957. – *K. v. Raumer*, Ewiger Friede. Friedensrufe und Friedenspläne seit der Renaissance. 1953. – *H. Gollwitzer*, Europabild und Europagedanke. Beiträge zur deutschen Geistesgeschichte des 18. und 19. Jahrhunderts, ^{2}1964.

V. 1. Die Vorherrschaft Frankreichs und der Aufstieg des Hauses Österreich: P. E. Hübinger, Die Anfänge der französischen Rheinpolitik als historisches Problem. In: HZ 171, 1951. – *R. Fester*, Die Augsburger Allianz von 1686. 1893. – *J. Wysocki*, Kurmainz und die Reunionen. Die Beziehungen zwischen Frankreich und Kurmainz 1679–1688, 1961. – *K. v. Raumer*, Die Zerstörung der Pfalz von 1689 im Zusammenhang der französischen Rheinpolitik, 1930. – *H. v. Srbik*, Wien und Versailles 1692 bis 1697, 1944. – *P. O. Höynck*, Frankreich und seine Gegner auf dem Nymwegener Friedenskongreß, 1960. – *A. Schulte*, Markgraf Ludwig Wilhelm von Baden und der Reichskrieg gegen Frankreich 1693–1697, 2 Bde. 1892. – *H. Weber*, Frankreich, Münster und Kurtrier 1692/93. In: Spiegel der Gesch. (Festg. f. M. Braubach), 1964. – *G. Schnath*, Geschichte Hannovers im Zeitalter der neunten Kur und der englischen Sukzession, Bd. 1, 1938; Bd. 2, 1977. – *H. Hantsch*, Die Geschichte Österreichs 1648–1918, 1. Bd., ^{2}1953. – *E. Zöllner*, Geschichte Österreichs von den Anfängen bis zur Gegenwart, [5]1974. – *O. Redlich*, Das Werden einer Großmacht. Österreich von 1700–1740, [2]1942. – *J. Stoye*, The Siege of Vienna, 1964. – *K. O. Frhr. v. Aretin*, Kaiser Joseph I. zwischen Reichstradition und österreichischer Großmachtpolitik. In: HZ 215, 1972. – *M. Braubach*, Prinz Eugen von Savoyen. Eine Biographie, 5 Bde, 1963–65. – *G. Otruba*, Prinz Eugen und Marlborough, 1961. – *J. Ziekursch*, Die Kaiserwahl Karls VI., 1902. – *K. Wessely*, Die österreichische Militärgrenze. Der deutsche Beitrag zur Verteidigung des Abendlandes gegen die Türkei, 1954. – *G. Turba*, Die Grundlagen der pragmatischen Sanktion, 2 Bde., 1911/12. – *W. Michael*, Zur Entstehung der Pragmatischen Sanktion, 1939. – *A. Wandruszka*, Österreich und Italien im 18. Jahrhundert, 1963. – *A. v. Arneth*, Geschichte Maria Theresias, 10 Bde., 1863–1879. – *E. Guglia*, Maria Theresia. Ihr Leben und ihre Regierung. 2 Bde., 1917. – *H. Kretschmayr*, Maria Theresia, 1925. – *F. Walter*, Männer um Maria Theresia, 1951. – *A. Wandruszka*, Maria Theresia und der österreichische Staatsgedanke. In: MIÖG 76, 1968. – *G. Küntzel*, Fürst Kaunitz-Rittberg als Staatsmann, 1923. – *A. Novotny*, Staatskanzler Fürst Kaunitz. Gestalter der Geschichte Österreichs, 1962. – *G. Klingenstein*, Der Aufstieg des Hauses Kaunitz, 1975. – *W. Schulze*, Landesdefension und Staatsbildung. Studien zum Kriegswesen des innerösterreichischen Territorialstaates (1564–1619), 1973.

V.2. Das Reich in den europäischen Kriegen des frühen 18. Jahrhunderts: *G. Granier*, Der deutsche Reichstag während des spanischen Erbfolgekriegs (1700–1714), 1956. – *M. Braubach*, Die Politik des Kurfürsten Max Emanuel von Bayern im Jahre 1702, in H Jb. 43, 1923. – *C. J. Nordmann*, La crise du Nord au début du XVIIIe siècle, 1962. – *O. Haintz*, König Karl XII. von Schweden, 3 Bde., 1958. – *E. Hassinger*, Brandenburg-Preußen, Rußland und Schweden 1700–1713. (Veröffl. d. Osteuropa-Inst. München Bd. 11), 1953. – *R. Lodge*, Studies in 18th Century Diplomacy 1740–1748, 1930. – *W. Mediger*, Mecklenburg, Rußland und England-Hannover 1706–1721, 1967. – *F. Wagner*, Kaiser Karl VII. und die großen Mächte 1740–1745, 1938. – *M. Braubach*, Versailles und Wien von Ludwig XIV. bis Kaunitz. Die Vorstadien der diplomatischen Revolution im 18. Jahrhundert, 1952. – *H. Rabe*, Pfälzische Reichs- und Außenpolitik am Vorabend des österreichischen Erbfolgekriegs 1740–1742, 1961. – *H. Weber*, Die Politik des Kurfürsten Karl Theodor von der Pfalz während des österreichischen Erbfolgekrieges, 1742–1748. (Bonner Hist. Forsch. 6), 1956. – *M. Olbrich*, Die Politik des Kurfürsten Karl Theodor von der Pfalz zwischen den Kriegen (1748–1756), 1966. – *G. Preuß*, Der Friede von Füssen 1745, 1894. – *J. Ziekursch*, Sachsen und Preußen um die Mitte des 18. Jahrhunderts, 1904.

V.3. Der Aufstieg Preußens und der deutsche Dualismus: *F. L. Carsten*, The Origins of Prussia, 1954, deutsch 1968. – *G. Ritter*, Staatskunst und Kriegshandwerk. Das Problem des ‚Militarismus' in Deutschland, Bd. 1, 1954. – *L. Dehio*, Um den deutschen Militarismus. In: HZ 180, 1955. –

F. Schevill, The Great Elector, 1947. – *G. Oestreich*, Friedrich Wilhelm. Der Große Kurfürst (Persönlichkeit und Geschichte 65), 1971. – *G. A. Craig*, The Politics of the Prussian Army 1640–1945, 1955. – *A. Berney*, König Friedrich und das Haus Habsburg (1701–1707), 1927. – *C. Hinrichs*, Friedrich Wilhelm I., König von Preußen. Eine Biographie, [2]1941. – *F. Wagner*, Friedrich Wilhelm I. Tradition und Persönlichkeit, In: HZ 181, 1956. – *G. Oestreich*, Friedrich Wilhelm I., Preußischer Absolutismus, Merkantilismus, Militarismus. (Persönlichkeit u. Geschichte 96/97), 1977. – *R. Koser*, Geschichte Friedrichs des Großen, 4 Bde., [5]1912. – *A. Berney*, Friedrich der Große. Entwicklungsgeschichte eines Staatsmannes, 1934. – *G. P. Gooch*, Friedrich der Große, Herrscher, Schriftsteller, Mensch, deutsch 1951. – *G. Ritter*, Friedrich der Große. Ein historisches Profil. [3]1954. – *H. Rothfels*, Friedrich der Große und der Staat. In: GWU 13, 1962. – *W. Hubatsch*, Das Problem der Staatsräson bei Friedrich dem Großen, 1956. – *C. Hinrichs*, Preußen als historisches Problem, 1964.

V.4. Der Siebenjährige Krieg: H. Butterfield, The Reconstruction of a Historical Episode. The History of the Enquiry into the Origins of the Seven Years' War, 1951. – *St. Skalweit*, Das Problem von Recht und Macht und das historiographische Bild Friedrichs d. Gr. In: GWU 2, 1951. – *R. Waddington*, La guerre de sept ans, 5 Bde., 1899–1914. – *A. Brabant*, Das Hl. Röm. Reich Teutscher Nation im Kampf mit Friedrich dem Großen, 3 Bde, 1904–1930. – *H. Rothfels*, Friedrich der Große in den Krisen des Siebenjährigen Krieges. In: HZ 134, 1926.

BIBLIOGRAPHISCHE ERGÄNZUNGEN 1984

Allgemeine Darstellungen: R. Vierhaus, Staaten und Stände. Vom Westfälischen zum Hubertusburger Frieden, 1648 bis 1763, 1984. – *H. Lehmann,* Das Zeitalter des Absolutismus. Gottesgnadentum und Kriegsnot, 1980. – *E. Hinrichs,* Einführung in die Geschichte der Frühen Neuzeit, 1980. – *F. Braudel,* Civilisation matérielle, économie et capitalisme, XVe–XVIIIe siècle, 3 Bde, 1979. – *G. Barudio,* Das Zeitalter des Absolutismus und der Aufklärung, 1648–1779, 1981. – *Th. Rabb,* The Struggle for Stability in Early Modern Europe, 1975. – *B. Fabian* u. *W. Schmidt-Biggemann* (Hg.), Das achtzehnte Jahrhundert als Epoche, 1978. – Geschichte Niedersachsens, hg. von *H. Patze.* Bd. 3,2, 1983: *H.-W. Krummwiede,* Geschichte der evangelischen Kirche von der Reformation bis 1803; *C. Haase,* Bildung und Wissenschaft von der Reformation bis 1803. – *E. Hinrichs* u. *W. Norden,* Regionalgeschichte. Probleme und Beispiele, 1980. – *A. Kraus,* Geschichte Bayerns. Von den Anfängen bis zur Gegenwart, 1983. – Die Geschichte des Landes Hessen, hg. von *U. Schultz,* 1983. – Westfälische Geschichte, hg. von *W. Kohl,* Bd. 1: Von den Anfängen bis zum Ende des Alten Reiches, 1983. – *H. Maier* u. *V. Press* (Hg.), Vorderösterreich in der frühen Neuzeit, 1983.

I. Wirtschaftliche Entwicklung

Allgemeines: K. Borchardt, Grundriß der deutschen Wirtschaftsgeschichte, 1978. – *P. Kriedte,* Spätfeudalismus und Handelskapital. Grundlinien der europäischen Wirtschaftsgeschichte vom 16. bis zum Ausgang des 18. Jahrhunderts, 1980. – *W. Abel,* Stufen der Ernährung. Eine historische Skizze, 1981. – *W. Treue,* Wirtschafts- und Technikgeschichte Preußens, 1984. – *J. de Vries,* The Economy of Europe in an Age of Crisis, 1600–1750, 1976. – *H. Kellenbenz* (Hg.), Wirtschaftliches Wachstum, Energie und Verkehr vom Mittelalter bis ins 19. Jahrhundert, 1978.

I.1. Bevölkerungsentwicklung: A. E. Imhof, Die gewonnenen Jahre. Von der Zunahme unserer Lebensspanne seit dreihundert Jahren, 1981. – *M. Mitterauer* u. *R. Sieder* (Hg.), Historische Familienforschung, 1982. – *H. Reif* (Hg.), Die Familie in der Geschichte, 1982. – *N. Bulst, J. Goy, J. Hoock* (Hg.), Familie zwischen Tradition und Moderne. Studien zur Geschichte der Familie in Deutschland und Frankreich vom 16. bis zum 20. Jahrhundert, 1981. – *W. Norden,* Eine Bevölkerung in der Krise. Die oldenburgische Küstenmarsch 1600–1850. In: Sozialer und politischer Wandel in Oldenburg. Studien zur Regionalgeschichte vom 17. bis

20. Jahrhundert, 1981. – *W. v. Hippel,* Auswanderung aus Südwestdeutschland. Studien zur württembergischen Auswanderung und Auswanderungspolitik im 18. und 19. Jahrhundert, 1984.

I.2. Landwirtschaft: F.-W. Henning, Landwirtschaft und ländliche Gesellschaft in Deutschland. Bd. 1: 800 bis 1750, 1978. – *P. Albrecht,* Die Förderung des Landesausbaues im Herzogtum Braunschweig-Wolfenbüttel im Spiegel der Verwaltungsakten des 18. Jahrhunderts (1671–1806), 1980.

I.3. Gewerbliche Wirtschaft: R.S. Elkar (Hg.). Deutsches Handwerk in Spätmittelalter und Früher Neuzeit. Sozialgeschichte – Volkskunde – Literaturgeschichte, 1983. – *H. Medick,* Privilegiertes Handelskapital und ‚kleine Industrie'. Produktion und Produktionsverhältnisse im Leinengewerbe des alt-württembergischen Oberamts Urach im 18. Jahrhundert. In: Arch. f. Soz.gesch. 23, 1983, S. 267–310. – *P. Kriedte,* Proto-Industrialisierung und großes Kapital. Das Seidengewerbe in Krefeld und seinem Umland bis zum Ende des Ancien Régime. In: Arch. f. Soz.gesch. 23, 1983, S. 219–266. – *E. Schremmer,* Standortausweitung der Warenproduktion im langfristigen Wirtschaftswachstum. Zur Stadt-Land-Arbeitsteilung im Gewerbe des 18. Jahrhunderts. In: Vjschr. f. Soz.- u. Wirtsch.gesch. 59, 1972, S. 1–40. – *H. Kellenbenz,* Die Wirtschaft der schwäbischen Reichsstädte nach dem Dreißigjährigen Krieg in der zweiten Hälfte des 17. Jahrhunderts. In: Jb. f. d. Gesch. d. obdt. Reichsstädte 11, 1965, S. 128–165.

I.4. Merkantilismus: M. Humpert, Bibliographie der Kameralwissenschaften, 1937. – *E. Dittrich,* Die deutschen und österreichischen Kameralisten, 1974. – *P.C. Hartmann,* Geld als Instrument europäischer Machtpolitik im Zeitalter des Merkantilismus. Studien zu den finanziellen und politischen Beziehungen der Wittelsbacher Territorien Kurbayern, Kurpfalz und Kurköln mit Frankreich und dem Kaiser, 1978. – *U. Muhlack,* Physiokratie und Absolutismus in Frankreich und Deutschland. In: Ztschr. f. Histor. Forsch. 9, 1982, S. 15–46. – *U. Troitzsch,* Ansätze technologischen Denkens bei den Kameralisten des 17. und 18. Jahrhunderts, 1966.

II. Struktur der Gesellschaft

Allgemeines: Mentalitäten und Lebensverhältnisse. Beispiele aus der Sozialgeschichte der Neuzeit. Rudolf Vierhaus zum 60. Geburtstag, 1982. – *R. Engelsing,* Zur Sozialgeschichte deutscher Mittel- und Unterschichten, ²1978. – *E. Hinrichs* u. *G. Wiegelmann,* Sozialer und kultureller Wandel in der ländlichen Welt des 18. Jahrhunderts, 1981. – *W. Günther* (Hg.), Sozialer und politischer Wandel in Oldenburg. Studien zur Regionalgeschichte vom 17. bis 20. Jahrhundert, 1981. – *H. Mommsen* u. *W. Schulze* (Hg.), Vom Elend der Handarbeit. Probleme historischer Unterschichtenforschung, 1981. – *R. van Dülmen* (Hg.), Kultur der einfachen Leute. Bayerisches Volksleben vom 16. bis zum 19. Jahrhundert, 1983. – *R. van Dülmen* u. *N. Schindler*, Volkskultur. Zur Wiederentdeckung des vergessenen Alltags (16.–20. Jahrhundert), 1984. – *J. Schlumbohm* (Hg.), Kinderstuben. Wie Kinder zu Bauern, Bürgern, Aristokraten wurden, 1700–1850, 1983. – *I. Hardach-Pinke*, Kinderalltag. Aspekte von Kontinuität und Wandel der Kindheit in autobiographischen Zeugnissen 1700–1900, 1980. – *I. Weber-Kellermann*, Die Kindheit, 1979. – *K. Demeter*, Das deutsche Offizierskorps in Gesellschaft und Staat 1650–1945, [4]1965. – *P. Blickle*, Untertanen in der Frühneuzeit. Zur Rekonstruktion der politischen Kultur und der sozialen Wirklichkeit Deutschlands im 17. Jahrhundert. In: VSWG 70, 1983, S. 483–522. – *J. Kunisch*, Die deutschen Führungsschichten im Zeitalter des Absolutismus. In: Deutsche Führungsschichten in der Neuzeit. Eine Zwischenbilanz, hg. von *H. H. Hofmann* u. *G. Franz*, Boppard 1980, S. 111–141. – *R. Braun*, Das ausgehende Ancien Régime in der Schweiz. Aufriß einer Sozial- und Wirtschaftsgeschichte des 18. Jahrhunderts, 1984.

II. 1. Fürsten und Höfe: R. Vierhaus, Höfe und höfische Gesellschaft in Deutschland im 17. und 18. Jahrhundert. In: Kultur und Gesellschaft in Deutschland von der Reformation bis zur Gegenwart, hg. von *K. Bohnen, S.-A. Jorgensen, F. Schmöe*, 1981, S. 36–56. – *H. Ch. Ehalt*, Ausdrucksformen absolutistischer Herrschaft. Der Wiener Hof im 17. und 18. Jahrhundert, 1980. – *N. Hammerstein*, Fürstenerziehung der frühen Neuzeit am Beispiel Hessen-Homburg. In: Bad Homburg vor der Höhe 782–1982. Beiträge zur Geschichte, Kunst und Literatur, 1983, S. 133–190.

II. 2. Alter und neuer Adel: Arte et Marte. Studien zur Adelskultur des Barockzeitalters in Schweden, Dänemark und Schleswig-Holstein, 1978. – *P. U. Hohendahl* u. *P. M. Lützeler* (Hg.), Legitimationskrisen des deutschen Adels 1200–1900, 1979. – *J. Lampe*, Aristokratie, Hofadel und Staatspatriziat in Kurhannover, 1714–1760, 2 Bde, 1963.

II. 4. Die bäuerliche Bevölkerung: W. Schulze (Hg.), Europäische Bauernrevolten der frühen Neuzeit, 1982. – *W. Schulze*, Bäuerlicher Widerstand und feudale Herrschaft in der frühen Neuzeit, 1980. – *W. Schulze* (Hg.), Aufstände, Revolten, Prozesse. Beiträge zu bäuerlichen Widerstandsbewegungen im frühneuzeitlichen Europa, 1983. – *P. Blickle*, Aufruhr und Empörung. Studien zum bäuerlichen Widerstand im Alten Reich, 1980. – Bauernschaft und Bauernstand 1500–1970, hg. von *G. Franz*, 1975.

II. 6. Die städtische Bevölkerung: F. Kopitzsch, Grundzüge einer Sozialgeschichte der Aufklärung in Hamburg und Altona, 2 Teile, 1982. – *E. François*, Koblenz im 18. Jahrhundert. Zur Sozial- und Bevölkerungsstruktur einer deutschen Residenzstadt, 1982. – *W. Rausch* (Hg.), Städtische Kultur in der Barockzeit, 1982. – *W. Rausch* (Hg.), Die Städte Mitteleuropas im 17. und 18. Jahrhundert, 1981.

II.7. Sonder- und Randgruppen, Außenseiter, unterste Schichten: H. Reif (Hg.), Räuber, Volk und Obrigkeit. Studien zur Geschichte der Kriminalität in Deutschland seit dem 18. Jahrhundert, 1984. – *D. J. Cohen,* Die Landjudenschaften in Hessen-Darmstadt bis zur Emanzipation als Organe der jüdischen Selbstverwaltung. In: Neunhundert Jahre Geschichte der Juden in Hessen. Beiträge zum politischen, wirtschaftlichen und kulturellen Leben, 1983, S. 151–214. – Juifs et Judaisme (= Dix-Huitième Siècle, No. Spec. 13), 1981. – *C. Küther,* Menschen auf der Straße. Vagierende Unterschichten in Bayern, Franken und Schwaben in der zweiten Hälfte des 18. Jahrhunderts, 1983.

II.8. Neue bürgerliche Schichten: R. Vierhaus, Umrisse einer Sozialgeschichte der Gebildeten in Deutschland. In: Quellen und Forsch. aus italien. Archiven u. Bibliotheken 60, 1980, S. 395–418. – *R. Vierhaus* (Hg.), Bürger und Bürgerlichkeit im Zeitalter der Aufklärung, 1981. – *W. Ruppert,* Bürgerlicher Wandel. Die Geburt der modernen deutschen Gesellschaft im 18. Jahrhundert, 1981. – *L. Fertig,* Die Hofmeister. Ein Beitrag zur Geschichte des Lehrerstandes und der bürgerlichen Intelligenz, 1979.. – *R. Engelsing,* Arbeit, Zeit und Werk im literarischen Beruf (Der literarische Arbeiter, Bd. 1), 1976.

III. Kulturelles Leben

Allgemeines: A. Mączak u. *H. J. Teuteberg* (Hg.), Reiseberichte als Quellen europäischer Kulturgeschichte. Aufgaben und Möglichkeiten der historischen Reiseforschung, 1982. – *G. Wiegelmann,* Kulturelle Stadt-Land-Beziehungen in der Neuzeit, 1978. – *G. Wiegelmann* (Hg.), Geschichte der Alltagskultur, 1980. – *E. Moser-Rath,* „Lustige Gesellschaft". Schwank und Witz des 17. und 18. Jahrhunderts im kultur- und sozialgeschichtlichen Kontext, 1984. – *G. J. Buelow* u. *H. J. Marx* (Hg.), New Mattheson Studies, 1983. – *P. Rummenhöller,* Die musikalische Vorklassik. Kulturhistorische und musikgeschichtliche Grundrisse zur Musik im 18. Jahrhundert zwischen Barock und Klassik, 1983.

III. 1. Koexistenz der Konfessionen: W. Grossmann, Religious Toleration in Germany, 1648–1750. In: Studies on Voltaire and the eighteenth century 201, 1982, S. 115–141. – *W. Grossmann,* Städtisches Wachstum und religiöse Toleranzpolitik am Beispiel Neuwied. In: Arch. Kulturg. 62/63, 1980/81, S. 207–222. – *P. Zschunke,* Konfession und Alltag in Oppenheim. Beitrag zur Geschichte der Bevölkerung und Gesellschaft einer gemischtkonfessionellen Kleinstadt in der frühen Neuzeit, 1984.

III. 2. Kirchlicher und weltlicher Barock; höfische Kultur: E. Hubala, Barock und Rokoko, 1978. – *A. G. Dickens* (Hg.), The Courts of Europe. Politics, Patronage and Royalty, 1400–1800, 1978. – *E. Blühm, J. Garber, K. Garber* (Hg.), Hof, Staat und Gesellschaft in der Literatur des 17. Jahrhunderts (= Daphnis, Bd. 11, H. 1–2), 1982. – *A. Buck, G. Kauffmann, B. L. Spahr, C. Wiedemann* (Hg.), Europäische Hofkultur im 16. und 17. Jahrhundert, 3 Bde, 1981. – *H. Kiesel*, ‚Bei Hof, bei Höll'. Untersuchungen zur literarischen Hofkritik von Sebastian Brant bis Friedrich Schiller, 1979. – *E. Straub*, Repraesentatio Maiestatis oder churbayerische Freudenfeste. Die höfischen Feste in der Münchener Residenz vom 16. bis zum Ende des 18. Jahrhunderts, 1969. – *W. Hansmann*, Baukunst des Barock. Form, Funktion, Sinngehalt, 1978. – *D. Clifford*, Geschichte der Gartenkunst, [deutsch] 1966. – *W. Braunfels*, Die Kunst im Heiligen Römischen Reich [bisher] Bde. 1–4, 1979 ff.

III. 3. Wissenschaft, Bildung, Erziehung: R. Toellner (Hg.), Die Neubestimmung des Menschen. Wandlungen des anthropologischen Konzepts im 18. Jahrhundert, 1980. – *N. Hammerstein*, Aufklärung und Katholisches Reich. Untersuchungen zur Universitätsreform und Politik katholischer Territorien des Heiligen Römischen Reiches deutscher Nation im 18. Jahrhundert, 1977. – *M. Stolleis* (Hg.), Hermann Conring (1606–1681). Beiträge zu Leben und Werk, 1983. – *G. Kleinheyer* u. *J. Schröder* (Hg.), Deutsche Juristen aus fünf Jahrhunderten. Eine biographische Einführung in die Rechtswissenschaft, 1976. – *U. Herrmann* (Hg.), „Das pädagogische Jahrhundert". Volksaufklärung und Erziehung zur Armut im 18. Jahrhundert, 1981. – *U. Herrmann* (Hg.), „Die Bildung des Bürgers". Die Formierung der bürgerlichen Gesellschaft und die Gebildeten im 18. Jahrhundert, 1982. – *F. K. Ringer*, Education and Society in Modern Europe, 1979. – *H. Blankertz*, Geschichte der Pädagogik von der Aufklärung bis zur Gegenwart, 1982. – *G. E. Grimm*, Literatur und Gelehrtentum in Deutschland. Untersuchungen zum Wandel ihres Verhältnisses vom Humanismus bis zur Frühaufklärung, 1983. – *K.-G. Faber*, Zum Verhältnis von Absolutismus und Wissenschaft, 1983. – *J. Voss*, Universität, Geschichtswissenschaft und Diplomatie im Zeitalter der Aufklärung: Johann Daniel Schöpflin (1694–1771), 1979. – *Ch. Link*, Herrschaftsordnung und bürgerliche Freiheit. Grenzen der Staatsgewalt in der älteren deutschen Staatslehre, 1979. – *H. Conring* (1606–1681), Beiträge zu Leben und Werk, hg. von *M. Stolleis*, 1983. – *N. Hammerstein*, Jus Publicum Romano-Germanicum. In: Diritto e Potere nella Storia Europea, 1982, S. 717–753. – *V. Žmegač* (Hg.), Geschichte der deutschen Literatur vom 18. Jahrhundert bis zur Gegenwart, Bd. I/1 und I/2: 1700–1848, 1979. – *R. Grimminger* (Hg.), Deutsche Aufklärung bis zur Französischen Revolution 1680–1789, 1980.

III. 4. Pietismus: H. Lehmann, Absonderung und ‚Gemeinschaft' im frühen Pietismus. In: Pietismus und Neuzeit 4, 1979, S. 54–82. – *H. Lehmann* u. *D. Lohmeier* (Hg.), Aufklärung und Pietismus im dänischen Gesamtstaat 1720–1820, 1983. – *M. Fulbrook*, Piety and Politics. Religion and the Rise of Absolutism in England, Württemberg and Prussia, 1983. – *M. Scharfe*, Die Religion des Volkes. Kleine Kultur- und Sozialgeschichte des Pietismus, 1980. – Pietismus – Herrnhutertum – Erweckungsbewegung. Festschr. f. E. Beyreuther, 1982.

III.5. Aufklärung: P. Pütz (Hg.), Erforschung der deutschen Aufklärung, 1980. – *P. Pütz*, Die deutsche Aufklärung, 1978. – *J. Koppe*, Einführung in die Philosophie der Aufklärung. Die theoretischen Grundlagen, 1979. – *M. Merker*, Die Aufklärung in Deutschland, [deutsch] 1982. – *W. Schneiders*, Zwischen Welt und Weisheit. Zur Verweltlichung der Philosophie in der frühen Neuzeit. In: studia leibnitiana 15, 1983, S. 2–18. – *W. Schneiders* (Hg.), Christian Wolff, 1679–1754. Interpretationen zu seiner Philosophie und deren Wirkung, 1983. – *W. Schneiders*, Aufklärung durch Geschichte. Zwischen Geschichtstheologie und Geschichtsphilosophie: Leibniz, Thomasius, Wolff. In: studia leibnitiana, Sonderheft 10, 1981, S. 79–99. – *W. Schneiders*, Vernunft und Freiheit. Christian Thomasius als Aufklärer. In: studia leibnitiana 11, 1979, S. 3–21. – *N. Hammerstein*, Thomasius und die Rechtsgelehrsamkeit. In: studia leibnitiana 9, 1979, S. 22–44. – *W. Schneiders*, Naturrecht und Liebesethik. Zur Geschichte der praktischen Philosophie im Hinblick auf Christian Thomasius, 1971. – *D. Narr*, Studien zur Spätaufklärung im deutschen Südwesten, 1979. – *U. Im Hof*, Isaak Iselin und die Spätaufklärung, 1967. – *P. Brockmeier, R. Desné, J. Voss* (Hg.), Voltaire und Deutschland. Quellen und Untersuchungen zur Rezeption der Französischen Aufklärung, 1979. – *F. Kopitzsch*, Die Aufklärung in Deutschland. Zu ihren Leistungen, Grenzen und Wirkungen. In: Arch. f. Soz.gesch. 23, 1983, S. 1–21. – *R. Toellner* (Hg.), Aufklärung und Humanismus, 1980. – *Ch. Bürger, P. Bürger, J. Schulte-Sasse* (Hg.), Aufklärung und literarische Öffentlichkeit, 1980. – *J. Brückner*, Staatswissenschaften, Kameralismus und Naturrecht. Ein Beitrag zur Geschichte der politischen Wissenschaften im Deutschland des späten 17. und frühen 18. Jahrhunderts, 1977. – *G. Sauder*, Empfindsamkeit. Bd. 1: Voraussetzungen und Elemente, 1974. – *M. Stolleis* (Hg.), Staatsdenker im 17. und 18. Jahrhundert. Reichspublizistik, Politik, Naturrecht, 1977. – *N. Hammerstein*, Die deutschen Universitäten im Zeitalter der Aufklärung. In: Zs. f. hist. Forsch. 10, 1983, S. 73–89. – *A. Schindling*, Die Julius-Universität im Zeitalter der Aufklärung. In: Vierhundert Jahre Universität Würzburg. Eine Festschrift, 1982, S. 77–127.

III.6. Bürgerliche Welt- und Lebensanschauung: P. Münch (Hg.), Ordnung, Fleiß und Sparsamkeit. Texte und Dokumente zur Entstehung der „bürgerlichen Tugenden", 1984. – *U. Im Hof*, Das gesellige Jahrhundert. Gesellschaft und Gesellschaften im Zeitalter der Aufklärung, 1982. – *J. Gessinger*, Sprache und Bürgertum. Sozialgeschichte sprachlicher Verkehrsformen im Deutschland des 18. Jahrhunderts, 1980. – *E. Manheim*, Aufklärung und öffentliche Meinung. Studien zur Soziologie der Öffentlichkeit im 18. Jahrhundert, hg. von *N. Schindler*, 1979. – *H. Reinalter* (Hg.), Freimaurer und Geheimbünde im 18. Jahrhundert in Mitteleuropa, 1983. – *R. Vierhaus* (Hg.), Deutsche patriotische und gemeinnützige Gesellschaften, 1980. – *O. Dann* (Hg.), Lesegesellschaften und bürgerliche Emanzipation. Ein europäischer Vergleich, 1981. – *P. Grappin* (Hg.), L'Allemagne des Lumières. Pèriodiques, Correspondances, Témoignages, 1982. – *Ch. P. Ludz* (Hg.), Geheime Gesellschaften, 1979. – *R. P. Kuhnert*,

Urbanität auf dem Lande. Badereisen nach Pyrmont im 18. Jahrhundert, 1984. – *H. Haider-Pregler*, Des sittlichen Bürgers Abendschule. Bildungsanspruch und Bildungsauftrag des Berufstheaters im 18. Jahrhundert, 1980. – *H. Steinmetz*, Literaturgeschichte und Sozialgeschichte in widersprüchlicher Verschränkung: Das Hamburger Nationaltheater. In: Int. Arch. f. Soz.gesch. d. dt. Lit. 4, 1979, S. 24–36. – *H. J. Gabler*, Geschmack und Gesellschaft. Rhetorische und sozialgeschichtliche Aspekte der frühaufklärerischen Geschmackskategorie, 1982. – *P. Raabe*, Bücherlust und Lesefreuden. Beiträge zur Geschichte des Bücherwesens im 18. und frühen 19. Jahrhundert, 1984. – *F. Kopitzsch*, Lesegesellschaften und Aufklärung in Schleswig-Holstein. In: Zs. d. Ges. f. Schlesw. Holst. Gesch. 108, 1983, S. 141–170.

IV. Politische Organisation

Allgemeines: Deutsche Verwaltungsgeschichte, hg. v. *H. K. G. Jeserich, H. Pohl, G.-Chr. v. Unruh*, Bd. 1: Vom Spätmittelalter bis zum Ende des Reiches, 1983. – *G. Oestreich*, Strukturprobleme der frühen Neuzeit. Ausgew. Aufsätze, hg. von *B. Oestreich*, 1980. – *J. Kunisch* (Hg.), Der dynastische Fürstenstaat. Zur Bedeutung von Sukzessionsordnungen für die Entstehung des frühmodernen Staates, 1982. – *G. Birtsch* (Hg.), Grund- und Freiheitsrechte im Wandel von Gesellschaft und Geschichte. Beiträge zur Geschichte der Grund- und Freiheitsrechte vom Ausgang des Mittelalters bis zur Revolution von 1848, 1981. – *O. Dann*, Gleichheit und Gleichberechtigung. Das Gleichheitspostulat in der alteuropäischen Tradition und in Deutschland bis zum ausgehenden 19. Jahrhundert, 1980. – *L. Krieger*, The German Idea of Freedom. History of a Political Tradition, 1957. – *H. Dollinger*, Die historisch-politische Funktion des Herrscherbildes in der Neuzeit. In: Weltpolitik, Europagedanke, Regionalismus, Festschr. f. H. Gollwitzer, 1982, S. 19–45. – *R. Schulze*, Policey und Gesetzgebungslehre im 18. Jahrhundert, 1982. – *K. Bosl*, Der moderne Parlamentarismus und seine Grundlagen in der ständischen Repräsentation, 1977. – *H. Rausch* (Hg.), Die geschichtlichen Grundlagen der modernen Volksvertretung. Die Entwicklung von den mittelalterlichen Korporationen zu den modernen Parlamenten. Bd. 1: Allgemeine Fragen und europäischer Überblick, 1980. – *Ch. Tilly* (Hg.), The Formation of National States in Western Europe, 1975. – *E. Klein*, Geschichte der öffentlichen Finanzen in Deutschland (1500–1870), 1974. – Ämterkäuflichkeit. Aspekte sozialer Mobilität im europäischen Vergleich (17. u. 18. Jahrhundert), hg. von *K. Malettke*, 1980. – *H. Eichberg*, Militär und Technik. Schwedenfestungen des 17. Jahrhunderts in den Herzogtümern Bremen und Verden, 1976.

IV. 1. Kaiser und Reich: P. Moraw u. *V. Press*, Probleme der Sozial- und Verfassungsgeschichte des Heiligen Römischen Reiches im späten Mittelalter und in der frühen Neuzeit (13.–18. Jahrhundert). In: Zs. f. hist. Forsch. 2, 1975, S. 95–108. – *E. W. Böckenförde*, Der Westfälische Frieden und das Bündnisrecht der Reichsstände. In: Der Staat 8, 1969, S. 449–478.

– *H. Weber* (Hg.), Politische Ordnungen und soziale Kräfte im Alten Reich, 1980. – *C.-H. Hauptmeyer,* Verfassung und Herrschaft in Isny. Untersuchungen zur reichsstädtischen Rechts-, Verfassungs- und Sozialgeschichte, vornehmlich in der Frühen Neuzeit, 1976. – *V. Press,* Die Reichsritterschaft im Reich der frühen Neuzeit. In: Nassauische Ann. 87, 1976, S. 101–122. – *J. A. Vann,* The Swabian Kreis. Institutional Growth in the Holy Roman Empire, 1648–1715, 1975.

IV.2. Fürsten und Landstände: F. Quarthal, Landstände und landständisches Steuerwesen in Schwäbisch-Österreich, 1980. – *P. Blickle,* Landschaften im alten Reich. Die staatliche Funktion des gemeinen Mannes in Oberdeutschland, 1973. – *V. Press,* Herrschaft, Landschaft und Gemeiner Mann in Oberdeutschland vom 15. bis zum frühen 19. Jahrhundert. In: Zs. f. Gesch. d. Oberrh. 123, 1975, S. 169–214. – *V. Press,* Steuern, Kredit und Repräsentation. Zum Problem der Ständebildung ohne Adel. In: Zs. f. hist. Forsch. 2, 1975, S. 59–93. – *H. Hassinger,* Die Landstände der österreichischen Länder. Zusammensetzung, Organisation und Leistung im 16.–18. Jahrhundert. In: Jb. f. Ldkd. Niederösterr. 36, 1964, S. 989–1035. – *G. Schnath,* Geschichte Hannovers im Zeitalter der neunten Kur und der englischen Sukzession 1674–1714, Bd. 1, 1938, Bd. 2–4, 1976/82. – *V. Press,* Landtage im Alten Reich und im Deutschen Bund. Voraussetzungen ständischer und konstitutioneller Entwicklungen 1750–1830. In: Zs. f. württ. Ldgesch. 19, 1980, S. 100–140.

IV.3. Reichskirche: A. von Reden-Dohna, Reichsstandschaft und Klosterherrschaft. Die schwäbischen Reichsprälaten im Zeitalter des Barock, 1982. – *P. Tuscher,* Das Reichsstift Roggenburg im 18. Jahrhundert, 1976. – *W. Setzler,* Kloster Zwiefalten. Eine oberschwäbische Benediktinerabtei zwischen Reichsfreiheit und Landsässigkeit, 1979.

IV.4. Regierung, Verwaltung, Behördenorganisation im Zeichen des Absolutismus: M. Raeff, The Well-Ordered Police State. Social and Institutional Change through Law in the Germanies and Russia, 1600–1800, 1983. – *P. Albrecht,* Die Förderung des Landesausbaues im Herzogtum Braunschweig-Wolfenbüttel im Spiegel der Verwaltungsakten des 18. Jahrhunderts (1671–1806), 1980.

IV.5. Absolutismus und aufgeklärter Absolutismus: P. Anderson, Die Entstehung des absolutistischen Staates, [deutsch] 1979. – Handbuch zur deutschen Militärgeschichte 1648–1938, Bd. 1, darin: *G. Papke,* Von der Miliz zum Stehenden Heer. Wehrwesen im Absolutismus (1648–1789), 1979, S. 1–311.

V. Kriege, Krisen und Konflikte:

Allgemeines: J. Kunisch, Staatsverfassung und Mächtepolitik. Zur Genese von Staatenkonflikten im Zeitalter des Absolutismus, 1979. – *H. Duchhardt,* Studien zur Friedensvermittlung in der Frühen Neuzeit, 1979.

V.1. Die Vorherrschaft Frankreichs und der Aufstieg des Hauses Österreich: J. Kunisch, Feldmarschall Loudon oder das Soldatenglück. In: HZ 236, 1983, S. 49–72. – *Th. M. Barker,* Army, Aristocracy, and Monarchy. Essays on War, Society, and Government in Austria, 1618–1780, 1982. –

H. Mathis, Von der Glückseligkeit des Staates. Staat, Wirtschaft und Gesellschaft in Österreich im Zeitalter des aufgeklärten Absolutismus, 1981.

V.2. Das Reich in den europäischen Kriegen des frühen 18. Jahrhunderts: Ch. Probst, Lieber bayrisch sterben. Der bayerische Volksaufstand der Jahre 1705 und 1706, 1978. – *M. Braubach,* Wilhelm von Fürstenberg (1629–1704) und die französische Politik im Zeitalter Ludwigs XIV., 1972.

V.3. Der Aufstieg Preußens und der deutsche Dualismus: O. Büsch u. *W. Neugebauer,* Moderne preußische Geschichte 1648–1947. Eine Anthologie, 3 Bde, 1981. – *D. Blasius* (Hg.), Preußen in der deutschen Geschichte, 1980. – *H. J. Puhle* u. *H.-U. Wehler* (Hg.), Preußen im Rückblick, 1980. – *P. Baumgart,* Epochen der preußischen Monarchie im 18. Jahrhundert. In: Ztschr. f. Histor. Forsch. 6, 1979, S. 287–316. – *P. Baumgart* (Hg.), Ständetum und Staatsbildung in Brandenburg-Preußen, 1983. – *H. Thieme* (Hg.), Humanismus und Naturrecht in Berlin-Brandenburg-Preußen. Ein Tagungsbericht, 1979. – *E. Opgenoorth,* Friedrich Wilhelm. Der Große Kurfürst von Brandenburg. Eine politische Biographie, 2 Bde, 1971/78. – *Th. Schieder,* Friedrich der Große. Ein Königtum der Widersprüche, 1983. – *J. Mittenzwei,* Friedrich II. von Preußen, 1980. – *H. Börsch-Supan,* Die Kunst in Brandenburg-Preußen. Ihre Geschichte von der Renaissance bis zum Biedermeier, dargestellt am Kunstbesitz der Berliner Schlösser, 1980. – *H. J. Kadatz,* Georg Wenzeslaus von Knobelsdorff. Baumeister Friedrichs II., 1983.

V.4. Der Siebenjährige Krieg: J. Kunisch, Das Mirakel des Hauses Brandenburg. Studien zum Verhältnis von Kabinettspolitik und Kriegführung im Zeitalter des Siebenjährigen Krieges, 1978.

ZEITTAFEL

1637–1657	Kaiser Ferdinand III.
1640–1688	Kurfürst Friedrich Wilhelm I. von Brandenburg
1647/49–1673	Johann Philipp Graf von Schönborn, Kurfürst und Erzbischof von Mainz
1648	Westfälischer Friede
1649	Friedr. Spee, Trutznachtigall
1652	Gründung der Leopoldinisch-Carolinischen Akademie der Naturforscher in Schweinfurt
1654	Jüngster Reichsabschied
	Demonstration der Luftpumpe durch Otto von Guericke auf dem Reichstag zu Regensburg
1656	Veit Ludwig von Seckendorff, Teutscher Fürstenstaat
1657	Vertrag von Wehlau
	Angelus Silesius, Cherubinischer Wandersmann
	Andreas Gryphius, Deutsche Gedichte, erster Teil
	Heinrich Schütz, Zwölf geistliche Gesänge
1658–1705	Kaiser Leopold I.
1658	Rheinische Allianz (1. Rheinbund)
1659	Pyrenäen-Friede
1660	Friede von Oliva
	Die „Leipziger Zeitung" erscheint fünfmal wöchentlich
1660–1668	Bau des Friedrich-Wilhelm-Kanals
1663	Der „Immerwährende Reichstag" tritt in Regensburg zusammen
1663–1664	Türkenkrieg
1664	Beginn des Baus der Theatinerkirche in München (Antonio Barelli, ab 1674 Enrico Zucalli)
1667	Samuel von Pufendorf, De statu imperii germanici
	Johann Joachim Becher, Politischer Diskurs
1668/69	Hans Jacob Christoffel von Grimmelshausen, Der Abenteuerliche Simplizissimus
1669–1673	Anton Ulrich von Braunschweig, Aramena
1672	Christian Weise, Die drei ärgsten Erznarren
	Samuel von Pufendorf, De iure naturae et gentium
1675	Sieg der Brandenburger bei Fehrbellin
	Philipp Jacob Spener, Pia Desideria
1678	Friede von Nymwegen
	Eröffnung der Hamburger Oper
1679	Friede von St. Germain-en-Laye
	Einrichtung von Reunionskammern durch Ludwig XIV.
1679–1726	Kurfürst Maximilian II. Emanuel von Bayern

1681	Französische Besetzung Straßburgs
	Reichsdefensionalordnung
1682	Acta Eruditorum beginnen in Leipzig zu erscheinen
1683–1699	Türkenkrieg
1683	Belagerung Wiens durch die Türken, Schlacht am Kahlenberg
	Erste größere Siedlung deutscher Einwanderer in Nordamerika
	Gründung einer brandenburgischen Kolonie an der afrikanischen Westküste
1684	Heilige Liga (gegen die Türken)
1685	Edikt von Potsdam
1686	Gottfried Wilhelm Leibniz, Discours de métaphysique
	Abraham a Santa Clara, Judas, der Erzschelm (bis 1695)
1687	Ungarischer Reichstag zu Preßburg
1688–1697	Pfälzischer Krieg
1689	Zerstörung der Pfalz
1692	Herzog Ernst August von Braunschweig-Lüneburg (1694–1698) wird Kurfürst von Hannover
1693	Zerstörung Heidelbergs. Verlegung des Reichskammergerichts von Speyer nach Wetzlar
1694	Gründung der Universität Halle
	Baubeginn des Schlosses Schönbrunn in Wien (Johann Bernhard Fischer von Erlach)
1695	August Hermann Francke gründet die „Armenschule" in Halle
1697	Prinz Eugen von Savoyen übernimmt den Oberbefehl im Türkenkrieg; Sieg bei Zenta
	Kurfürst Friedrich August I. von Sachsen (1694–1733) wird König von Polen
	Friede von Ryswijk
	Frankfurter Assoziationsrezess
1698	Baubeginn des Schlosses und des Reiterstandbildes des Großen Kurfürsten in Berlin (Andreas Schlüter)
1699	Friede von Karlowitz
1699/1700	Gottfried Arnold, Unparteiische Kirchen- und Ketzerhistorie
1700–1721	Nordischer Krieg
1700	Gründung der Akademie der Wissenschaften in Berlin
	Einführung des gregorianischen Kalenders in den protestantischen Gebieten Deutschlands
1701–1714	Spanischer Erbfolgekrieg
1701	Haager Große Allianz
	Kurfürst Friedrich III. von Brandenburg (1686–1713) macht sich zum König in Preußen (Friedrich I.)
1702	Baubeginn des Stiftes Melk (Jacob Prandtauer)
	Gründung der Universität Breslau

1703	Phlogistontheorie von Georg Ernst Stahl
1704	Sieg Prinz Eugens und Marlboroughs bei Höchstädt
	Baubeginn des Doms zu Fulda (Johann Dientzenhofer)
1705–1711	Kaiser Joseph I.
	Christian Thomasius, Fundamenta iuris naturae et gentium
	Georg Friedrich Händel, Almira
1706	Reichsacht über die Kurfürsten von Bayern und Köln
	Friede von Altranstädt
	Christoph Semler gründet die erste deutsche Realschule in Halle
1708	Schlacht bei Oudenaarde
1709	Schlacht bei Malplaquet
	Beginn der deutschen Massenauswanderung nach Nordamerika
	Errichtung der „Ständigen Geheimen Konferenz" in Wien
	Herstellung des Hartporzellans durch Johann Friedrich Böttger
1710	Gottfried Wilhelm Leibniz, Essai de Théodicée
	Baubeginn der Klosterkirche in Banz (Dientzenhofer)
	Gründung der Charité in Berlin
1711–1740	Kaiser Karl VI.
1711	Baubeginn des Schlosses Pommersfelden (Dientzenhofer) und des Dresdner Zwingers (Matthias Daniel Pöppelmann)
1712	Christian Wolff, Vernünftige Gedanken von den Kräften des menschlichen Verstandes
1713–1740	König Friedrich Wilhelm I. von Preußen
1713	Friede von Utrecht
	Pragmatische Sanktion
1714	Friede von Rastatt und Baden
	Kurfürst Georg von Hannover (1698–1727) wird König von England
	Gottfried Wilhelm Leibniz, Monadologie
	Gottfried Silbermann baut Orgel im Freiberger Dom
1715	Baubeginn der Abteikirche von Weingarten (Franz Beer)
	Gründung Karlsruhes durch den Markgrafen Karl Wilhelm von Baden
1716	Österreichischer Sieg bei Peterwardein
1717	Eroberung Belgrads durch den Prinzen Eugen
	Allgemeine Schulpflicht in Preußen
	Baubeginn der Karlskirche in Wien (Joh. Bernhard Fischer von Erlach)
1718	Friede von Passarowitz
	Quadrupelallianz von London
	Gründung der Wiener Porzellanmanufaktur
1719/20	Friedensschlüsse von Stockholm

1720	Baubeginn der Würzburger Residenz (Balthasar Neumann)
1721	Johann Sebastian Bach, Brandenburgische Konzerte
	Joh. Jac. Bodmer und Joh. Jac. Breitinger, Discourse der Mahlern (bis 1723)
1722	Gründung der Herrnhuter Brüdergemeine
	Johann Sebastian Bach, Wohltemperiertes Klavier
1723	Einrichtung des „Generaldirektoriums" in Brandenburg-Preußen
	Christian Wolff aus Halle verwiesen
	Johann Sebastian Bach Thomaskantor in Leipzig
1725	Vertrag von Herrenhausen
1726	Geheimvertrag von Wusterhausen
	Baubeginn der Frauenkirche in Dresden (Georg Bähr)
1727	Errichtung von Lehrstühlen für Kameralistik an den Universitäten Halle und Frankfurt an der Oder
	Schauspieltruppe der Friederike Caroline Neuber beginnt in Leipzig
1729	Johann Sebastian Bach, Matthäus-Passion
	Johann Christoph Gottsched, Versuch einer kritischen Dichtkunst
	Albrecht von Haller, Die Alpen
1731	Reichshandwerksordnung
	Vertreibung der Salzburger Protestanten
1732	Johann Heinrich Zedler (Verleger), Großes vollständiges Universallexikon (bis 1754)
1733–1735	Polnischer Erbfolgekrieg
1735	Friede von Wien
	Friede von Belgrad
1736	Prinz Eugen †
	Erzherzogin Maria Theresia heiratet Herzog Franz Stephan von Lothringen
1737	Gründung der Universität Göttingen
	Johann Jacob Moser, Teutsches Staatsrecht (bis 1754)
	Gründung der ersten deutschen Freimaurerloge in Hamburg
1738	Georg Friedrich Händel, Xerxes, Saul
1739	Georg Friedrich Händel, Zwölf Concerti Grossi
1740–1780	Maria Theresia, Königin von Böhmen und Ungarn, Erzherzogin von Österreich
1740–1786	König Friedrich II. von Preußen
1740–1748	Österreichischer Erbfolgekrieg
1740–1742	1. Schlesischer Krieg
1740	Johann Christoph Gottsched, Deutsche Schaubühne (bis 1745)
1741	Baubeginn des Berliner Opernhauses (Georg Wenzeslaus von Knobelsdorff)

1742–1745	Kaiser Karl VII.
1742	Friede von Breslau
	Georg Friedrich Händel, Messias
1743	Gründung der Universität Erlangen
	Baubeginn des Treppenhauses in Schloß Brühl und der Wallfahrtskirche Vierzehnheiligen (Balthasar Neumann)
1744–1745	2. Schlesischer Krieg
1745	Preußischer Sieg bei Hohenfriedberg
	Friede von Dresden
	Friede von Füssen
1745–1765	Kaiser Franz I.
	Baubeginn des Schlosses Sanssouci in Potsdam (G.W. v. Knobelsdorff)
1746	Baubeginn der Wallfahrtskirche Wies (Dominikus Zimmermann)
	Friedrich II., Histoire de mon temps
1747	Andreas Marggraf entdeckt den Zuckergehalt der Rübe
	Christian Fürchtegott Gellert, Das Leben der schwedischen Gräfin von G.
1748	Friede von Aachen
	Friedrich Gottlieb Klopstock, Messias (erste drei Gesänge)
1749	Staatsreform in Österreich
	Joh. Seb. Bach, Kunst der Fuge
1751	Errichtung der preußischen Handelsgesellschaft in Emden
	Gründung der Vossischen Zeitung in Berlin
1752	Gotthold Ephraim Lessing, Miss Sara Sampson
1753	Wenzel Anton Graf von Kaunitz Leiter der österreichischen Außenpolitik
1755	Landesgesetzlicher Erbvergleich in Mecklenburg
	Johann Heinrich Gottlieb Justi, Staatswirtschaft
	Joseph Haydn, Erstes Streichquartett
1756	Westminster-Konvention
	J. H. G. Justi, Grundsätze der Policeywissenschaft
1756–1763	Siebenjähriger Krieg
1757	Die Österreicher siegen bei Kolin, die Preußen bei Roßbach und Leuthen
	A. v. Haller, Elementa physiologiae corporis humani
1758	Preußischer Sieg bei Zorndorf, Niederlage bei Hochkirch, russische Besetzung Ostpreußens
	Johann Wilhelm Ludwig Gleim, Lieder eines preußischen Grenadiers
1759	Preußische Niederlage bei Kunersdorf
	Caspar Friedrich Wolf, Theoria Generationis
	Gründung der Bayerischen Akademie der Wissenschaften in München
	G. E. Lessing, Briefe die neueste Literatur betreffend (bis 1766)

1760	Johann Heinrich Lambert, Photometria
1761	Thomas Abbt, Vom Tode fürs Vaterland
	Christoph Willibald Gluck, Orfeo et Euridice
1762	Christoph Martin Wieland, Shakespeare-Übersetzungen
1763	Friede von Hubertusburg
	Johann Joachim Winckelmann, Geschichte der Kunst des Altertums
	Preußisches General-Landschulreglement

REGISTER

Deutsche Geschichte

in zehn Bänden. Herausgegeben von Joachim Leuschner

Kleine Vandenhoeck-Reihe

Band 1	JOSEF FLECKENSTEIN **Grundlagen und Beginn der deutschen Geschichte**	(1397)
Band 2	HORST FUHRMANN **Deutsche Geschichte im hohen Mittelalter**	(1438)
Band 3	JOACHIM LEUSCHNER **Deutschland im späten Mittelalter**	(1410)
Band 4	BERND MOELLER **Deutschland im Zeitalter der Reformation**	(1432)
Band 5	MARTIN HECKEL **Deutschland im konfessionellen Zeitalter**	(1490)
Band 6	RUDOLF VIERHAUS **Deutschland im Zeitalter des Absolutismus (1648–1763)**	(1439)
Band 7	KARL OTMAR FREIHERR VON ARETIN **Vom Deutschen Reich zum Deutschen Bund**	(1455)
Band 8	REINHARD RÜRUP **Deutschland im 19. Jahrhundert. 1815–1871**	(1497)
Band 9	HANS ULRICH WEHLER **Das Deutsche Kaiserreich 1871–1918**	(1380)
Band 10	GERHARD SCHULZ **Deutschland seit dem Ersten Weltkrieg (1918–1945)**	(1419)

Vandenhoeck & Ruprecht · Göttingen

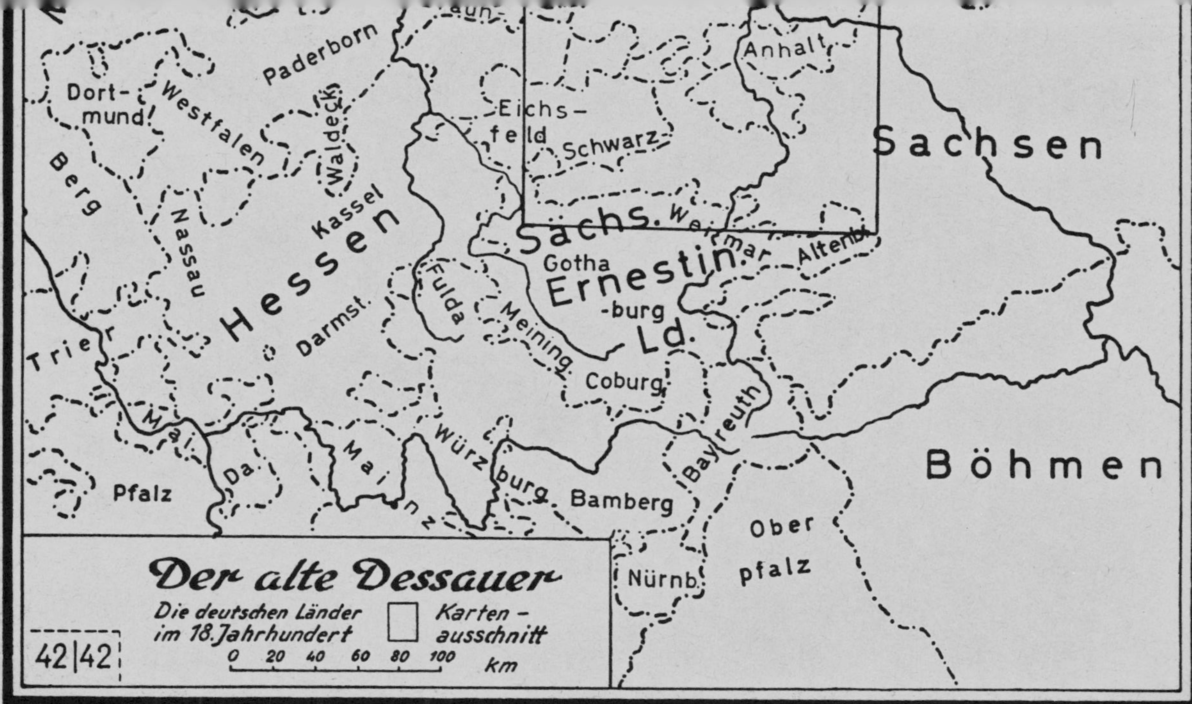
Paderborn
Dort-
mund
Westfalen
Waldeck
Berg
Nassau
Kassel
Hessen
Darmst.
Trier
Mai
Pfalz
Da
Mainz
Eichs-
feld
Schwarz
Anhalt
Sachsen
Sachs. Weimar
Altenb
Gotha
Ernestin.
-burg
Ld.
Fulda
Meining.
Coburg
Würzburg
Bamberg
Bayreuth
Böhmen
Ober
pfalz
Nürnb.
Der alte Dessauer
Die deutschen Länder
im 18. Jahrhundert
Karten-
ausschnitt
0 20 40 60 80 100
km
42|42